Falko A. Cerny

Mission Weltrettung: Keine Panik!
Es wird noch früh genug zu spät.

Falko A. Cerny

Mission Weltrettung: Keine Panik!

Es wird noch früh genug zu spät.

Bibliografische Information der Deutschen Nationalbibliothek:
Die Deutsche Nationalbibliothek verzeichnet diese Publikation in der Deutschen Nationalbibliografie. Detaillierte bibliografische Daten im Internet abrufbar unter www.dnb.de

Originalausgabe September 2022

Herstellung und Verlag: BoD Books on Demand, Norderstedt

ISBN 978-3-7568-2073-3

„Wir hätten ganz sicher auch die Dinosaurier vor dem Aussterben gerettet. Und ein paar Jahre vorher hätten wir alles unternommen, um den Urknall zu verhindern."

Cerny

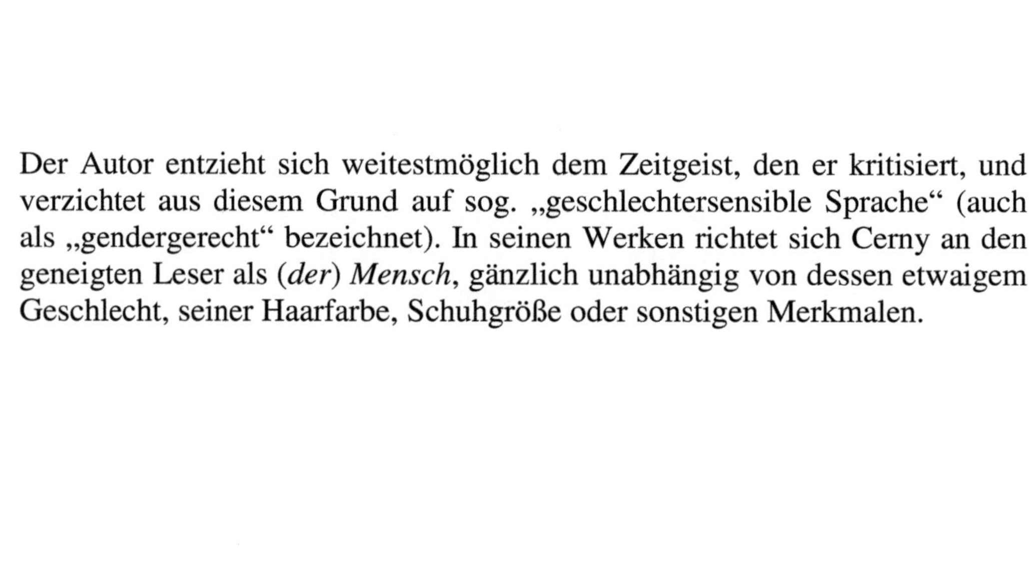

Der Autor entzieht sich weitestmöglich dem Zeitgeist, den er kritisiert, und verzichtet aus diesem Grund auf sog. „geschlechtersensible Sprache“ (auch als „gendergerecht“ bezeichnet). In seinen Werken richtet sich Cerny an den geneigten Leser als (*der*) *Mensch*, gänzlich unabhängig von dessen etwaigem Geschlecht, seiner Haarfarbe, Schuhgröße oder sonstigen Merkmalen.

Inhalt

VORWORT

Damit hinterher niemand sagen kann, er hätte von nichts gewusst, sei vorab zumindest schon einmal so viel vorgewarnt: Das hier ist ein hochgefährliches Buch! Erst recht: dessen Inhalt. Zum einen, weil hierin Gesellschaftskritik zu einem ganz erheblichen Teil mit Humor verbunden wird. Beides jedoch wird mittlerweile, in diesem Zeitgeist, dieser Generation und dieser Gesellschaft, kaum noch erkannt. Und wenn es erkannt wird, wird es immer öfter nicht verstanden; weder das eine, noch das andere, geschweige denn: das eine mit dem anderen in Verbindung. Für ziemlich viele Menschen (und erschreckend zunehmend mehr) ist das quasi eine doppelte intellektuelle Überforderung. Wer sich davon direkt betroffen fühlen sollte, hat damit hier nun Gelegenheit, dieses Buch genau jetzt, gerade noch rechtzeitig, wegzulegen.
Dummerweise werden inzwischen solche Gelegenheiten allerdings gern zu dem genau gegenteiligen Zweck verwendet: gerade, um sich aufzuregen, zu empören und (vornehmlich: sozial-medial) herumzupoltern – ...ohne sich darüber bewusst zu sein, die soeben erwähnten Defizite dadurch auch noch unfreiwillig, aber höchstpersönlich selbst zu bestätigen. Was es mit diesem zeitgeistigen Phänomen und mit dieser gesellschaftlichen Malaise genauer auf sich hat, ist ein thematischer Bestandteil dieses Buches.
Wer allerdings Gesellschaftskritik nicht als solche erkennt und/oder nicht versteht, neigt ungefähr so stark, wie damals die „Titanic“ unmittelbar vor ihrem Untergang dazu, eine rein gesellschaftskritische Betrachtung auf sich selbst zu beziehen, sie persönlich zu nehmen, und sich nicht nur falsch behandelt, sondern gar persönlich angegriffen zu fühlen. So jemand verfällt spontan wutschnaubend empört in eine Verteidigungshaltung, mit der er alles Geschriebene durch diesen gedanklichen Vor-Filter jagt. Es ist immer wieder sowohl faszinierend wie tragisch, was daraufhin zwanghaft in Textzeilen so alles freihändig hineininterpretiert und aus ihnen herausgelesen wird, doch an keiner einzigen Stelle tatsächlich geschrieben steht.
Dieses Phänomen wird inzwischen seit mindestens rund zwanzig Jahren noch parallel begleitet von regelmäßigen Auswertungen der sogenannten „*PISA*“-

Bildungsstudien, wonach es ohnehin schon allgemein und generell eklatant am grundsätzlichen Leseverständnis hapert – von dem Verständnis, worum es sich bei dem Gelesenen (das schon nicht wirklich verstanden wurde) handeln könnte, zum Beispiel etwa um Gesellschaftskritik, noch ganz abgesehen.
Bedenkt man dazu noch, dass in diesen „*PISA*"-Studien die Lesekompetenz von ausschließlich fünfzehnjährigen Schülern auf die Probe gestellt wird, und das eben: seit mittlerweile zwanzig Jahren, dann sind demnach vor allem die heute Unter-35-Jährigen (soziologisch als „*Generation Y*" bezeichnet) von solchem Verständnisdefizit leider besonders betroffen. Das tut mir leid.
Darauf folgt zwar zwangsläufig, aber nicht gerade sonderlich ermutigend, die „*Generation Z*" (im beliebten Denglisch auch wahlweise „*Post-Millennials*" oder „*Digital Natives*" genannt), die bereits in die digitalisierte schöne, neue Welt des Internet und der „Sozialen Netzwerke" hineingeboren wurde, und ohne ihr Smartphone ziemlich rat- und hilflos dasteht – ...sich jedoch gerade aufgrund des ganzen Digitalkrams gern sämtlichen vorherigen Generationen hochüberlegen wähnt. Das hat schon einen leicht ironischen Witz.
Zu diesem Aspekt, der dieses Buch potenziell brandgefährlich macht, gesellt sich hierin mindestens noch ein zweiter erschwerend hinzu: Humor. Und zwar nicht irgendein Humor, sondern in Form von Ironie und Satire; also pointierte Anmerkungen, die erst um zwei/drei Ecken herum, von hinten durch die Brust ins Auge, ihre volle Wirkung entfalten. Oder eben auch nicht. In einem Zeitgeist und einer Gesellschaft nämlich, wo ohnehin einiges an Verständnisfähigkeit erschreckend brach liegt, ist parallel auch das Erkennen und Verstehen von Humor zunehmend unter- oder gar nicht erst entwickelt (wobei - zugestanden - sicherlich schon immer nur eine relative Minderheit einen humorellen Zugang zu Ironie und Satire hatte). Die Fähigkeit, auch über sich selbst lachen zu können, sich selbst nicht allzu ernst zu nehmen, in diese Beobachtung mit eingeschlossen.
Solches Überaus-Ernstnehmen (ob irgendetwas oder sich selbst) ist jedoch in dieser Gesellschaft in diesem Zeitgeist mindestens so stark ausgeprägt, wie einige andere Defizite. Das ist auf den ersten flüchtigen Blick (bei dem es mit wachsender Beliebtheit auch belassen wird) kein großes Wunder: Angesichts

einer scheinbaren Unmenge aktueller Missstände, Probleme und Krisen, die allesamt und ausnahmslos zu Tod, Elend und Verderben führen, und letztlich sowohl das Ende allen menschlichen Seins als auch die Zerstörung unseres Planeten zur Folge haben werden... selbstverständlich muss das alles überaus ernst genommen werden, und muss sich jeder Einzelne selbst überaus ernst nehmen mit seinem ganz persönlichen Anliegen zur Weltrettung. Erst recht, wenn sich daraus aktivistische Bewegungen formiert haben, die sich alle überaus ernst nehmen. In dieser Gesamtlage gibt es eben nichts zu lachen!

Wer mit solchem Gedankengut abgefüllt durch sein Leben geht, hat natürlich auch noch zusätzliche Verständnisprobleme, wenn er auf Mitmenschen trifft, die das alles ein wenig anders sehen: nicht ganz so dramatisch, nicht ganz so bedrohlich, nicht ganz so apokalyptisch, vielleicht sogar noch: mit Humor. Einmal abgesehen davon, dass Sozialpsychologen schon seit mehreren Jahren auch über einen erschreckenden Mangel an Empathie in unserer Gesellschaft klagen: Prompt fühlt man sich inklusive seines Anliegens nicht nur nicht-ernst-genommen, sondern schon wieder höchstpersönlich angegriffen; auch wenn es sich um Gesellschaftskritik, also um eine kritische Betrachtung rein gesellschaftlicher Entwicklungen, handelt; siehe oben.

Wobei es in einem solchen Zeitgeist, in dem es keinerlei Problem darstellt, sich gedanklich in einer vollproblematisierten Welt zu wähnen, schon etwas leicht Ironisches hat, wenn laut einer Umfrage[1] im Jahr 2022 ausgerechnet die Generation der jetzt Unter-35-Jährigen mehrheitlich zu 56% angab, sie würde „*lieber in der Vergangenheit leben*“, weil „*früher alles besser war*“. Ein Spruch, der als verbitterte Floskel bislang schließlich nur „den Alten“ vorbehalten war, die sowieso an allem Schuld sind.

In einem solchen Zeitgeist mit einer solch zielsicher problematisierenden Grundmentalität führt das gesamtgesellschaftlich (u.v.a.) ebenso zielsicher zu einem zusätzlich verschärften Generationenkonflikt, wie zu einer weiteren gern deklarierten „*Spaltung der Gesellschaft*“: wenn Mitmenschen ob ihrer anderen Sichtweise und Meinung als Gegner und Feinde betrachtet werden,

---

1 „Stiftung für Zukunftsfragen“ Hamburg, repräsentative Onlinebefragung im April 2022

die es zu bekämpfen gelte, gedanklich minimalisiert auf die 'Gutmenschen' gegen die „Skeptiker“ und „Leugner“ aller Art; und das natürlich: im Namen des Guten und für eine „bessere Welt“. Dass sich (auch) das in diesem Zeitgeist ein wenig widerspricht, wird nicht einmal ansatzweise bemerkt.
Apropos Grundmentalität: Zu Beginn der 1990er Jahre stieß ich durch die generell und völlig zurecht hochgeschätzte Vera F. Birkenbihl (die jüngere Generation sollte das Internet nach ihr durchsuchen, es könnte sich lohnen) erstmals auf die Erkenntnis „Die Welt ist, was ich von ihr denke“. Ohne hier nun ins Detail zu gehen, nur grob angerissen erläutert:
Wer mit der Einstellung durch das Leben geht, die Welt sei grundsätzlich ein äußerst gefährlicher Ort, der sieht auch in allem eine potenzielle Gefahr und Bedrohung, und hat vor allem möglichem Angst: vor Krankheit, Kriminalität, Lug und Trug und Vertrauensbruch, vor Job- und Geldverlust, etc, etc. Ein solcher Mensch sieht sich inmitten lauter Gefahren, ist dem entsprechend übervorsichtig, misstrauisch und zurückhaltend, und schließt alle möglichen Versicherungen ab. So jemand führt ein ziemlich anstrengendes Leben.
Ein anderer Mensch, der die Welt hingegen als wundervollen Ort betrachtet, sieht grundsätzlich das Positive (auch in seinen Mitmenschen), richtet seinen Blick eher auf Chancen und Möglichkeiten als auf Risiken und Gefahren, ist offenherzig, vertrauensvoll, spontan und abenteuerlustig.
Dazwischen und daneben gibt es natürlich unzählige Überschneidungen und Abstufungen. Das waren nur lediglich zwei extreme Beispiele, beispielhaft für die Erkenntnis „Die Welt ist, was ich von ihr denke“: Es leben beide in ein- und derselben Welt und dennoch sehen beide darin jeweils anderes, denken daher jeweils anders, verhalten sich daher anders, und: machen dem entsprechend auch jeweils andere Erfahrungen in ihrem Leben. Und wie die Chinesen sagen: „Ein Mensch ist die Summe seiner Erfahrungen“.
Absurd ist es vielmehr, wenn jemand auf seine Sichtweise als die „richtigere“ von beiden (überhaupt: von allen sonst noch möglichen) pocht, während alles andere falsch, unwahr, unvernünftig, anormal, dumm, wasauchimmer ist, und sich (deshalb) selbst auch noch für den „besseren Menschen“ hält.

So scheint es unsere Gesellschaft in diesem Zeitgeist voller tatsächlicher und scheinbarer Missstände, Probleme und Krisen mit dem „*Terminator*“ aus dem gleichnamigen Kinofilm zu halten, der im dritten Teil der Filmreihe in aller Weisheit feststellt: „*Zorn ist sinnvoller als Verzweiflung*“. Gegenüber einer Lethargie der Verzweifelten, die „es aufgegeben“ und „sich abgefunden haben“ und denen man ein Nichtstun vorwirft, verschaffen sich andere Luft und Gehör als sogenannte „Wutbürger“, während wiederum andere und meist Jüngere es vorziehen, ihre Wut und ihren Zorn als radikale Aktivisten zu kanalisieren; als diejenigen, die „wenigstens etwas tun“ und „etwas verändern wollen“. Dabei lauert der gedankliche Fallstrick jedoch in der scheinbaren Alternative zwischen entweder Zorn oder Verzweiflung; als gäbe es sonst keine andere mögliche Reaktion. Gibt es allerdings doch, nämlich eben mindestens noch: Humor (wobei sich nun einmal gerade die Satire dadurch auszeichnet, auf Missstände aller Art hinzuweisen).

Wer sich noch grob an seine Schulzeit erinnert, an den Biologie-Unterricht und den Lehrstoff Verhaltensbiologie, dem sind womöglich noch die beiden Hähne bekannt, die sich im Streit gegenüberstehen. Gemäß einer Theorie des Physiologen Walter Cannon werden die beiden nun entweder mit Kampf oder mit Flucht reagieren. Es sei denn, beide Reizimpulse sind etwa gleich stark, sodass ein Hahn weder mit Kampf reagiert noch mit Flucht, sondern plötzlich beginnt, nach Körnern zu picken; eine sogenannte Übersprungshandlung. Womöglich jedoch zeigt ein Hahn mit einer solchen Reaktion vielmehr etwas ganz anderes: Humor! ...und lässt den anderen in seiner ganzen angespannten Aufregung einfach leicht verblüfft und etwas ratlos dastehen.

DER ZEITGEIST DES ENDGÜLTIGEN WISSENS

„Meine Mutter sagte früher zwischendurch leicht ironisch:
'Man kann ruhig dumm sein. Man muss nur Ideen haben.'
Sie hatte Recht. Man ist äußerst ideenreich in diesem Zeitgeist"
(Cerny)

Ich kann nicht umhin festzustellen: beeindruckend! Wirklich: beeindruckend! Finden Sie nicht auch? Ich meine diesen Zeitgeist, in dem wir gerade leben, mit dieser Generation, die wir gerade haben; die sogenannte „*Generation Z*". Wobei ich mich übrigens, als ich das zum ersten Mal hörte, ganz spontan fragte: Was soll eigentlich dieses „Z" bedeuten[2]? Wofür steht das? Soll das etwa „Z" wie „Zukunft" heißen? Ist die aktuelle Generation dann also quasi die „Generation Zukunft"? Und wenn das so ist, was ist denn dann mit uns Älteren? Soll das vielleicht heißen: wir haben die Zukunft schon hinter uns? Ich muss gestehen: ein durchaus interessanter Gedanke.

Doch abgesehen davon, wie gesagt: Ich bin beeindruckt. Denn schließlich wird jetzt, in diesem aktuellen Zeitgeist von dieser aktuellen Generation, in aller Konsequenz radikal aufgearbeitet, was in den letzten zwei Millionen Jahren Menschheitsgeschichte so alles schiefgelaufen ist. Toll! Das heißt nun einmal nichts Geringeres, als dass diese aktuelle „*Generation Z*" in diesem aktuellen Zeitgeist über das absolute, vollkommene und endgültige Wissen verfügt, was mehr als zwei Millionen Jahre lang von sämtlichen vorherigen Generationen falsch gemacht wurde – ...und wie das alles richtiger wäre und allesamt jetzt, sofort, und auf der Stelle korrigiert werden muss! Und sogar noch weit mehr: Damit kann also diese Generation in diesem Zeitgeist auch absolut ausschließen, dass sie sich eventuell, vielleicht und womöglich selbst

---

2 In der Soziologie werden die Geburtsjahrgänge zwischen 1980 und Mitte/Ende der 1990er Jahre als „Generation Y" bezeichnet (auch: „Millennials"), die später Geborenen als „Generation Z" (auch: „Post-Millennials"). Beide Generationen gelten als „Digital Natives". Diese Kategorisierungen orientieren sich an dem jeweiligen gesellschaftlichen, technologischen und medialen Umfeld, in dem diese Generationen aufgewachsen sind und dadurch jeweils entsprechend geprägt wurden.

auf dem Holzweg befinden könnte. Das ist ziemlich erleichternd. Denn immerhin können sich damit „die Alten“, die schließlich der Mitschuld an allem angeklagt sind, nun in aller Seelenruhe zurücklehnen, während die „*Generation Z*“ sämtliche Fehler der letzten zwei Millionen Jahre ausbügelt.
So durfte ich kürzlich in einem „Sozialen Netzwerk“ die Statusmeldung einer jungen Frau lesen, die meinte, der ganzen Welt unbedingt folgendes mitteilen zu müssen: „*Da ich mich nicht vervielfachen kann, um überall gleichmäßig über das Unrecht dieser Welt aufzuklären, finde ich es nur gerecht, meine Stimme für diejenigen Wesen zu erheben, die am wenigsten Stimmen für sich haben*“. Mit den „Wesen“ waren übrigens die Tiere gemeint, die das Opfer uneinsichtiger und unbelehrbarer Fleischverzehrer sind, gegen die sie als Vegetarierin wettert. Tja. Wirklich bedauerlich, dass diese junge Frau leider nicht überall sein kann, um uns über all das böse Unrecht auf dieser Welt aufzuklären – von dem wir anderen (vor allem natürlich: „die Alten“) in unserer Ahnungslosigkeit noch gar nichts wussten. Beruhigend ist immerhin: sie ist damit nicht allein! Von solch tapfer engagierten jungen Menschen, die uns in ihrem Einsatz für die Weltrettung endlich eines Besseren belehren, gibt es in diesem Zeitgeist und in dieser „*Generation Z*“ ziemlich viele. Zwangsläufig. Schließlich haben wir heute eine Unmenge von Missständen, Problemen und Krisen, die unbedingt allesamt jetzt angeprangert gehören – vielleicht gerade noch rechtzeitig, bevor es für uns alle zu spät ist.
Auch wenn manch einer doch tatsächlich munkelt, es könnte sich vielleicht eher umgekehrt verhalten: In einem Zeitgeist, in dem die Selbstinszenierung der „*Generation Z*“ sogar noch das pausenlose mediale Dauerfeuer der sog. Offizialmedien locker toppt, hecheln und geifern alle nach Aufmerksamkeit und Beachtung, nach Klicks und „Likes“ und „Followern“ und Abonnenten, und nimmt sich jeder mit seiner Weltsicht ungeheuer wichtig. Da steigert man sich gern in alles hinein, was mindestens Empörungspotenzial bietet, idealerweise direkt verkoppelt mit dem kurz bevorstehenden Weltuntergang, je radikaler und dramatischer, desto besser. Und so schaukelt man sich gegenseitig hoch: die Offizialmedien (die Fernsehsender, die Zeitungen und Magazine mit all ihren Websites und „Social Media“-Kanälen) zusammen

mit allem, was jeder Hans und Franz mittlerweile jederzeit in den „Sozialen Netzwerken“ als seinen absolut unverzichtbaren Beitrag von weltrelevanter Bedeutung veröffentlichen kann, ungeprüft und umgebremst. Wenn es früher noch lapidar hieß, es würde sich bei einigem doch bloß nur um unbedeutende „Stammtischmeinungen“ handeln, dann befinden wir uns heute, in diesem Zeitgeist, mit den „Sozialen Medien“ wohl unbestreitbar in einem einzigen großen Bierzelt: „Prost!“. Umso schlimmer, wenn heute sogar Politiker und Wissenschaftler meinen, sich an diesem Zirkus beteiligen zu müssen.
Da drängt sich die Frage auf: Woher bezieht eigentlich diese „*Generation Z*“ diese gewisse Überheblichkeit, die Arroganz, den Hochmut, die Anmaßung, sich im absoluten, vollkommenen und endgültigen Wissen zu befinden, und zwar gerade gegenüber jeglicher sonstigen älteren Generation. Dazu darf man getrost erst einmal feststellen: Es war möglicherweise schon immer so, dass sich die jüngeren Generationen von den älteren unverstanden fühlten, jeweils mehr oder weniger. „Die Alten“ hatten schon immer keine Ahnung und nur das eine einzige langweilige Argument ihrer Lebenserfahrung. Das war in meiner Jugend auch nicht anders und ganz selbstverständlich fühlten auch wir uns gegenüber „den Alten“ äußerst überlegen. Denn schließlich kamen in unserer Generation der Walkman, die CD, der Videorekorder, der GameBoy und (vor allem) der Heimcomputer auf – das konnten „die Alten“ mit ihrer ganzen Rückständigkeit doch alles gar nicht hinterblicken, geschweige denn: verstehen, in welcher Welt wir lebten. Insofern... soll das natürlich auch der „*Generation Z*“ voll zugestanden sein. Also: So weit.
Ein eminenter Unterschied besteht jedoch darin, dass sich „die Jugend“ in unterschiedlichen Szenen tummelte, Computerfreaks, „Popper“ und „Punker“ und „Ökos“, und welche, die sich aus allem gleichermaßen heraushielten; doch sie alle machten *innerhalb ihrer Szenen* „ihr Ding“, und maßten sich nicht an, alle anderen eines (vor allem: ihres) Besseren belehren zu wollen – nicht einmal pauschal „den Alten“ gegenüber. Und schon gar nicht: in umfassender Weise so ziemlich alles Mögliche anzuprangern und besser zu wissen. Noch nicht einmal die „Punks“, die „das System“ ganz generell, das Spießbürgertum und die Kleinbürgerlichkeit strikt ablehnten, sich mit ihrem

Motto „*No Future*“ einfach konsequent heraushielten, und sich in ihrem Generalprotest und ihrer Rebellion darauf beschränkten, untereinander in Fußgängerzonen abzuhängen und allenfalls noch Häuserwände mit Lackfarbe besprühten. Das alleine reichte in dieser Zeit allerdings schon, um die klein- und spießbürgerliche Mehrheit auf die Palme zu bringen und als doch nur „asoziale, faule Arbeitsverweigerer“ angefeindet zu werden. Sicherlich. Es scheint jedoch, als hätte sich das Ganze bis heute in eine erheblich andere, erschreckende Dimension gesteigert. Auf den ersten Blick. Auf den zweiten Blick wiederum scheint es, als hätte es den potenziellen gesellschaftlichen Sprengstoff längst schon damals, womöglich spätestens schon in den 1970ern gegeben. Es fehlte bis hin zu meiner Generation lediglich noch die passende Zündschnur. Und diese Zündschnur liefern inzwischen die Digitalisierung, das Internet und vor allem äußerst gerne die „Sozialen Medien“.
So kann man dazu neigen, den entscheidenden Unterschied zwischen der heutigen „*Generation Z*“ und jeder früheren Generation genau darin zu sehen, was tatsächlich frappierend anders ist: nämlich das übermedialisierte und fast volldigitalisierte Umfeld, in das diese „*Generation Z*“ hineingeboren wurde, und für so normal hält, wie meine Generation damals etwa das Telefon und den Fernseher als wenig aufregende Alltagsgegenstände. Ungefähr so, wie es für uns damals meist eher seltsam anmutete, wie sich etwa ein *Neil Postman* gesellschaftskritisch über das Medium Fernsehen und den Medienkonsum ereiferte (u.a. „*Wir amüsieren uns zu Tode*“), so darf man das ohne Weiteres dieser „*Generation Z*“ sowohl attestieren als auch zugestehen, wenn es heute um Digitalisierung, Internet und „Soziale Netzwerke“ geht. Dieses Phänomen führt dazu, dass zwar jede Generation rückblickend glaubt, schlauer zu sein, doch für den eigenen Zeitgeist, für das, was sich gerade darin abspielt, sowie für potenzielle Probleme und Gefahren, die sich gerade daraus zu entwickeln drohen, ziemlich blind ist. Und weil sie es ist, fehlt ihr das Verständnis dafür, wenn (zwangsläufig: nur ein paar wenige) darauf aufmerksam machen. Ein paar wenige, die in der Lage sind, sich dem Zeitgeist zu entziehen und aus einer gewissen Distanz zu betrachten und zu beurteilen.

Dieses Phänomen ist dabei recht einfach erklärbar mit einer ebenso einfachen Frage: Warum merken wir eigentlich nichts davon, dass unser Planet mit über 100.000 km/h (der 30-fachen Geschwindigkeit einer Pistolenkugel) durch den Weltraum rast, und dazu noch die Erde mit rund 1.670 km/h (fast 500 Meter pro Sekunde) rotiert? Wir merken nichts davon, weil uns die Anzeichen dafür fehlen, die uns das merken lassen würden. Rein physikalisch betrachtet ähnelt ein Objekt, das sich in konstanter Bewegung befindet, eher einem Objekt, das stillsteht: Eine Kraft, die wir spüren könnten und würden, wirkt eben nur bei einem Beschleunigen oder Abbremsen, also wenn (für uns) etwas langsamer oder schneller wird. Zum anderen bewegt sich alles auf unserem Planeten auf dieselbe Weise, in derselben Geschwindigkeit. Wenn wir auf dem Fahrrad fahren, spüren wir den Luftwiderstand im Gesicht, wenn wir im Auto fahren, spüren wir das Beschleunigen und Abbremsen noch besser, und in einem Zug sehen wir die Landschaft quasi am Fenster vorbeirasen. Weil sich allerdings auf der Erde alles gleichermaßen mitbewegt, fehlen unserer beschränkten menschlichen Wahrnehmung sämtliche Anhaltspunkte dafür, dass sich das alles, inklusive uns selbst, mit einem rasenden Tempo bewegt.
Ebenso verhält es sich mit dem Zeitgeist, in dem man sich gerade befindet: So, wie man zwar sehr bewusst wahrnimmt, wenn man sich auf ein Fahrrad schwingt und losradelt, einem dagegen völlig unbewusst ist, gleichzeitig mit einer Geschwindigkeit von über 100.000 km/h durch das Weltall zu rasen, so nimmt man zwar sehr bewusst wahr, dass da kürzlich ein Apparat erfunden wurde, der sich „Smartphone“ nennt, und was man damit alles machen kann, doch es entgeht einem völlig unbewusst, was dadurch gerade passiert. Recht bekannt ist das Ganze auch als „*Der gekochte Frosch*“-Effekt: Dabei handelt es sich um ein Gedankenexperiment, wonach ein Frosch, den man in siedend heißes Wasser setzt, sofort alles mögliche versuchen wird, um sich aus dieser Lage zu befreien und sein Leben zu retten. Setzt man dagegen einen Frosch in ein lauwarmes, angenehmes Wasserbad, und erhitzt es nur ganz langsam und allmählich bis zum Siedepunkt, bleibt das von dem Frosch unbemerkt und er wird bei lebendigem Leib gut durchgekocht.

Das ist auch die Erklärung dafür, dass die heutige „*Generation Z*“ in diesem Zeitgeist alles Mögliche anprangert, nur eines nicht: die Digitalisierung mit allem, was dazugehört, das Internet mit (u.v.a.) den „Sozialen Medien“, die geheiligten Algorithmen, die zunehmende Roboterisierung und das Werkeln an sog. „Künstlicher Intelligenz“. Das alles läuft in diesem Zeitgeist lediglich irgendwie nebenher, deklariert als (technischer) „Fortschritt“, und deshalb auch jenseits jeglicher allgemeiner Kritik, in keiner Weise angeprangert von irgendwelchen Aktivisten und Bewegungen, die sich – ganz im Gegenteil – voller Begeisterung auf jede kleinste Innovation stürzen: Man fordert stetig noch mehr Digitalisierung, vor allem in der so quälend langsamen deutschen Bürokratie und ihren Behörden, die „Digitalisierung der Schulen“ und „der Ausbau des Glasfaserkabelnetzes“ gehen nicht schnell genug, von „3G“ über „4G“ bis aktuell „5G“ jagt ein neuer Mobilfunkstandard den nächsten, um noch mehr Daten noch schneller zu übertragen, und wird gejammert, wie sehr Deutschland den internationalen Anschluss verpasst hat und hinterher hinkt, und das alles unbedingt aufholen muss. Und niemand weit und breit, der das alles oder zumindest irgendetwas davon infrage stellen würde. Das ist unser aktueller Zeitgeist zu Beginn der 2020er Jahre. Und in der gerade erklärten zeitgeistigen Blindheit sieht man nicht einmal das, was sich unmittelbar vor den eigenen Augen abspielt, wenn erst aufgrund der „Corona“-Pandemie in den Jahren 2020 und 2021, anschließend aus anderen Gründen, die bis dahin ausgeklügelten („Just-In-Time“) Lieferketten zusammenbrechen, Mikrochips nicht mehr geliefert und daher bestimmte Produkte nicht mehr produziert werden können, in denen mittlerweile so alles Mikrochips verbaut werden: außer Automobilen sogar Kaffeemaschinen, Rasenmäher und Kühlschränke, und das bringt niemanden auch nur ansatzweise zum Stutzen. Wenn es sich anfangs noch nur darauf beschränkte, dass Bordcomputer in Automobilen lediglich auf eher luxuriöse Weise über den generellen technischen Zustand und die wichtigsten Funktionen informierten, hat man das mittlerweile dahin getrieben, dass selbst der Reifenluftdruck elektronisch überwacht wird, und ein Auto ohne Computer gar nicht mehr fährt – und diese Feststellung für so lapidar gehalten wird, dass nur wenige verstehen, worauf ich damit eigentlich hinaus will. Bei den meisten hilft nicht einmal die zusätzliche Anregung, dass sogar Kaffeemaschinen prompt keinen Kaffee mehr kochen, wenn es den eingebauten Mikrochip zerlegt – weil heute sogar das Kaffeekochen offenbar zwingend mittels Computertechnik stattfinden muss. Und auch das zudem inzwischen dermaßen überdreht, dass umgangssprachliche Kaffeemaschinen, die eigentlich Kaffee*automaten* heißen, längst nicht mehr nur automatisch funktionieren, sondern „intelligent", und jedem einzelnen Angehörigen eines Haushalts seinen ganz persönlichen Kaffee zubereiten können, je nach ganz persönlich speziell individuellem Geschmack, selbstverständlich auch zeitlich programmierbar, mitunter sogar ferngesteuert über das „Smartphone", weil man das offenbar nicht nur für unverzichtbar hält, sondern mittlerweile für eher „normal", in diesem Zeitgeist und dieser *„Generation Z"*, statt vielleicht eventuell für ein klein wenig an der Grenze zur Dekadenz kratzend. Dasselbe mit inzwischen weiteren Haushaltsgeräten von der Waschmaschine bis zum Kühlschrank, wahlweise als „intelligent" oder „smart" bezeichnet, die früher noch als simple Automaten funktionierten, sobald sie am elektrischen Strom angeschlossen waren; heute muss auch der eingebaute Mikrochip in Ordnung sein, damit diese Geräte funktionieren, und hält das für „Fortschritt". Auf dem unvermeidlich unausweichlich fortschreitenden Weg zum sogenannten „SmartHome", dem vollelektronisch digitalisierten Haushalt, in dem alles mit allem anderen vernetzt ist, und niemand fragt, was das – abgesehen davon, dass es technischer Fortschritt ist – eigentlich soll.

Dabei ist auf der einen Seite glasklar absehbar als auch unvermeidlich, wohin das führen wird: Bei einem irgendwie eingefangenen „Virus" stürzt nicht ein Gerät ab, sondern der komplette Haushalt liegt vollständig lahm, benötigt ein „Update" und muss mehrmals „rebootet" werden, „Bitte melden Sie sich mit Ihrem Microsoft-Konto an", wonach anschließend das TV-Programm von der Mikrowelle empfangen wird und sich der Backofen im Kühlschrank befindet. Allesamt zwangsläufig. Ich sage immer: Wenn heute sogar Briefmarken- und Leergutautomaten als „Roboter mit künstlicher Intelligenz" gelten, dann brauchen wir vor dieser Entwicklung nun wirklich keine Angst zu haben – oder gerade deshalb vielleicht doch. Jedenfalls habe ich keinerlei Lust darauf, mich morgens von meiner „intelligenten“ Kaffeemaschine zurechtweisen zu lassen, dass ich mir schon zwölf Tassen gekocht habe, dass das ungesund ist, und ich mir doch bitte vom smarten Kühlschrank einen Orangensaft geben lassen soll. Es reicht mir schon, mich zwischendurch von einem TV-Receiver pädagogisch belehren zu lassen, ich hätte das Gerät „nicht ordnungsgemäß ausgeschaltet“. Wir sind auf dem allerbesten Weg, von der Technologie, die uns einmal zweckdienlich sein sollte, zum Diener degradiert zu werden; zu *deren* Diener. Wissen Sie eigentlich, was ein *„Amnesty Responder“* macht? Das ist ein neumodischer Job, der sich aus der Roboterisierung entwickelt hat: In den heutigen hochmodernen HighTech-Paketlogistikzentren nämlich arbeiten nicht mehr Hunderte Angestellte, um Waren aus Lagern zu holen und in versandfertige Pakete zu verpacken. All diese Menschen werden nicht mehr gebraucht. Das machen jetzt Zehntausende „intelligenter“ Roboter, natürlich viel rasanter und effizienter und ohne Urlaubsanspruch, letztlich viel schneller und preiswerter für den Kunden, der das toll findet. Wenn es passiert, dass diesen Zehntausenden Robotern einmal ein Karton von der Palette rutscht, blockiert das den Gesamtbetrieb und wird Alarm ausgelöst. An dieser Stelle kommt tatsächlich doch ein Mensch aus Fleisch und Blut zum Einsatz, der sich auf die Suche nach dem verlorenen Karton macht, um den Robotern den Weg freizuräumen. Diesen Job nennt man hochtrabend *„Amnesty Responder“*. Ein Hilfsjob, den so ziemlich jeder ausüben kann, natürlich auf Niedrigstlohnniveau. Die eigentliche Arbeit wird also von schnöden Maschinen erledigt, Menschen dienen ihnen nur noch; so weit sie überhaupt noch gebraucht werden. Und das: ist immer noch erst der Anfang. Da ist noch jede Menge Potenzial. Was passiert, wenn uns selbstfahrende Autos allmählich als Normalität aufgezwungen wurden, kann sich zwar jeder ausmalen, interessiert jedoch offenbar niemanden. Und das noch abgesehen davon, *„Künstlicher Intelligenz“* so etwas wie eine „Entscheidungsmacht“ zu übertragen, u.a. weil es Entscheidungsträgern bequem ermöglicht, sich von jeder eigenen, persönlichen Verantwortung zu befreien (schon alleine, wenn die erkenntnistheoretische Frage, was eine *Entscheidung* überhaupt ist, sehr elegant umgangen wird). Zumal inzwischen festgestellt worden sein soll, dass

auch „*Künstliche Intelligenz*“ tatsächlich schummelt und mogelt! Davor hat etwa Klaus-Robert Müller, Professor für „Maschinelles Lernen“ an der *TU Berlin*, im April 2019 vor der „Enquete-Kommission Künstliche Intelligenz“ des Deutschen Bundestages gewarnt[3]: In Forschungen am *Heinrich-Hertz-Institut* der Fraunhofer-Gesellschaft in Zusammenarbeit mit der *Singapore University of Technology and Design* zeigte sich, dass in bis zu 50%(!) aller Fälle die Algorithmen mit der sogenannten „Clever-Hans-Strategie“ tricksen, und quasi nur so tun als ob („Clever Hans“ geht auf ein Pferd zurück, das auf Jahrmärkten vorgeführt wurde, weil es scheinbar in der Lage war, zählen zu können, was allerdings nur ein Trick durch clevere Dressur war). Woraufhin Müller vor den versammelten Abgeordneten anmerkte, er wolle nicht gerade von einer solch tricksenden „Künstlichen Intelligenz“ medizinisch behandelt werden. Von anderen kritischen Einsatzbereichen ganz abgesehen. Zumal das, was Algorithmen produzieren, im vollsten menschlichen Vertrauen auf die digitale Technik nur seltenst überprüft wird. Doch das nur nebenbei.
Auf der anderen Seite wird damit einsichtig: Diese berüchtigte „*Generation Z*“ kann nichts dafür! Ich stelle das mit äußerstem Nachdruck fest, um hier nochmals hinzuweisen, dass ich lediglich gesellschaftskritisch beobachte, und es nicht etwa pauschal auf „die Jugend“ abgesehen hätte. Diese Jugend kann nichts für die Welt, in die sie hineingeboren wurde und in der sie aufwächst, aber man darf und sollte darauf aufmerksam machen, was das für eine Welt ist, wenn man sie aus einer gewissen Distanz heraus betrachtet, und sich dem herrschenden Zeitgeist weitestmöglich entzieht. So, wie das alles gerade eben beschriebene für diesen Zeitgeist und diese „*Generation Z*“ die Normalität darstellt, die größtenteils unbewusst ihre Nebenwirkungen entfaltet, lässt sich das prima an einem weiteren Beispiel festmachen: Früher, als bekannterweise noch alles besser war, schaltete man den Fernseher ein, und: dann war da das laufende Fernsehprogramm zu sehen. Das war noch zu einer Zeit, als nur ein simples Kabel von der Zugangsdose in der Wand zum Fernsehgerät führte, beide Kabelenden eingesteckt, fertig. Doch irgendwann muss irgendjemand

3 'businessfactors.de“ 11.04.2019 „Diskussion um Künstliche Intelligenz: Darf eine KI schummeln?“

auf die Idee gekommen sein, dass es aus irgendeinem Grund besser wäre, ein Zusatzgerät dazwischen zu schalten: den sogenannten „Receiver“. Seit dem geht ohne solchen „Receiver“ nichts mehr, der jedoch nach dem Einschalten erst einmal minutenlang „hochfahren“ muss und über die Zugangsdose in der Wand nach „Updates“ sucht, die ggf. erst noch installiert werden müssen, mit einem anschließenden Neustart natürlich, bevor man doch tatsächlich endlich das laufende Fernsehprogramm genießen darf. Und das... soll „Fortschritt“ sein, wahrscheinlich weil es digital ist, und alles, was digital ist, auch gut und sogar noch besser ist als jemals zuvor. Die „*Generation Z*“ kennt es jedoch nicht anders, sie hat diesen direkten Vergleich nicht zur Verfügung, und sie bemerkt die Anzeichen nicht, weil sie sich in ihrem Zeitgeist mitbewegt, und sich damit so angenehm fühlt, wie ein Frosch in lauwarmem Wasser.
Ein anderes Beispiel ist das heutige „Festnetztelefon“, das heute nur deshalb so genannt wird, weil es ab den 1990er Jahren auch Mobiltelefone zu kaufen gab, die heute „Smartphones“ heißen. Für uns damals waren das damals ganz einfach: Telefone(!) – ganz ohne „Festnetz“; allein schon dieser Begriff hätte ziemlich irritiert. Heute jedoch: völlig normal. Jedenfalls funktionierten diese damaligen ganz simplen Apparate noch über ganz simplen Telefondraht und benötigten im Gegensatz zu den heutigen keinen zusätzlichen elektrischen Strom. Das hatte zur Folge, dass bei einem Stromausfall immerhin eines noch funktionierte: das Telefon, um in einem Notfall Hilfe zu rufen, die Polizei oder die Feuerwehr. Heute dagegen muss man bei all diesem digitalen Fortschritt laut aus dem Fenster heraus rufen, weil ohne Strom weder das Festnetztelefon funktioniert, noch der Zugang zum Internet, noch der Akku des „Smartphones“ aufgeladen werden kann. So macht man sich in diesem Zeitgeist – zudem dazu auf dem Weg zum „SmartHome“, siehe oben, und mitsamt den immer mehr Elektroautos, mit denen wir tröstlicherweise die globale Erwärmung verhindern – immer abhängiger von elektrischem Strom, und fragt sich, wie wir den permanent ansteigenden Stromverbrauch und Energiebedarf mit welcher Energiewende in Zukunft bewältigen sollen, und fürchtet sich vor der parallel zunehmenden Gefahr eines totalen „Blackout“, dass also Stromnetze vor Überlastung zusammenbrechen werden. Das könnte

alles ein wenig undurchdacht wirken, wenn nicht sogar widersprüchlich. Und das ist es tatsächlich, sowohl als auch.

Werfen wir beispielsweise noch einen Blick auf die heutige „*Generation Z*" mit ihrer Generalanklage gegen „die Alten", die den menschengemachten Klimawandel sowohl mitverschulden, als auch schuldig sind, nichts dagegen unternommen zu haben. Und so steht diese Generation demonstrierend auf den Straßen, bunt bemalte Pappplakate hochhaltend, und von allen anderen größtmögliche Veränderungen fordernd – doch drei Viertel tragen Jeans und Sportschuhe, sicherlich besitzen einhundert Prozent ihr „Smartphone", und wieder zu Hause setzen sie sich vor ihre Spielkonsole und ihr „SmartTV", allesamt Produkte irgendwo in Fernost hergestellt und mit Containerschiffen quer über den Planeten transportiert. Als Elektroschrott wird das ganze Zeug irgendwann billig nach Afrika verschifft statt aufwendig teuer fachgerecht entsorgt, dort von Kindern in Brand gesetzt, um sich aus dem geschmolzenen und hochgiftigen Plastikrestmüll die wertvollen Kupferdrähte herauszuholen, die ein bisschen Geld einbringen. Das jedoch nimmt diese „*Generation Z*" als quasi bedauerlich unvermeidlich hin. Auch das ist widersprüchlich.

Nicht viel anders mit dem zeitgeistigen „Influencertum", wenn jugendliche „Social Media"-Stars dafür gefeiert werden, vollständig belanglose Videos und/oder Fotos ins Internet zu stellen: Die Selbstinszenierung als Normalität, mit der sich sogar richtig gutes Geld verdienen lässt. Wobei schon alleine das simple Übersetzen der Bezeichnung „*Influencer*" ausreichen müsste, um zu erkennen, dass hier Menschen von ihren „Stars" beeinflusst werden sollen, um etwas zu kaufen, was sie nicht brauchen. Und diejenigen, die beeinflusst werden sollen, nehmen das nicht etwa übel, sondern sind erklärte Fans ihrer Beeinflusser. Zumal gerade diejenigen, die mit diesem Geschäftsmodell zum Teil erstaunliche Summe verdienen, ganz gern den Kapitalismus als Teil des Weltuntergangs anprangern. Nicht zuletzt, wenn professionelle, berufsmäßige „Influencer", die ihr Geld damit verdienen, Mitmenschen zu beeinflussen, ansonsten gern auf Ethik und Moral pochen, um Tiere und/oder das Klima zu retten. Und auch das ist insgesamt: ein klein wenig widersprüchlich.

In der oben beschriebenen Blindheit gegenüber dem eigenen Zeitgeist ist man sich zudem zwar tatsächlich voll bewusst, und dennoch vollständig ignorant, welche immensen Gefahren mit der ungebremsten Digitalisierung verbunden sind. So haben böse Geister vor ein paar Jahren erkannt, was sich anrichten lässt, wenn man die sogenannte „*kritische Infrastruktur*“ (Strom-, Wasser- und Lebensmittelversorgung, Kommunikation, Krankenhäuser, etc) lahmlegt, und zwar per Mausklick, durch sogenannte „*Hacker*“. Ganz abgesehen von etwaigen düsteren militärischen Absichten, dem sogenannten „*Cyber War*“, mit gezielten Hacker-Angriffen auf Flugverkehr, Atomkraftwerke, usw. So hat man inzwischen alle Hände voll zu tun, dass der Fettnapf, in den man mit Anlauf und voller Begeisterung gesprungen ist, bloß nicht überschwappt.

Allerdings wirken andere Folgen der totalen Digitalisierung weitaus subtiler und damit sowohl jenseits bewusster Aufmerksamkeit als auch fern jeglichen sonst so gern anprangernden Aktivismus. So ist es eigentlich kaum zu fassen, dass im Jahr 2018 in Großbritannien beschlossen wurde, in Prüfungsräumen die analogen Uhren durch digitale zu ersetzen. Ein Mr *Malcolm Trobe* von der *Association of School and College Leaders* begründete das gegenüber dem '*Telegraph*' damit[4], dass immer weniger Kinder in der Lage seien, die Zeiger auf einer konventionellen Uhr zu lesen: „*Sie sind daran gewöhnt, eine digitale Zeitangabe auf dem Handy und ihrem Computer zu sehen. Fast alles, was sie haben, ist digital*“. Anders gesagt: Statt es den Kindern, wie früher, mühsam beizubringen, tauscht man, viel einfacher, die Uhren aus. Oder anders gesagt: Man macht das Defizit zum Maßstab. Werfen wir beispielhaft dazu noch einen anderen Blick auf den geheiligten *Algorithmus* in all seinen Erscheinungsformen. Innerhalb der „Sozialen Netzwerke“ etwa tarnt sich diese technische Methode mit dem Versprechen, die Inhalte „individueller“, also: „persönlicher“, zu gestalten, sodass man vorrangig oder ausschließlich zu sehen bekommt, wofür man sich vermeintlich auch tatsächlich interessiert – während alles andere als weniger oder gar nicht relevant herausgefiltert wird. Der Hintergedanke der Anbieter war dabei anfangs noch, die Werbung

4 'jetzt.de' 07.05.2018 „Britische Schulen tauschen analoge gegen digitale Uhren aus“

„zielgenauer“ auf die Nutzer abfeuern zu können und die sogenannten „Streuverluste“ für die Werbungtreibenden zu minimieren. Mittlerweile hat man diese Methode clever ausgeweitet, um – vermeintlich – „Nutzerprofile“ zu erstellen und ggf. abzustrafen, indem man ihre „Relevanz“ herunterstuft, also deren Sichtbarkeit für andere Nutzer einschränkt, wenn sie sich auf unerwünschte Weise verhalten („gegen die Gemeinschaftsregeln verstoßen“), das sogenannte „*Shadow Banning*“. Eine subtile Form der automatisierten Pädagogik, ausgeübt von globalen Konzernen. Ein Effekt, der sich daraus zwangsläufig außerdem ergibt, ist die sogenannte „*Filterblase*“, die jedem Nutzer unvermeidlich aufgezwungen wird: Wenn man nämlich nur noch das vorgesetzt bekommt, was einen – vermeintlich – interessiert, alles andere dagegen bestmöglich algorithmisch vorgefiltert herausgefiltert wird, fühlt man sich dauerhaft permanent bestätigt, in seinem Denken, seinen Ansichten, Überzeugungen und Meinungen – und kommt mit anderem nur noch dann in Berührung, wenn dem Algorithmus eine Detailinformation entgangen ist. So wähnen sich ständig alle selbst im Recht und halten andere Ansichten und Meinungen für sonderbare Ausnahmen. Eine besonders trickige Erfindung ist dabei die Möglichkeit, etwas mit „*Gefällt mir*“ markieren zu können. So kann der Algorithmus sich allmählich zusammenbasteln, was das Nutzerprofil vermeintlich zusätzlich schärft. Auf der anderen Seite wird den Nutzern ermöglicht, sich über diese Funktion die Selbstbestätigung zu holen, die ihnen ansonsten (vor allem: in der Realität da draußen) fehlt: Wer auf diese Weise nach solchen sogenannten „*Likes*“ hechelt und geifert, veröffentlicht natürlich auch nur, was potenziell großen Zuspruch haben dürfte, und bloß nichts, was Nichtgefallen provozieren könnte. So bewirkt der Algorithmus letztlich eine gesteigerte Konformität: Man richtet sich nach der Masse.

Ganz ähnlich verhält es sich mit '*Spotify*', dem aktuell führenden sogenannten „Audio-Streaming-Dienst“. Mit Konfuzius („Setze niemals etwas voraus“) sei vorab geklärt: Beim auf Denglisch sogenannten „*Streaming*“, das auf Deutsch ein „Strömen“ wäre, handelt es sich um ein simples Senden und Empfangen von Daten. Gemeint sind hiermit allerdings vornehmlich Videos, Filme, Musik, Hörbücher usw, die quasi im Internet auf Abruf bereitstehen.

Man muss für den Genuss solcher Unterhaltung also keinen langwierigen Download mehr abwarten, und ist bei Videos und Filmen unabhängig vom vorgegebenen Zeitplan eines klassischen Fernsehprogramms. Witzigerweise hat eine Studie unlängst die sensationelle Erkenntnis geliefert, dass Kinder und Jugendliche erstmals seit Jahrzehnten weniger fernsehen(!) – dafür aber jedes Jahr umso mehr „streamen". Als ob das ein wesentlicher Unterschied wäre. Was nun den Dienst '*Spotify*' betrifft, analysiert (natürlich, wie sollte es anders sein) ein Algorithmus die zurzeit über 35 Millionen Songs, die sich „streamen" (also lapidar: anhören) lassen. Was dabei herauskommt, ist u.v.a. eine Auswertung von Genre, Stimmung, Tonart, Klangfarbe, Rhythmus und etlichen anderen spezifischen Merkmalen, die mit einer Zeitsignatur versehen werden. Selbstverständlich liegt auch hier das Versprechen zugrunde, dass der Dienst dem Nutzer Vorschläge präsentiert, die seinen Musikgeschmack, dank des Algorithmus, optimal treffen. Doch auch diese Sache hat natürlich einen kleinen Haken. Und zwar sogar: wortwörtlich, wenn auch auf Englisch, nämlich einen „*Hook*"[5]. Die Musikindustrie hat sich nämlich längst auf den Algorithmus von '*Spotify*' ausgerichtet, um in die Empfehlungslisten dieses Dienstes zu kommen. Einem kursierenden Leitfaden zufolge sollen in einem Song deshalb verschiedene Merkmale (u.a. Refrain, Strophe und „Hook") innerhalb der ersten dreißig Sekunden untergebracht werden – und zwar, weil ein Song erst ab der einunddreißigsten angehörten Sekunde als „gestreamt" gilt und für die Musik-Charts gewertet wird. Der Zuhörer darf also den Song keinesfalls vorher abbrechen und muss daher sichergestellt werden, dass das Wesentliche schon in den ersten dreißig Sekunden passiert – natürlich nicht etwa für den Musikfan, sondern aus Sicht der Musikindustrie. So ist laut einer Studie[6] der *Ohio State University* die Dauer instrumentaler Intros von Popsongs in den letzten paar Jahren um ein glattes Viertel geschrumpft, von rund zwanzig auf nur noch fünf Sekunden Länge; natürlich nicht etwa für den

5 In der Musik ist ein sogenannter „Hook" ein charakteristischer Teil der Melodie mit einem hohen Wiedererkennungswert, der möglichst dafür sorgt, dass die Melodie „hängenbleibt".

6 „Has music streaming killed the instrumental intro?" April 2017, Ohio State University

Musikfan, sondern für den Algorithmus von '*Spotify*'. Und der knallharte geldwerte Nutzen (nicht etwa für den Musikfan) geht noch darüber hinaus, indem die Musikindustrie über die algorithmischen Auswertungen immerhin bessere Ahnungen davon bekommt, was einen Hit zu einem Hit macht, sowie ganz nebenbei auch die Werbekunden von '*Spotify*' glauben, einen besseren Einblick in die aktuellen Vorlieben von Konsumenten zu erhalten, während der echte Musikfan – wie in anderen „Netzwerken" und Diensten auch – vor allem als lukrativer bloßer Datenlieferant funktioniert: „*Die Rechnung zahlen Musikfans, denen zwar die Illusion einer Auswahl aus über 30 Millionen Songs vorgegaukelt wird, denen der Weg zu wirklich interessanten Inhalten jedoch erschwert wird. Von einer musikalischen Monokultur profitiert am Ende niemand. Außer Spotify*", so der '*Spiegel*'[7].
Tja. Die „Illusion einer freien Auswahl". Wenn es nur das wäre. Allerdings hängt daran noch weitaus mehr: Das Ganze hat handfeste Konsequenzen auf die Art und Weise, wie populäre Musik komponiert und produziert wird, wie Musiker und Bands von vorn herein einen Song nach bestimmten Regeln zu arrangieren haben, wenn sie damit erfolgreich sein wollen. Aus dieser immer gleichartigeren Musik erfolgt ein ebenso gleichartigerer Massengeschmack, der ebenso, wie es in den „Sozialen Netzwerken" der Fall ist (siehe oben), die Konformität immer weiter verstärkt: Die Gewöhnung daran, wie Songs jetzt inzwischen standardmäßig aufgebaut und arrangiert zu sein haben, und das schon in den ersten dreißig Sekunden, beeinflusst dem entsprechend die Erwartungshaltungen, wie neue Songs wahrgenommen und beurteilt werden, ob sie gefallen oder nicht. Der Algorithmus von '*Spotify*' bestimmt darüber, welche Musik wir *überhaupt noch* zu hören bekommen, aus der wir dann scheinbar „frei auswählen" und „frei entscheiden" können, welche *davon* wir gut finden. Dagegen können wir natürlich gar nicht erst beurteilen, was uns womöglich sehr viel besser gefallen hätte, weil es einfach gar nicht erst stattfindet, weil es von vorn herein verhindert wird. Kurz gesagt: Auch hier diktiert uns ein Algorithmus die Welt, in der wir leben. Und niemand weit

7 'Der Spiegel' 21.05.2018 „Streaming: Wie Spotify Musik zur Monokultur macht"

und breit, der das angesichts der Auswirkungen auf unser aller Denken und Verhalten und das gesellschaftliche Miteinander anprangern würde. Vielmehr noch im Gegenteil lässt man inzwischen sogar die Partnersuche auf digitale Weise von Algorithmen erledigen, die aus einer Menge möglicher Partner angeblich die „besten Treffer", die „am ehesten Passenden" herausfiltern; und hält das für (technischen) „Fortschritt". Es könnte vielleicht auch pure Verzweiflung sein, angesichts der – gerade durch die Digitalisierung – stetig schrumpfenden Empathie und gleichzeitig zunehmenden Unfähigkeit, auf die klassische Weise persönliche Kontakte zu knüpfen und zu pflegen. Es ist anzunehmen, dass man sich in diesem Zeitgeist und in dieser „*Generation Z*" auch hierüber lieber keine größeren Gedanken macht. Etwa darüber, dass der Partnersuche per Algorithmus nackte Zahlen, Daten und Formeln zugrunde liegen, damit also Berechnung und Kalkül, und ob man auf dieser Grundlage tatsächlich menschliche Beziehungen aufbauen (lassen) will. Jedenfalls ist im Zweifelsfall die Frage vollauf berechtigt, warum einem *ausgerechnet* solche potenziellen Partner vorgeschlagen werden. Andererseits sage ich immer: sogar Statistikern passiert zwischendurch mal etwas, womit sie einfach *nicht gerechnet* haben. Ein Hoch auf die Mathematik.

Schon diese Beispiele zeigen eigentlich: Sehenden Auges und trotzdem blind geifert man sich voller Begeisterung in eine Welt, die nicht digital genug sein kann. Es werden momentan sehr viele Frösche gekocht. Angesichts dessen, dass die ungebremste und als „Fortschritt" nur bejubelte Roboterisierung mit ihrer „künstlichen Intelligenz" enorme absehbare Folgen auf die gesamte Gesellschaft haben, nicht erst beim „*Amnesty Responder*" und „*Clever Hans*" angefangen, ist es leicht verwunderlich (andererseits eben auch wiederum nicht), dass das von keinem einzigen Aktivisten und von keiner Bewegung anprangert wird. Damit vollführt die „*Generation Z*" genau das gleiche wie das, was sie „den Alten" vorwirft: So, wie die ältere Generation natürlich die Schuld daran hat, nichts gegen die Entwicklungen der *Industrialisierung* unternommen zu haben, hört man heute keinen leisesten Piep, wenn es etwa um „selbstfahrende Autos" geht oder um „künstliche Intelligenz". So wird der „*Generation Z*" in ein paar Jahren von ihren eigenen Kindern gleichfalls

vorgeworfen werden: „Warum habt ihr das nicht verhindert“. Darauf ist jedenfalls Verlass.
Nach diesem kleinen Vorlauf können wir nun zurückkommen auf die Frage, woher eigentlich diese „*Generation Z*“ diese gewisse Überheblichkeit, die Arroganz, den Hochmut und die Anmaßung bezieht, sich in einem absoluten, vollkommenen und endgültigen Wissen zu befinden. Die Antwort ist: *genau daraus*! Sie bezieht es aus ihrem Zeitgeist heraus, in dem sie lebt, und aus der übermedialisierten, volldigitalisierten Welt, in die sie hineingeboren wurde. Genau **das** nämlich ist tatsächlich der entscheidende Unterschied zu jeder früheren Generation – und verleiht der jetzigen sowohl die Wissensallmacht als auch die Generalermächtigung, restlos alles anzuprangern, was sämtliche Generationen zuvor in zwei Millionen Jahren Menschheitsgeschichte so alles falsch gemacht haben. Und auch hierbei ist es – wie könnte es anders sein – ein Algorithmus, der der „*Generation Z*“ diese umfassende Macht verleiht, nämlich der von '*Google'*.
Unter dem sowohl gedanken- als auch deshalb bedenkenlosen Eindruck, was Algorithmen scheinbar auf fast mystische Weise ermöglichen, ist man in diesem Zeitgeist und dieser Generation darauf trainiert und nahezu dressiert, bei jeder kleinsten Notwendigkeit (und davon gibt es im '*PISA*'-geschädigten Bildungsnotstand nun einmal viele) das „Smartphone“ zu zücken und sich im weltweiten Internet zu suchen, was man gerade braucht. Das hat sich seit ein paar Jahren als neudeutsches „*googeln*“ etabliert, weil sich '*Google'* als der quasi Monopolist der „Suchmaschinen“ herausbilden konnte. So kann man sich darauf verlassen, dass heute so ziemlich jede Suchanfrage über '*Google'* erfolgt, und daher etwaige andere Suchergebnisse anderer Suchmaschinen nicht einmal in Erwägung gezogen werden – sofern überhaupt bekannt ist, dass sie existieren. Das verleiht '*Google'* eine gehörige Macht, der man sich bereitwillig fügt und sie dadurch täglich mehrfach stärkt.
So wird heute jede kleinste Information nicht etwa sonderlich recherchiert oder aufwändig nachgeschlagen, sondern kurzerhand „gegoogelt“. Und selbst das mit dem geringst möglichen Aufwand, indem gerade die ersten drei/vier von '*Google'* ausgeworfenen Linkverweise angeklickt werden, also die, die

(wie man inzwischen so schön sagt) *„bei Google ganz oben stehen“*. Schon die zweite oder geschweige denn dritte Ergebnisseite fristet ein unbeachtetes Dasein vor sich hin. In einer Bürgerdiskussion des WDR-Fernsehens meinten Gymnasiasten zu ihrem Informationsverhalten[8]: *„Sonst Nachrichten und so, man sollte die einfach ganz leicht bekommen, dass man ganz kurz weiß, was passiert ist alles so in der Welt, und man sich nicht noch richtig überlegen muss, okay, was bedeutet das jetzt genau, was heißt das jetzt alles, sondern wirklich ganz einfach, dass dir einer alles erzählt“*. An dieser Stelle noch davon abgesehen, dass so etwas natürlich Populisten Tür und Tor öffnet und Jugendliche laut der *'Shell Jugendstudie 2019'* tatsächlich *„anfällig für populistische Parolen sind“* (auch dazu später mehr): wohin driftet da wohl das Bildungsniveau ganz generell, während sich – auf eben diesem kläglichen Niveau – alle gleichermaßen für unfehlbar allwissend halten.

Bei all dem, was man sich an Informationen „ganz leicht“ und „ganz einfach“ und „ohne noch richtig überlegen zu müssen“ zusammenklaubt – aber auch nur dann, wenn man es gerade braucht – stellt sich auch kaum jemand die Frage, wie *'Google'* denn eigentlich die präsentierten Ergebnislisten sortiert, warum die vermeintlich „besten Treffer auf die Suchanfrage“ eigentlich die besten Treffer sind, und warum in dieser Reihenfolge, etc.

Der Moderator Johannes B. Kerner witzelte vor ein paar Jahren, dass seine Tochter ihn gefragt habe: *„Du, Papa... damals, als ihr noch keine Computer hattet... wie seid ihr da eigentlich ins Internet gekommen?“*. So amüsant das natürlich klingt, deckt es ein weiteres Defizit der *„Generation Z“* auf: Für fast alle ist ein „Smartphone“, ein Tablet und/oder Computer ständig greifbar und allgegenwärtig, doch nur ein Bruchteil hat eine Ahnung davon, wie das alles, insbesondere das Internet, eigentlich überhaupt funktioniert – *'Google'* darin natürlich eingeschlossen.

In demütiger Neigung gegenüber dem geheiligten Algorithmus nimmt man – eben: ganz einfach – an, dass Suchanfragen durch ein ausgeklügeltes System

---

8 WDR-Fernsehen 13.06.2019 „Ihre Meinung - Frech, digital, politisch: Macht die Jugend alles besser“

gejagt werden, das „die besten Treffer" aus- und vorsortiert, dabei natürlich die besten zuerst, weshalb man sich alle noch folgenden -zig Ergebnisseiten getrost sparen kann. Allerdings verhält es sich beinahe umgekehrt. Das, was die „*Generation Z*" nie gelernt hat und worauf sie allenfalls nur zufällig stößt (etwa diejenigen, die versuchen, als „*Influencer*" erfolgreich zu werden), ist die sogenannte „*Search Engine Optimization*", kurz „SEO", auf Deutsch die „Suchmaschinenoptimierung" von Websites: Über die Jahre hat sich daraus eine eigene Geschäftsbranche entwickelt, hunderte Berater und Agenturen, die sich darauf spezialisiert haben, Websites mit kleinen Tricks und Kniffen unter die TopTen der „besten Treffer" der Ergebnisseiten von '*Google'* zu bringen, also quasi den Algorithmus clever auszuhebeln und auszutricksen. Der Aufwand, der hierfür betrieben wird, und die Summen, die Unternehmen und Konzerne darin investieren, um „*bei Google ganz oben zu stehen*", sind beträchtlich – und angesichts dessen, dass dieser Algorithmus natürlich ständig verändert („verbessert") wird, ist das für Berater und Agenturen ein einträgliches Geschäft. Auf den Punkt gebracht: Die vermeintlich „besten Treffer" auf eine Suchanfrage sind mitnichten die tatsächlich besten Treffer, sondern die Platzierungen (das sog. „*Ranking*") ergeben sich daraus, welche Websites am cleversten und trickreichsten für den Algorithmus von '*Google'* programmiert wurden. Darauf fallen in aller Normalität Millionen Nutzer herein, die sich nicht im geringsten darüber im Klaren sind, dass ihnen hier Websites (und damit: als „treffendste Information") untergejubelt werden, die man ihnen hochprofessionell mit knallharten Geschäftsinteressen auf die Augen drückt. Im Umkehrschluss heißt das: Die tatsächlich „besten Treffer" und treffendsten Informationen findet man auf Websites, die sich weit mehr auf optimale Inhalte konzentrieren als auf ein optimiertes „Ranking" – doch genau deshalb in den Ergebnisseiten erst „weiter hinten" auftauchen. Umso schlimmer natürlich, wenn die „*Generation Z*" mit dieser Unwissenheit ihr vermeintliches „Wissen" auf diese Weise bezieht, nicht einmal annähernd bewusst darüber, clever und trickreich manipuliert zu werden. Wobei etwaige andere Informationen und ein anderes Wissen natürlich keineswegs in Form einer Quasi-Zensur vorenthalten werden. Aber nein. Es wird nur lediglich irgendwo dort platziert, wo es schwieriger aufzufinden ist. Ungefähr so, wie in den „Sozialen Netzwerken“ unliebsame Beiträge gern „in der Relevanz heruntergestuft“, also Sichtbarkeit und Verbreitung eingeschränkt werden. Wie man sich in diesem Zeitgeist und dieser Generation genauso unbewusst wie freimütig der Macht von '*Google*' hingibt und ausliefert, wurde im April 2015 für jeden Laien offen(-)sichtlich, als bekanntgegeben wurde, dass der Algorithmus für das „Ranking“ ab sofort solche Websites bevorzugt, die für eine „mobile Ansicht“ (also: für das Surfen mit einem „Smartphone“ oder Tablet) optimiert waren. Der fast schauderhafte Einfluss, den '*Google*' schon damals hatte, zeigte sich prompt: Website-Besitzer und Webdesigner, SEO-Berater und -Agenturen überschlugen sich nahezu darin, die Internetseiten so zu überarbeiten, wie '*Google*' es nun gern haben wollte. Die bis dahin noch klassische Gestaltung von Websites, meist dreispaltig, beispielsweise mit einem Hauptmenu am linken Bildschirmrand aufgelistet, verschwand nun peu à peu, weil dafür auf den deutlich kleineren „Smartphone“-Bildschirmen einfach kein Platz war. Stattdessen tauchte plötzlich ein völlig neues Symbol auf, das drei Querbalken übereinander zeigte: das sogenannte „Sandwich-Menu“, das sich erst auf Mausklick bzw. Fingertipp „aufklappt“, und heute für die „*Generation Z*“ völlig normal und die standardmäßige Gestaltung einer Website ist. Zudem noch '*Google*' im März 2021 dazu übergegangen ist, überhaupt ausschließlich nur noch Websites in die Ergebnislisten aufzunehmen, die für die Ansicht per „Smartphone“ optimiert sind; woran sich Menschen, die weiterhin am klassischen Desktop-Rechner oder Laptop durch das Internet surfen, gefälligst zu gewöhnen hatten. Das heißt: Ältere Websites, die dem nicht angepasst wurden, tauchen – mitsamt ihren Inhalten und Informationen – in '*Google*' gar nicht mehr auf, nicht einmal mehr an letzter Stelle der letzten Ergebnisseite. Uns allen werden also potenziell Informationen glatt vorenthalten, selbst wenn es sich um den endgültigen Beweis für die Existenz von Außerirdischen handelt, oder Informationen, die über Leben und Tod entscheiden, weil *deren Gestaltung*(**!**) nicht die Kriterien erfüllt, die '*Google*' setzt, weil deren kompletter Inhalt vom Algorithmus vollabsichtlich zielgerichtet übergegangen wird. Das alleine wäre es wert,

sich so einige Gedanken zu machen. Auf der einen Seite ist es ein Konzern, der nicht nur unser Informationsverhalten nachdrücklich beeinflusst, wenn nicht mittlerweile gar maßgeblich bestimmt. Sondern auch die Verfügbarkeit von Informationen und den Zugriff darauf, wenn die von '*Google*' gesetzten Kriterien bestimmen, welche Informationen uns nahezu unausweichlich aufs Auge gedrückt werden. und welche dagegen nur schwierig aufzufinden sind, oder gar komplett verschwinden, als gäbe es sie nicht.
Auf der anderen Seite beeinflusst dieser Konzern unmerklich und unbemerkt sogar die Art und Weise, wie Informationen aus- und vorsortiert, strukturiert, aufbereitet und uns (dann erst, letztlich) auch präsentiert werden. Wenn etwa Texte *für den Such-Algorithmus* so geschrieben werden, dass ganz bestimmte Schlüsselwörter (sog. „Keywords“) darin auftauchen und andere vermieden werden (weil der Algorithmus daraus ableitet, wie „treffend“ der Inhalt für eine Suchanfrage ist, und somit auch, wie die Website platziert wird), dann folgt daraus zwangsläufig ein ganz bestimmter Stil, wie Texte für Websites oder auch in „Sozialen Netzwerken“ verfasst werden; ganz generell, völlig unabhängig davon, ob von Werbetextern, Journalisten oder Experten. Ein Stil, der mitunter stark davon abweicht, wie früher und bislang geschrieben und von uns allen für „normal“ gehalten wurde. Das wirkt sich insgesamt auf die Erwartungshaltung als auch auf die Beurteilung aus, was etwa ein „guter“ oder auch „informativer“ Text ist und was nicht, als auch darauf, welche Ausdrucksweise und Formulierungen auf welche Weise (oder: ob überhaupt) verstanden werden. Kurz gesagt: Weil das ein knallharter Bildungsaspekt ist, hat ein Konzern wie '*Google*' um zwei/drei Ecken herum sogar auf das allgemeine Bildungsniveau einen gehörigen Einfluss (da hatte es durchaus etwas Ironisch-Amüsantes, als mir kürzlich eine junge Frau mitteilte: „*Ich habe mich mal bei 'Google' schlau gemacht*“). Doch mehr noch: Weil sich das schließlich auch auf u.a. Werbung, Medien und Journalismus auswirkt, beeinflusst das Ganze zudem noch, auf welche Weise man uns Informationen ganz generell verabreicht. Ein sich-selbst-verstärkender Prozess, der – wie bereits schon in anderem Zusammenhang festgestellt – nicht Individualität fördert, sondern Konformismus und massenhafte Gleichförmigkeit.

Auf den Punkt gebracht lässt sich festhalten: Websites werden nicht etwa in erster Linie für Nutzer gestaltet, sondern in erster Linie für den Algorithmus von '*Google*'. Ganz so, wie zielgerichtete Postings und Kommentare in den „Sozialen Netzwerken“ für deren Algorithmen verfasst werden, sowie auch Musik heute in erster Linie für den Algorithmus von '*Spotify*' produziert wird, und nicht etwa für den Musikfan. Und das: nur beispielsweise. So leben wir in einer Welt und persönlichen Wirklichkeit, die sich nicht mehr in erster Linie an Menschen ausrichtet und orientiert, sondern in erster Linie an dem, was Algorithmen funktionieren lässt und von Algorithmen vorgegeben und produziert wird; und das selbst in Bereichen, was *Menschen untereinander* anbelangt (also: die „Sozialen Netzwerke“) und sogar die Partnersuche. So könnte man als mündiger Bürger, als kritisch denkender Mensch und als gesellschaftskritischer Beobachter durchaus die Frage stellen: was passiert mit einer Gesellschaft, die sich – zumal: genauso unbewusst wie bereitwillig und völlig bedenkenlos – von Algorithmen fernsteuern lässt; das Denken und Verhalten und das Miteinander inklusive, was für „richtig“ und für „falsch“ gehalten wird, für „wichtig“ und „unwichtig“, wie welche Prioritäten gesetzt und Entscheidungen getroffen werden. Das gilt zudem nicht nur für den Otto Normalbürger, sondern neben Journalisten auch für Politiker, die alles das, was sie sagen und tun, früher an monatlichen oder wöchentlichen Umfragen ausrichteten; heute nehmen sie selbst an diesem sozial-medialen Zirkus teil und richten sich mehrmals täglich neu aus, wenn es sein muss.

Alles das ist in dieser Entwicklung in höchstem Maße bedenklich, sobald man sich darüber die ersten groben Gedanken macht. Davon ist man jedoch in diesem Zeitgeist und dieser „*Generation Z*“ eben Lichtjahre entfernt, siehe mehrfach oben, sondern eher im glatten Gegenteil: Man wähnt sich inmitten dieser Tragik auch noch im absoluten, vollkommenen, endgültigen Wissen, jeder früheren Generation hochüberlegen. Wenn es früher noch hieß „*Wissen ist Macht*“ dominiert heute längst das Motto „*Nichts wissen macht auch nichts*“ – wofür gibt es denn schließlich '*Google*'. So liefert man sich einer vermeintlichen Macht der Digitalisierung und der Algorithmen aus, weil man aus seinem geballten Unwissen heraus Wissen für eine bloße Ansammlung von Informationen hält, die ein „Wissen auf Abruf" ermöglichen würde – und verwechselt dabei nicht nur Wissen mit bloßem Bescheidwissen. Besonders eindrücklich wird das nicht zuletzt bei Linkverweisen, die '*Google*' auf recht eigentümliche Weise grundsätzlich als erste auswirft: nämlich auf Einträge bei '*Wikipedia*', einer sog. „freien Enzyklopädie" und gewaltigen Sammlung von Artikeln über jeden erdenklichen Begriff und jedes erdenkliche Thema, das in diesem Zeitgeist und von dieser „*Generation Z*" quasi standardmäßig als „Lexikon" betrachtet und verwendet wird. Das Besondere daran ist dabei gleichzeitig der Fallstrick: Das Ganze ist eine „freie" Enzyklopädie, weil die Artikel von jedem (also wirklich: jedem) verfasst werden können, der genug Zeit und Muße dafür hat, selbst wenn er auch noch so ahnungslos ist. Und dass es sich bei den Schreiberlingen vorwiegend um Laien handelt, die sich „*bei Google schlau gemacht*" haben, liegt genau daran: Experten nämlich, die sich tatsächlich auf solchem Niveau bewegen könnten, eine Enzyklopädie mitzugestalten, werden weder die Zeit noch die Muße haben, um Artikel bei '*Wikipedia*' einzutippen. Umso schlimmer, wenn sich unbedarfte Laien auch noch gegenseitig „kontrollieren" und „korrigieren", indem sich Besserwisser auf Artikel stürzen, um darin freimütig einzelne Wörter auszutauschen, ganze Sätze umzustellen oder gar zu löschen und eigene einzufügen. Auf diese Weise werden sämtliche Einträge in diesem „Lexikon" permanent geändert, sodass mitunter völlig sinnverdrehte, verkorkste und falsche Informationen heraus kommen. Und (auch) das ist, was diese „*Generation Z*" als Basis für ihr absolutes, vollkommenes und endgültiges Wissen verwendet und weshalb sie sich jeder früheren Generation hochüberlegen wähnt – ohne sich auch nur ansatzweise darüber bewusst zu sein, bis über beide Ohren in einem einzigen großen, wabernden Quark zu versumpfen.

Der Mathematiker und Pionier der „Fuzzy-Logik", Prof. *Bart Kosko*, meinte schon in den 1990er Jahren[9]: „*Die Digitalisierung scheint auch unseren Geist digitalisiert zu haben*" und machte damit schon damals darauf aufmerksam, in welche ziemlich nachteilige Richtung sich unser Denksystem entwickelt:

9 Bart Kosko: „Fuzzy-Logik: Eine neue Art des Denkens", Carlsen-Verlag (1993)

Eine Entwicklung, die die ältere Generation kaum mitbekommen hat (siehe „*Gekochter Frosch*“) und in die die „*Generation Z*“ bereits hineingeboren wurde und daher für „normal“ hält – sodass wir uns heute unversehens in einem Zeitgeist und einer Welt wiederfinden, die vor lauter Problemen und Missständen fast zu bersten scheint. Ebenfalls bereits in den 1990er Jahren hat der Zukunftsforscher *Gerd Gerken*[10] auf die Folgen aufmerksam gemacht, die ein vermeintliches „Wissen auf Abruf“ mit sich bringen wird, das mit der Verbreitung von Computer und Internet ins Rollen kam. Wenn nämlich alles erdenkliche Wissen für jeden jederzeit abrufbereit zur Verfügung steht, wozu sollte man dann noch mühsam lernen? Und das dazu noch, wo gerade mit der Rasanz der technologischen Entwicklung permanent und pausenlos immer anderes und neues Wissen verfügbar wird, dass ein andauerndes Lernen und Ent-Lernen notwendig machen würde, weil jedes Wissen eine immer kürzere Halbwertzeit hat... da reicht es doch völlig aus, den aktuellen Wissensstand einfach abzufragen; was letztlich das „Smartphone“ dann auch tatsächlich jedem jederzeit möglich gemacht hat. So darf es auch niemanden wundern, wenn diese „*Generation Z*“ heute auf Demonstrationen Plakate vor sich her trägt, auf denen geschrieben steht „*Wozu lernen..?*“, während sie sich parallel und gleichzeitig im absoluten und endgültigen Wissen wähnt. Wie will man dieser Generation plausibel erklären, wie wahnsinnig wichtig doch Lernen und Bildung sind, wenn man heute als „*Influencer*“ mit völlig belanglosem Zeugs oder als „*eSportler*“ an einer Spielkonsole spielend zum „Star“ und reich und berühmt werden kann, ohne jemals etwas gelernt oder geleistet zu haben. Diese zeitgeistige Verflachung jedes Niveaus hat sich längst schon in der Praxis verfestigt, indem diese Generation für alles und jedes einfach eine „Community“ und „Bewegung“ ins Leben ruft, statt sich erst jahrelang mühsam durch eine konventionelle politische Partei zu quälen, bis man darin irgendwann endlich einen wichtigen Posten hat, um eventuell etwas bewirken zu können. Viel zu mühsam und umständlich. Da stellt man sich natürlich deutlich lieber versammelt auf die Straße, winkt mit Fähnchen, trällert simple

10 Gerd Gerken, u.v.a. „Wild Future“, Econ (1995) - „Final Fiction“, Econ (1997)

Parolen, und stellt Forderungen. Das erspart praktischerweise zudem, sich als Kandidat einer oder mehreren Wahlen stellen zu müssen, also erst einmal Menschen für sich und seine Sache gewinnen und Kompromisse eingehen zu müssen, sowie letztlich auch bei etwaigem Erfolg: Entscheidungen zu treffen und Verantwortung zu tragen. Da ist dieser Zeitgeist der schlagende Beweis dafür, dass es völlig ausreichend ist, sich als „Aktivist" zu produzieren, wahlweise dafür oder dagegen zu sein, und Forderungen an alle anderen zu stellen. Mit dem praktischen Nebennutzen, jede Menge Mitstreiter zu haben, in dieser „*Generation Z*", und auf Demonstrationen mit Event-Charakter das wohlige „Wir-Gefühl" zu finden, das in dieser Gesellschaft zunehmend fehlt. Letzteres dürfte wohl ein weiterer Grund dafür sein, dass für und gegen so ziemlich alles eine „Community" und „Bewegung" ausgerufen wird: In einer volltechnisierten und digitalisierten Welt, die inzwischen zudem vornehmlich an Zahlen, Daten und Algorithmen ausgerichtet wird als an Menschen (siehe oben), geht *das Menschliche* unweigerlich flöten und vor die Hunde und wird es zunehmend kalt: Die neben der berüchtigten „*Spaltung der Gesellschaft*" gern diagnostizierte „*Soziale Kälte*". Wie bereits erklärt: sehenden Auges und trotzdem völlig blind. Gut zu beobachten sind daher verzweifelte Versuche, diese „*kognitive Dissonanz*" zu dämpfen oder auch auf Seiten von Politik und Marketing auszunutzen. So etwa, wenn man in Medien und Werbung zunehmend geduzt wird, was eine gewisse Nähe suggerieren soll, ein „Du und ich", wenn zu Beginn der „Corona-Pandemie" im Jahr 2020 zahlreiche Fernsehsender „Wir bleiben zuhause" eingeblendet hatten, und in dieser Zeit auch ein „Wir halten zusammen" beschworen wurde, während aus der Politik ständig verlautet, was wir nur alle „gemeinsam" bewältigen können sollen; unvergessen der Ausspruch von Kanzlerin Merkel: „*Wir schaffen das!*" zur Zeit der sog. „Flüchtlingskrise" im Jahr 2015.

In diesem Gesamtzusammenhang – sehenden Auges und trotzdem blind – ist man völlig außerstande, die glorifizierte Digitalisierung unserer Welt mitsamt dem deklarierten „Zeitalter der totalen Information" auch nur ansatzweise in Frage zu stellen. Vielmehr im Gegenteil wird jeder Hauch einer Kritik in die Ecke der „Technologiefeindlichkeit" geschoben, man ist „Fortschrittsgegner" und „ewig gestrig". Ein recht interessantes Abwehrverhalten. In einem alten Marketing-Buch[11] aus dem Jahr 1993(!), das ich noch im Regal stehen habe, wird darauf hingewiesen, dass – also: schon damals – die Menschen *„zu 97% informationsüberlastet"* seien (wie immer man das auch ermittelt haben will), woraus u.a. folgen würde: *„Dieser überinformierte, aber in seiner Denkwelt allein gelassene Kunde glaubt, alles zu wissen, und weiß deshalb nicht mehr sehr viel"*. Und das, wie gesagt, zu einer Zeit, als die neuesten Innovationen (die Älteren werden sich eventuell erinnern) ISDN-Telefonleitungen waren, sowie die Möglichkeit, die bis dahin kiloschweren Versandhauskataloge oder Telefonbücher in Zukunft als CD-ROM für den Computer zu produzieren, während das Mobiltelefon gerade erst auf den Markt gekommen war, sich jedoch nur Top-Manager leisten konnten. So klang auch die Prognose *„In den 90er Jahren wird der Computer ein genauso selbstverständliches Arbeitsmittel sein, wie das Auto oder das Telefon"*[11] damals eher waghalsig und bedurfte einer gehörigen Vorstellungskraft. Das alles von dem heutigen pausenlosen Informations-Tsunami also noch mindestens Lichtjahre entfernt, und doch schon damals *„zu 97% informationsüberlastete"* Menschen.

Die damalige Feststellung, aufgrund der damaligen „Informationsflut" glaube man *„alles zu wissen, und weiß deshalb nicht mehr sehr viel"*, geht auf das sog. „basale Prinzip" zurück: Da, wo alles Wissen permanent und jederzeit verfügbar ist, wird Wissen an sich völlig unwichtig. Dass das so ist, lässt sich bestens an den mittlerweile unzähligen TV-Quizshows erkennen, die seit den 2000er Jahren nahezu wie Pilze aus dem Boden geschossen sind: Wissende Menschen sind zu einer Attraktion geworden, die zur Unterhaltung der Masse präsentiert werden, wie früher Kleinwüchsige im Zirkus. Das passt übrigens einwandfrei zu der Feststellung, die der „König der Quizshows", Günther Jauch, in einem Interview[12] traf: in diesen ganzen Quizshows geht es gar nicht um Wissen – sondern um bloße Unterhaltung! Und Jauch weiter: *„Das*

---

11 Edgar K. Geffroy: „Das einzige, was stört, ist der Kunde" Verlag Moderne Industrie (1993)

12 'Der Spiegel' 20.03.2009 „Bildung kann man nicht downloaden" Interview mit Günther Jauch

Internet ist doch tückisch, wenn es um Wissen geht. Es verleitet zu der Fehleinschätzung, man müsse selbst nichts mehr wissen und demzufolge auch nichts mehr lernen. Steht ja alles im Computer. Das halte ich für zu simpel, denn das Netz ist doch eher eine informationelle Müllhalde und sehr chaotisch. Gegen dieses Informationschaos hilft nur Bildung, denn wenn ich das Wichtige vom Schrott trennen will, dann muss ich um grundlegende Zusammenhänge wissen". Kurz gesagt: Das, was man uns gern als „Wissen" verkauft, ist mitunter nur sehr unterhaltsame Information – was jedoch kaum bemerkt wird, wenn bloßes Bescheidwissen und Informiertsein mit Wissen verwechselt oder gleichgesetzt, und zudem noch das Wesen der Medien, nämlich der Unterhaltungscharakter, grob unterschätzt wird.

Dazu wiederum gesellen sich mindestens noch zwei weitere Effekte, die aus der Informationstheorie stammen, und dennoch selbst in unserem „Zeitalter der totalen Information" nahezu unbekannt sind, sogar unter denen, die sich im absoluten, vollkommenen und endgültigen Wissen wähnen. Da wäre zum einen das sog. *„bionische Paradoxon"*, wonach mehr Information eben nicht auch für mehr Klarheit sorgt, sondern im genauen Gegenteil, mehr Unklarheit zur Folge hat (*„Heisenberg'sche Unschärferelation"*). Das hat jeder von uns schon mehrfach in der Praxis erlebt, wenn man sich etwa ein neues Shampoo zulegen will, und angesichts eines fünfzehn Meter langen Regals auf drei Etagen vom Angebot nahezu erschlagen wird ...und letztlich doch entnervt wieder zu seinem bisherigen Shampoo greift. An dieser Stelle von Frauen in einem Schuhgeschäft zu sprechen, wäre heute allerdings wohl ein klarer Fall von Sexismus, und lasse ich das deshalb lieber unerwähnt.

Zum anderen wäre da die *Redundanz* als weiterer Effekt der Informationsflut, wenn eine Unmenge von Mitteilungen, Nachrichten und Botschaften letztlich eine Null-Information zur Folge hat: Eine Überladung mit Überflüssigem. Das wiederum kennt jeder von uns, wenn sich sämtliche Medien gleichzeitig auf ein bestimmtes Ereignis stürzen, es aber sehr schnell für niemanden etwas wirklich Neues zu berichten gibt. Wenn etwa -zig Nachrichtensender prompt und live vor Ort von einem tragischen Busunglück mit zwölf Todesopfern berichten, fühlen sich alle Sender dazu gezwungen, sich von allen anderen zu unterscheiden, indem sie noch schneller noch mehr Informationen liefern, wie etwa, dass achtzehn Menschen überlebt haben. Die nächste Eilmeldung informiert uns darüber, dass der verunglückte Bus mit dreißig Fahrgästen unterwegs war. Anschließend erfahren wir, von wo nach wo dieser Bus fuhr. Woraufhin man uns informiert, warum überhaupt. Gefolgt von der Meldung, wie groß der Stau ist, den das Unglück verursacht hat. Mit anschließender Eilmeldung, wie viele Rettungskräfte aus welchen umliegenden Ortschaften wann genau eingetroffen sind. Wobei nicht fehlen darf, dass die Ehefrau des Enkels des Busfahrers live zugeschaltet wird, und uns direkt danach ein wichtiger Experte erklärt, wie sicher Busreisen überhaupt sind. Bitte bleiben Sie dran, nach der Werbung geht es weiter.

Besonders eindrücklich sollten dabei die Berichterstattungen zu Beginn der „Corona"-Pandemie ab März 2020 in Erinnerung sein, als nahezu sämtliche Fernsehsender (wohl bis auf RTL2, DisneyChannel und Eurosport natürlich) nahezu rund um die Uhr nahezu nichts anderes sendeten als alles erdenklich mögliche, das auch nur irgendwie damit zu tun hat, sei es auch noch so weit hergeholt, in einem wahren Informationsrausch. Kein Sender konnte es sich leisten, über das drohende Ende der Menschheit weniger zu senden, sondern im Gegenteil, je dramatischer desto besser, bevor man umschaltet. Websites im Internet, sowie sämtliche Radiosender bundesweit, sowie kreuz und quer durch die „Sozialen Netzwerke": exact dasselbe.

Nun möge sich die „*Generation Z*" einmal vorstellen (und sich die Älteren kurz zurückversetzen), wie das etwa in den 1980er Jahren abgelaufen wäre, mit zwei Fernsehsendern, die das Wesentliche in ihren fünfzehnminütigen abendlichen Hauptnachrichten melden. Punkt. Und das war's. Für weiteres und etwas Ausführlicheres wartet man bis zum nächsten frühen Morgen auf die Tageszeitung. In diesem direkten Vergleich mit dem übermedialisierten Zeitgeist, in dem wir heute leben, und den die „*Generation Z*" für „normal" hält, darf man sich dann noch einmal der *Redundanz* und dem „*bionischen Paradoxon*" widmen, siehe oben, mit dem entsprechenden Effekt auf uns alle, auf jeden Einzelnen und die Gesellschaft insgesamt. Man ist also heute mitnichten „informierter“ und „wissender“ als früher, nur weil die Menge an Informationen und Nachrichten explodiert ist.

Wie man sieht: Der recht harmlos klingende Aspekt der Information und des Wissens kann enorme Fragen aufwerfen, wenn man sich ausnahmsweise, als gesellschaftskritischer Beobachter und/oder als mündiger Bürger, tatsächlich ein wenig tiefergehend damit beschäftigt. Lassen Sie mich beispielsweise hier noch einen Aspekt ansprechen, weil er sich für das Thema dieses Buches unbedingt anbietet: Die „*Verdünnung der Öffentlichkeit*“. Früher nämlich, als bekanntlich alles besser und die gesamte Bevölkerung den Hauptnachrichten zweier Fernsehkanäle und einer Handvoll Tageszeitungen ausgeliefert war, waren alle gleichermaßen und gleichförmig informiert: man sprach im Kreis von Bekannten, in der Kantine am Arbeitsplatz oder am Stammtisch letztlich über dieselben verabreichten überschaubaren Informationen. Mindestens mit der Einführung des Privatfernsehens, spätestens mit Verbreitung des Internet jedoch hat sich dieses Gemeinsame und die Homogenität im öffentlichen Diskurs und der Meinungsbildung in Luft aufgelöst. Heute haben keine zwei Menschen, nicht einmal innerhalb von Partnerschaften und Familien, mehr auch nur die annähernd gleiche Informationsgrundlage, jeder befindet sich in seiner ganz persönlichen algorithmischen „*Filterblase*“. Somit trifft man sich schlimmstenfalls allenfalls noch auf dem kleinsten gemeinsamen Nenner: wahlweise für etwas oder gegen etwas zu sein – wodurch Diskussionen zunehmend erschwert bis verunmöglicht werden und in Konfrontationen verlaufen, in die „*Spaltung der Gesellschaft*“ und „*Soziale Kälte*“.

Sehen wir uns in dieser Entwicklung die unmittelbaren Vorläufer an, denen die „*Generation Y*“ bereits vollständig ausgesetzt war, und in die die Folge-„*Generation Z*“ als „Normalität“ hineingeboren wurde, springen einem zwei mediale Einflüsse unweigerlich direkt ins Auge: Zum einen sind es die in den 1990er Jahren zunächst auf den Sendern des Privatfernsehens zelebrierten Nachmittags-Talkshows, eine nach der anderen, von jeweils einer Stunde Dauer („Hans Meiser“, „Andreas Türck“, „Ilona Christen“, „Oliver Geissen“, „Brit“, u.v.a., die Älteren werden sich bestens erinnern). Während sich vorher das Talkshow-Format entweder auf Politiker, Experten oder Prominente als

Diskutanten beschränkte, wurde aus dem US-Fernsehen importiert, scheinbar „ganz normale Menschen" diskutieren zu lassen. Das veränderte zunächst die Bandbreite des öffentlichen Diskurses von bis dahin einigermaßen relevanten Themen aus Politik, Gesellschaft oder auch Boulevard, hin zu Diskussionen über oft völlig belanglose Angelegenheiten, die einzelne Menschen betrafen, deren höchstpersönliche Alltags- und Lebensprobleme, Schicksale, Konflikte mit Lebenspartnern, Freunden, Kollegen, Verwandten und/oder Nachbarn. Je mehr solcher Talkshows es gab, und je größer damit der Konkurrenzdruck wurde, desto provokativer wurden die vorgegebenen Themen und die Diskutanten auf Krawall getrimmt. In einer dieser Talkshows kam sogar ein lächerlicher „Lügendetektor" zum Einsatz, durch den ermittelt werden sollte, ob beispielsweise ein Mann denn nun fremdgegangen ist, oder nicht – und das (jedenfalls scheinbar) auch noch ernst genommen wurde, mit dem hoch emotionalen Finale von entweder Krawall ob des überführten Fremdgängers, oder tränenreicher Verzeihung ob des ungerechtfertigten Verdachts. Was in allen diesen Talkshows (wie gesagt: einer nach der anderen über den ganzen Nachmittag auf das Publikum abgefeuert) stattfand: Eine Zurschaustellung „einfacher Menschen", die ihrerseits Gelegenheit zu einer Selbstinszenierung bekamen, die bis dahin so öffentlich, vor einem Millionenpublikum, nicht möglich war; selbst auf die Gefahr hin, sich lächerlich zu machen und dem Hohn und Spott auch des Studiopublikums ausgesetzt zu werden. Wobei sich irgendwann herausstellte, dass Teile der im Studio anwesenden Zuschauer bezahlte Statisten waren, die den Gesamtverlauf mitbeeinflussen sollten. Auf der Seite der Diskutanten und „ganz normalen Menschen" wiederum stellte sich heraus, dass einige davon professionelle sog. *„Talkshow-Hopper"* waren, die jeweils unter anderem Namen in mehreren Talkshows gastierten.
So jedenfalls lernte die *„Generation Y"* u.v.a., dass die Selbstinszenierung höchstpersönlicher, sogar intimster Angelegenheiten, von denen man bis dahin meinte, sie würden „niemanden etwas angehen", offenbar von Interesse für Millionen andere und sogar für die allgemeine Öffentlichkeit sind, und man auf diese Weise größte Aufmerksamkeit und Beachtung bekommt. Und sie lernte über den in Szene gesetzten Krawall, dass es offen(-)sichtlich

sowohl legitim ist, sich – auf niedrigstem Niveau – gegenseitig an den Kragen zu gehen, als auch, sich über andere Menschen, deren Ansichten, Lebensweisen und Probleme entweder lustig zu machen oder zu empören. Wer das alles bis dahin noch nicht so sah, lernte hier, dass das scheinbar „normal" war; man konnte es schließlich „mit eigenen Augen sehen".
Nach dem Totlaufen und Auslaufen dieses Talkshow-Formates wurde diese Malaise nahezu übergangslos abgelöst von sogenannten „*Reality Soaps*", „*Doku Soaps*" und in noch gesteigerter Form „*Scripted Reality*", die heute noch immer ausgesendet werden: Augenscheinliche Dokumentationen über Menschen und ihre Alltagsprobleme, in finanziellen Schwierigkeiten oder mit Erziehungsproblemen, über Hausrenovierungen oder Gebrauchtwagenkauf, über Polizeieinsätze oder Gerichtsverhandlungen, oder, oder, oder. Dieser Anschein von bloßer Dokumentation überdeckt natürlich, dass allen diesen Serien eine Dramaturgie zugrunde liegt, also dramaturgisch in Szene gesetzt werden, um Langeweile bloß zu vermeiden und sie unterhaltsam zu gestalten. Im Falle von „*Scripted Reality*", in der nichts wirklich real, sondern jede Szene völlig frei erfunden ist, und Laienschauspieler versuchen, so zu tun als ob, ist mindestens erschreckend, dass knapp 50%[13] der jüngeren Zuschauer dem Ganzen auf den Leim gehen, sei es auch noch so dilletantisch produziert. Zumal: Ein Großteil dieser Zuschauer ist auch noch wahlberechtigt!
Wobei einerseits die Unfähigkeit herrscht, Realität und Fiktion auseinander halten zu können, und zwar nicht nur in der Gesamtszenerie und dem Ablauf, sondern auch bei der Deutung von Gestik, Mimik und Sprache. Andererseits resultiert aus dieser Unfähigkeit auch ein „*verzerrtes Bild von Menschen und Milieus*", so die Fernsehforscherin Maya Götz – mit anderen Worten: Das, was man früher „Vorurteile" nannte und heute zeitgeistig „*Stereotype*" nennt, damit auch die Verfestigung simpelster, dümmlicher Klischées, als Welt- und Menschenbild und „die Realität". Und auch das ist – noch dazu – eine der Grundlagen, woraus man sich in diesem Zeitgeist und dieser Generation in

13 'Der Spiegel' 11.12.2011 „Scripted Reality: Knapp die Hälfte der Zuschauer glaubt an echte Fälle" - Studie der „Gesellschaft zur Förderung des internationalen Jugend- und Bildungsfernsehen"

einem absoluten und endgültigen Wissen wähnt, jeder früheren Generation hochüberlegen. Vielmehr jedoch ist das: peinlich.
Damit summieren sich die Bildungsdefizite schon bis hierhin erschreckend. Zumal angesichts der längst übermedialisierten Welt eklatant verpasst wurde, die jüngeren Generationen mit „*Medienkompetenz*“ auszustatten. Und dort, wo das inzwischen eher alibimäßig, hilflos und sinnlos an Schulen passiert, wird das vermeintlich zeitgemäß lediglich auf den „Umgang mit Sozialen Medien“ beschränkt. Der eminente Einfluss des Fernsehens wird unter dem Eindruck der euphorischen *Digitalisierung* (und ganz im Gegensatz zu etwa meiner Generation noch) eklatant unterschätzt. So, wie gekochte Frösche, hat man nicht mitbekommen, welche Dominanz das Medium Fernsehen immer noch ausübt, womöglich durch das sog. „*Streaming*“ sogar noch verstärkt: Man warnt Heranwachsende jetzt vor übermäßigem Gebrauch digitaler Geräte, dem gewissen Suchtfaktor „Sozialer Medien“, und mahnt, sich vor seltsamen Vögeln zu schützen, die darin ihr Unwesen treiben. Doch der Fernsehkonsum, vor dem man immerhin uns damals noch warnte, den man auch gesellschaftskritisch mit Verweis auf *Neil Postman* („*Wir amüsieren uns zu Tode*“) betrachtete, taucht vor lauter Digitalkram in diesem Szenario gar nicht mehr auf. Das ist grob fahrlässig.
Nach diesem kleinen Seitenblick wieder zurück zu den beiden unmittelbaren Vorläufern des aktuellen Zeitgeistes, denen die „*Generation Y*“ bereits schon ausgesetzt war, und in die die Folge-„*Generation Z*“ als ihre „Normalität“ hineingeboren wurde: Den einen, nämlich die Nachmittags-Talkshows, haben wir uns gerade ein wenig näher angesehen. Der zweite ist das Phänomen der sog. „*Casting-Shows*“: Ein Sendeformat, das sich im Jahr 2000 erstmals mit der Show „*Popstars*“ im deutschen Privatfernsehen bewundern ließ. Das Grundkonzept sieht vor, dass sich eine ganze Reihe von gewähnten und selbsternannten Talenten zunächst einer Vorauswahl stellt, und sich einige Übrige davon in einem Wettstreit den Beurteilungen durch eine „Fachjury“ stellen. Der Sieger wird in der Regel unter Einbeziehung der TV-Zuschauer ermittelt, durch ein sog. „*Voting*“ (also eine Abstimmung) per Telefonanrufe, das als zusätzlichem Anreiz mit einem Gewinnspiel gekoppelt ist. Der Erfolg

dieser ersten deutschen „*Casting-Show*“, durch die letztlich aus einzelnen Gesangstalenten eine Popgruppe zusammengestellt wurde (die „*No Angels*“, Ältere werden sich noch erinnern), setzte einen Nachahmungseffekt in Gang, der durch die Show „*Deutschland sucht den Superstar*“ (DSDS) im Jahr 2002 ins Rollen kam und über die Jahre auf mehrere Bereiche übertragen wurde: So wurden ab 2006 etwa mit „*Germany's Next TopModel*“ alljährlich neue Laufstegmodelle gesucht und letztlich eines mit „Star“-Potenzial ermittelt. In der Show „*Das Super-Talent*“ wurde ab 2007 das Konzept ausgeweitet auf alle möglichen vermeintlichen Talente, von „A“ wie Akrobatik bis „Z“ wie Zauberei, selbst wenn sie sich kaum miteinander vergleichen ließen. Ab dem Jahr 2012 konzentrierte sich ein Fernsehsender mit „*The Voice*“ wieder auf vermeintliche Gesangstalente, und sendete ab 2013 nebenher mit „*The Voice Kids*“ dasselbe sehr clever ausschließlich mit Kindern. Die ganz zweifellos (in aller Fragwürdigkeit) „bedeutendsten“ Shows waren und sind zurzeit noch „*Deutschland sucht den Superstar*“ sowie „*Germany's Next TopModel*“, ob ihrer Hauptprotagonisten Dieter Bohlen und Heidi Klum, die aufgrund ihrer Prominenz und Persönlichkeit andere mitbeurteilende „Jury“-Mitglieder zu bloßen Statisten degradieren – dadurch untermauert, dass diese anderen von Jahr zu Jahr gern ausgetauscht werden; zumal sie austauschbar *sind*, was zum Konzept mit dazugehören dürfte. Dass für viele leicht überraschend „DSDS“ angeblich im Jahr 2023, nach über zwanzig Jahren, eingestampft werden soll, zeigt entweder, dass sich das Gesamtkonzept inzwischen nun doch einmal totgelaufen hat, oder es liegt daran, wie manche munkeln, dass sich der Titel „*Deutschland sucht den Superstar*“ nicht gendern lässt, etwa in „Deutschland sucht den_die_es Superstar*in“. Zu diesem Phänomen später mehr.

Was in jedem Fall nachdrücklich bleibt, ist ein über diese letzten zwanzig Jahre ausgeübter gehöriger Einfluss dieses „Casting“-Formates, vorlaufend und begleitend zum aktuellen Zeitgeist und zu dieser „*Generation Z*“. Man könnte es wohl auch eine „*Bohlen*isierung“ und „*Klum*isierung“ nennen, die nicht einmal subtil, sondern – eigentlich – völlig offen(-)sichtlich eingesetzt hat; auch das quasi „vor aller Augen“ und dennoch weitgehend unbemerkt. Gemeint ist zum einen – als ideeller Vorläufer des „Influencertums“ – der

Eindruck, dass jeder (wirklich: jeder!), der nichts gelernt hat, noch nichts geleistet hat, nichts kann und nichts weiß, problemlos und mühelos zu einem „Star“ und reich und berühmt werden kann – mitunter nicht „trotzdem“, sondern gerade deshalb. Zum anderen ist es die gesteigerte Auffassung, es sei völlig legitim, Mitmenschen anhand irgendwelcher willkürlicher Kriterien zu bewerten und zu beurteilen, bei Bedarf auch *ab*zuwerten und *ab*zuurteilen, über sie herzuziehen und sich über sie lustig zu machen, das Ganze auch auf niedrigstem Niveau, herablassend, polternd und pöbelnd, rücksichtslos und gnadenlos, und das natürlich auch noch: öffentlich. Umso besser natürlich, wenn es dafür auch noch Applaus gibt, etwa in den „Sozialen Netzwerken“ in Form von „Likes“. Es dürfte zu erkennen sein: Das Ganze setzt unmittelbar auf dem Prinzip der Nachmittags-Talkshows der 1990er Jahre auf und hat diese geballte Fragwürdigkeit damit noch verstärkt und verfestigt... als eine mittlerweile ebenso fragwürdige „Normalität“, in die die „Generation Z“ hineingeboren wurde – sodass es in diesem Zeitgeist trotz der proklamierten „*Vielfalt*“ mit dem scheinbaren Motto „Wir haben uns alle lieb“ im Jahr 2022 erstaunlicherweise offenbar notwendig schien, im Internet eine „Meldestelle für Hass und Hetze“ einzurichten.

Zu dem noch dazu hat es sich durch diese ganzen „*Casting-Shows*“ etabliert, alles mögliche als *Wettbewerb* zu betrachten, in dem es zwangsläufig Sieger und Verlierer gibt, in dem man ständig für alles bewertet und beurteilt wird, wo es vor allem um Zurschaustellung und (Selbst-)Inszenierung geht, und letztlich...: ums Gewinnen. So wird mittlerweile nichts mehr „einfach so“ aus Lust und Laune und Freude an der Sache gemacht, sondern als Wettbewerb gewähnt. Das Fernsehen demonstriert uns das schließlich unablässig: Ob Singen, Tanzen, Kochen, Backen, Einkaufen, Erziehung oder Partnersuche. Es dürfte wohl niemand ernsthaft der Ansicht sein, bei dem allem würde es sich um einen zivilisatorischen und gesellschaftlichen Fortschritt handeln. Und wer meint, dieser penetrante mediale Einfluss sei gänzlich spurlos am herrschenden Zeitgeist, an der „*Generation Y*“ und „*Generation Z*“ vorbei gegangen, offenbart sich als ziemlich ahnungslos.

Dieses geballte mehrfache Bildungsdefizit konnte sich also zunächst in der „*Generation Y*“, und dadurch allmählich auch in der Gesellschaft festsetzen, nicht zuletzt als die „Normalität“, in der sich nun die „*Generation Z*“ wähnt: inmitten „Sozialer Medien“, deren Saat in den 1990ern gestreut wurde. Und das in einem Zeitgeist, in dem man sich hier wie dort völlig unbewusst ist, auf eine bestimmte Weise ziemlich unvorteilhaft vorgeprägt worden zu sein, gerade in seinem Welt- und auch Menschenbild. Dabei musste ich mich hier in diesem einleitenden Kapitel auf einige wenige Aspekte beschränken. Bei Interesse an Weiterem, Grundsätzlichem und Tiefergehendem empfehle ich mich gern selbst, mindestens insbesondere mein Buch „*Wir denken immer nur die Hälfte – Prinzip [WIRKUNG!]*“. Hier jedoch stellen wir zunächst erst einmal fest: „*Es wird noch früh genug zu spät*“: womöglich werden wir uns dummerweise kurz vor der endgültigen Weltrettung gegenseitig selbst zerlegt haben. Im Folgenden ein paar Beispiele dafür.

VEGETARISCH GESUNDE WELTRETTUNG

„Der Deutsche möchte unbedingt topfit und kerngesund sterben,
...nur nicht gerade bei einem Autounfall auf der A2“
(Cerny)

Nehmen wir, zum Beispiel, passenderweise und zum lockeren Beginn, einen vergleichsweise kleinen Aspekt in diesem enorm umfangreichen Vorhaben des Beseitigens zeitgeistiger Missstände und Probleme: den Fleischverzicht, die fleischlose Ernährung, den Vegetarismus (wobei es daneben natürlich auch die noch konsequenteren Veganer und Frutarier gibt, mittlerweile sogar Flexitarier, doch zumindest wir hier wollen nicht auch noch übertreiben, und schließlich ganz locker leicht beginnen) und die persönliche Gesundheit.
Denn auch beim Fleischkonsum handelt es sich um eine äußerst schlimme Problematik, die zwar schon seit etlichen Jahren bestens bekannt ist, doch in all ihren bitteren Konsequenzen bislang nie wirklich ernst genommen wurde. Doch damit ist nun, in diesem Zeitgeist und in dieser Generation: Schluss! Wurde dieser Missstand bisher allenfalls zur Kenntnis genommen, von vielen vielleicht sogar nur belächelt, wird auch diese Problematik nun endlich von dieser Generation konsequent angegangen; für Natur und Umwelt, für Tier und Mensch, für den gesamten Planeten und eine bessere Welt für uns alle!
Laut einer kürzlichen Studie[14] des *Bundesministeriums für Ernährung und Landwirtschaft* ist die Anzahl der Vegetarier und Veganer bis zum Jahr 2021 immerhin auf insgesamt 12% der Bevölkerung in Deutschland und somit 10 Millionen Menschen angestiegen. Und das sind jeweils doppelt so viele Menschen wie noch ein Jahr zuvor. Ist das nicht sensationell. Und laut einer Jugendumfrage[15] der *Heinrich-Böll-Stiftung* im Jahr 2020 ist es auch hier

---

14 Bundesministerium für Ernährung und Landwirtschaft: Ernährungsreport 2021 „Deutschland, wie es isst“

15 Heinrich-Böll-Stiftung / Bund für Umwelt und Naturschutz Deutschland: „Fleischatlas 2021“, darin: Daten und Fakten über Tiere als Nahrungsmittel, Jugendumfrage

gerade die „*Generation Z*", die „den Wandel vorantreibt", wie es heißt. Demnach ernähren sich unter den 15- bis 29-Jährigen im Vergleich zur deutschen Gesamtbevölkerung doppelt(!) so viele vegetarisch oder vegan; und davon wiederum sind die meisten (70%) weiblich. Ist das zu fassen.

Vor allem sind es zwei Gründe, die die „*Generation Z*" (bzw. zumindest die jeweils Befragten) dafür angegeben hat: Zum einen „*möchte sie mit ihrer Ernährung ein politisches Statement setzen*" (womit laut Umfrage übrigens „der Wunsch nach mehr Klimaschutz und verbesserten Tierschutzstandards" gemeint ist). Zum anderen sieht man sich „*als Pioniere eines zukunftsfähigen Ernährungsstils*". Nebenbei bemerkt ist der sog. „vegane Markt" (also das Angebot an pflanzlichen Alternativprodukten) interessanterweise innerhalb genau dieser zwei Jahre, in denen sich die Menge der Vegetarier glatt verdoppelt hat, um unfassbare 97%(!) gewachsen. Laut der o.g. Studie des *Bundesministeriums für Ernährung und Landwirtschaft* sind allein schon die Fischalternativen innerhalb dieser zwei Jahre um nahezu unglaubliche 600% angewachsen! Demnach ist es offenbar deutlich legitimer und korrekter, massenhaft Fische zu töten, als Rinder, Schweine und Hühner.

Nun kann man natürlich positiv vermuten, die Lebensmittelindustrie hat die stark anwachsende Menge der Konsumenten, die sich fleischlos ernähren wollen, marktanalytisch recherchiert und erkannt und, wie das ökonomisch üblich ist, damit begonnen, mit neuen Produkten den wachsenden Bedarf zu befriedigen. Wer es gänzlich naiv sehen möchte, unterstellt den Konzernen vielleicht sogar noch wirklich ehrliche ethisch-moralische Beweggründe, zu einer besseren Welt beitragen zu wollen. Einen wunderschönen Anhaltspunkt lieferte übrigens kürzlich doch tatsächlich der Fußballsport! So hat nämlich Bundesligist Werder Bremen seit Mitte 2022 eine neue Trikotwerbung, mit der für ein Unternehmen geworben wird, das vegane Produkte herstellt und verkauft – und das, wo auf dem Bremer Trikot zuvor jahrelang das Logo eines geflügelverarbeitenden Konzerns prangte, der es laut Medien mit den Standards für Tierhaltung nicht immer so genau nimmt. Wer jedoch nun meinte, Werder Bremen habe aus Einsicht den Hauptsponsor gewechselt, der hat sich oder wurde leicht getäuscht. Der Hauptsponsor ist nämlich weiterhin

derselbe: Eine Unternehmensgruppe, zu der sowohl dieser recht fragwürdige Geflügelkonzern gehört, als auch das noch relativ unbekannte Unternehmen, das vegane Produkte herstellt. Das Geld des Konsumenten landet letztlich in der selben Kasse, die Unternehmensgruppe freut sich.
Somit könnte man also durchaus feststellen: Die Lebensmittelindustrie hat einfach endlich wieder „einen neuen Markt entdeckt", in dem sich Produkte sogar recht problemlos höherpreisig verkaufen lassen, weil der „Mehrwert" mit emotionalem Idealismus aufgeladen ist: „Dafür zahlt der Verbraucher gern etwas mehr". Mit geschicktem Marketing hat man sich den Unterschied zwischen Bedarf und Bedürfnissen zunutze gemacht: Einen (noch) geringen Bedarf dadurch künstlich befeuert, indem man statt auf den faktischen Bedarf einfach auf emotionale und psychische Bedürfnisse abzielt; wie etwa: ein gesünderes Leben zu führen, Tiere und Klima zu retten, etwas Gutes zu tun, ein reines (oder zumindest: besseres) Gewissen zu haben, usw, usw. Umso praktischer, wenn sich das alles doch so einfach machen lässt: per Konsum! Und netterweise geben uns Konzerne, wie hier die Lebensmittelindustrie, mit ihren Produkten die Möglichkeiten dafür. Es hat eben auch so seine Vorteile, mitten in dem Kapitalismus zu leben, der sonst an allem Schuld ist.
Mich erinnert das zwischendurch an meine Jugend in den 1980er Jahren: als nach der Kernschmelze im Reaktorblock 4 des Atomkraftwerks Tschernobyl im Jahr 1986 eine radioaktive Wolke über Europa und so auch Deutschland hinweg zog, von der lange niemand wusste, wie groß die Gefahr tatsächlich für uns alle war. Dem entsprechend wurde wild spekuliert, ob und inwieweit jede Umgebung da draußen radioaktiv verstrahlt ist. Unter anderem natürlich auch Äcker, Wiesen und Weiden, auf denen Kühe grasen: sind die Milchkühe etwa allesamt verstrahlt? Ist deren Milch vielleicht gesundheitsgefährdend? Wie ist das mit dem Rindfleisch? Und mit Pilzen, Obst und Gemüse, mit Kartoffeln und Feldsalat? Ist überhaupt noch etwas gefahrlos verzehrbar?
Das war die Geburtsstunde der „Bio-" und „Öko"-Etiketten: eine Erfindung der Lebensmittelindustrie, um dem Verbraucher zu signalisieren, dass das jeweilige Produkt geprüft und einwandfrei in Ordnung ist. Das hatte natürlich „seinen Preis", das alles kostete „etwas mehr", und die Menschen zahlten den

höheren Preis bereitwillig ...angesichts der Bedrohung für Leib und Leben. Aus diesem Lehrstück, wie wichtig doch die Güte unserer Lebensmittel ist, also die Qualität unserer Nahrungsmittel, also unsere Ernährung, letztlich: unser Wohlbefinden und unsere Gesundheit, hat die Wirtschaft in den Jahren nach Tschernobyl eine dauerhafte Nachfrage gebastelt: Den „Bio-“, „Öko-“, Fitness-, Wellness- und Gesundheits-Trend in verschiedensten Variationen, für jeden ist etwas dabei. Mittlerweile noch mehrfach vielfach ergänzt um die gesamte Bandbreite dessen, was – außer dem noch, praktischerweise – hilft, die Welt zu retten. Offenbar sogar zentral von Deutschland aus.

Abgesehen von diesen paar Hintergrundinformationen kurz gesagt: In diesem Zeitgeist, in dem wir mittlerweile leben, mit dieser „*Generation Z*“, die wir gerade haben, ist es äußerst erfolgreich gelungen, auch das Thema Ernährung nahezu unbemerkt ideologisch aufzuladen. Das war früher einmal eigentlich den Glaubensgemeinschaften und Religionen mit ihren Ritualen vorbehalten, und daneben allenfalls noch eine medizinische Angelegenheit. In politischen Fragen zeigte sich das dagegen höchstens durch das Politikum einer meist bananenfreien Ernährung in der DDR. Heute jedoch, in diesem Zeitgeist und in dieser „*Generation Z*“, will man mit und durch seine Ernährung (siehe o.g. Studie und Jugendumfrage[15]) u.a. auch ein „*politisches Statement*“ setzen. Ganz so, wie mit nahezu allem anderen inzwischen auch, von der Frisur (sog. „Dreadlocks“ unbedingt vermeiden!) bis zur Wortwahl (sog. „Gendern“ unbedingt anwenden!): nahezu alles und jedes ist als „politisches Statement“ nützlich, dienlich und verwendbar; man muss einfach nur ganz fest an solche Ideen glauben und es unbedingt wollen! Jeder sonstige zusätzliche Gedanke kostet nur wertvolle Energie und Zeit, die man im pausenlosen Kampf für eine bessere Welt benötigt.

So ist die früher einmal ganz persönliche Privatangelegenheit der Ernährung klammheimlich zu einem Thema geworden, das alle etwas angeht: Schon wer im Supermarkt „Bio“-Produkte auf das Kassenband legt, ist für allen anderen in der Kassenschlange offen(-)sichtlich ein „besserer Mensch“. Noch besser, es handelt sich dabei ausschließlich um fleischlose Nahrungsmittel. Umso noch besserer, man ist Stammkunde in einem ausgewiesenen „Bio-Laden“

und/oder radelt sogar klimafreundlich mit dem Fahrrad zum nächstgelegenen bäuerlichen Hofladen; was natürlich am allerbesten ist.
Durch die höchstpersönlichen Ernährungsgewohnheiten als Angelegenheit von quasi-öffentlichem Interesse steht der offen(-)sichtliche Vegetarier als „Gutmensch" da, dem nicht nur seine eigene Gesundheit am Herzen liegt, und natürlich die seiner familiären Liebsten, sondern auch das Wohl von Tieren, die Natur und Umwelt generell, und unser Planet als Ganzes.
Dem gegenüber steht der gewissenlose Fleischfresser, dem das alles völlig schnurz ist, der den qualvollen Massenmord an Tieren und die Zerstörung des Planeten aus niederen Beweggründen billigend inkauf nimmt, Hauptsache: es schmeckt. Einfach verachtenswert. Diejenigen können jedenfalls froh sein, dass es hierzulande noch kein sog. „*Social Scoring*"-System (auch sog.: „*Sozialkreditsystem*") nach chinesischem Vorbild gibt. Es kann nicht schnell genug kommen. Natürlich für eine bessere, pädagogisch einwandfreie Welt.
So bleibt es vorerst jedenfalls bei der Ernährung als Lifestyle. Siehe auch o.g. Jugendumfrage[15] der *Heinrich-Böll-Stiftung*: „*Junge Menschen mit veganer oder vegetarischer Ernährung sehen sich als Pioniere eines zukunftsfähigen Ernährungsstils*". Man ernährt sich, um Pionier zu sein, fleischlos. Das hat unbestreitbar tatsächlich eine in sich geschlossene, ideelle Logik. Und weil das in diesem Zeitgeist wohl so sein muss, hat sich sogar auch aus der Ernährungsthematik längst eine Bewegung formiert, in der sich „*Food Aktivisten*" im „Kampf um ein besseres Essen" wähnen – eben so, wie heute für und gegen alles mögliche aktivistisch radikal gekämpft wird. Einer dieser „Food Aktivisten" erklärte auf der Wintertagung[16] 2022 der DLG („Deutsche Lebensmittel-Gesellschaft") jedenfalls: Für die junge Generation „*gehört die Selbstdefinition über das Essen mittlerweile ganz selbstverständlich dazu. Der ganz individuelle Lebensmittel-Konsum wird besonders für sie zu einem wichtigen Bestandteil des eigenen Ich-Narratives. 'Food' wird zum Lifestyle*". Tja. In der Tat ein frappanter Unterschied zu früheren Generationen, die noch

16 DLG Wintertagung Februar 2022 - „Zukunftsforum Agrar" - Food-Aktivist Hendrik Haase: „Was passiert, wenn Ernährung zum Lifestyle wird"

nicht das Problem hatten, wie sie sich „über das Essen selbstdefinieren“ und wie wichtig Ernährung als „Bestandteil des eigenen Ich-Narratives“ ist. Sogar „Food“ hieß bis zu meiner Generation tatsächlich noch „Lebensmittel“. In all unserer Gedankenlosigkeit über unsere Selbstdefinition und über unser Ich-Narrativ und ganz ohne ein politisches Statement setzen zu wollen, haben wir damals in unserer Jugend (oft elterlicher Anweisung folgend) einfach nur gegessen „was auf den Tisch kommt“. Dabei hatte man tatsächlich noch grob fahrlässig überwiegend einfach etwas gekocht und anschließend verspeist, was einem schmeckte. Allerdings galten auch schon damals Obst, Gemüse und Salat als „gesund“ und gehörten (immerhin) irgendwie mit dazu.

Im Gegensatz zu der heutigen Generation in diesem heutigen Zeitgeist hatten wir eben schlicht und einfach... keine Ahnung! Das muss man einfach zu- und eingestehen. Denn ebenso unverantwortlich hießen bei uns damals auch Müesli und CornFlakes einfach nur Müesli und CornFlakes, und noch nicht „*Cerealien*“. Uns hatte man erst einmal nur erklärt, wir sollten uns „bewusst“ und „ausgewogen“ ernähren, aber nicht, was damit eigentlich genau gemeint war. Wie hätte uns da also klarwerden sollen, dass wir uns keineswegs nur für unsere Nahrungsaufnahme ernähren, sondern auch für einen bestimmten Lifestyle und als politisch-korrektes Statement für wildfremde andere.

Schon alleine bei diesem zeitgeistig dramatisierten und problematisierten Thema der fleischlosen veganen und vegetarischen Ernährung zugunsten der Weltrettung kann man selbst als „alter, weißer Mann“[17] größtes Verständnis für diese Generationen Y und Z entwickeln, wenn laut o.g. Onlinebefragung[1] inzwischen sogar die Unter-35-Jährigen mehrheitlich zu 56% angaben, sie würden „lieber in der Vergangenheit leben“, weil „früher alles besser“ war – angesichts dessen, was man in diesem Zeitgeist so alles falsch machen kann, aber unbedingt richtig(er) machen muss, wird es immer komplizierter.

17 Die Bezeichnung „alter, weißer Mann“ wird in diesem Zeitgeist als Kampfbegriff verschiedenster aktivistischer Bewegungen verwendet, in der Regel bewusst provokativ, herabwürdigend und beleidigend gegenüber Menschen, die die jeweils angeprangerten Missstände anders bewerten und beurteilen als die Aktivisten (also: nicht ganz so dramatisch und apokalyptisch). Der „alte, weiße Mann“ soll für den uneinsichtigen Ewiggestrigen in einer von Männern dominierten Gesellschaft stehen, der u.a. Missstände vor allem deshalb abwiegelt, weil er von ihnen profitiert.

So ist man beispielsweise als Klima-Aktivist nahezu gezwungen, sich auch als „Food Aktivist“ mindestens vegetarisch zu ernähren, weil Fleischverzehr schließlich dem Klima schadet und den Planeten zerstört. Sich als Aktivist während einer Klima-Demonstration einen Hamburger bei 'McDonald's' zu holen, wäre damit ziemlich widersprüchlich (obwohl das dennoch tatsächlich schon beobachtet worden sein soll).

Gerade bei der Bewegung '*Fridays For Future'*, bei der offen(-)sichtlich hauptsächlich junge Frauen die Führungsriege[18] zu bilden scheinen – wohl gerade, weil zur Klimarettung auch das Patriarchat an den Pranger gestellt gehört (siehe oben: „alte, weiße Männer“[17]) – ist man wiederum dazu noch gezwungen, neben dem Vegetarismus u.a. auch dem Feminismus zu huldigen und auch dafür aktivistische Kampfbereitschaft zu zeigen – was für manche männlichen Aktivisten eine kleine Herausforderung darstellen könnte. Das wiederum geht u.v.a. fließend über in den ganz generellen Kampf gegen Diskriminierung aller Art (u.a. Sexismus, Rassismus, Kolonialismus), woraus weitere zusätzliche Verhaltenskriterien und -maßstäbe abgeleitet werden, die in der Gesamtideologie idealistisch zu erfüllen sind. Und zwar: ausnahmslos. Das alles – nur beispielsweise – vor allem, um... „*dazu zu gehören*“.

Zumal unter der Berücksichtigung, dass wir es hier nun einmal überwiegend mit jungen Menschen zu tun haben, die zu einem Großteil noch pubertierende Jugendliche sind: So einige dürften sich schlicht und einfach eher gezwungen fühlen, „mitzumachen“, um „dabei zu sein“ und „dazu zu gehören“ und/oder zumindest, um sich nicht ausgeschlossen und isoliert zu fühlen, und/oder sich nicht für eine ggf. unterstellte „Egal-Haltung“ rechtfertigen zu müssen. Der Gruppendruck kann in dieser Altersgruppe enorm sein, sei er auch subtil.

Zum anderen wirkt schon in diesem Alter das Phänomen der sog. „*kognitiven Dissonanz*“: Man tut sich schwer damit, sein Denken und Verhalten lediglich

18 Als sog. „basisdemokratische Graswurzelbewegung“ verweist 'Fridays For Future' darauf, keine Führungsriege zu haben. In den Medien, in Interviews und Talkshows tauchen allerdings immer wieder dieselben jungen Frauen auf: Luisa Neubauer, Carla Reemtsma, Leonie Bremer, Pauline Brünger und Franziska Wessel. Kaum auftauchend dagegen männliche Vertreter wie Sebastian Grieme, Jakob Blasel, Linus Steinmetz, die sich womöglich jedoch einfach nur aus feministischen Beweggründen den jungen Frauen gegenüber zurückhalten.

auf etwaigen Gruppendruck oder unterschwelligen psychisch-emotionalem Druck und Zwang zurückzuführen, und erklärt sich das deutlich lieber damit, natürlich aus voller Überzeugung zu denken und zu handeln.

Neben der verständlichen Sehnsucht, ein gewisses Gefühl von Gemeinschaft und Dazugehörigkeit anzustreben (oder eben: zumindest eine psychisch-emotionale Absicherung, kein isolierter Außenseiter zu sein) kommt gerade im Teenageralter noch die erste Partnersuche (oder zumindest die vorsichtige Sondierung dieses Terrains) hinzu. Zumal auch das in diesem Zeitgeist und in dieser Generation ein zusätzlich problematisiertes, immer komplizierteres Unterfangen geworden ist. Zwangsläufig.

So bietet es sich zwar durchaus an, sich als Aktivist in irgendeiner Bewegung zu engagieren, auch um potenzielle Beziehungspartner (man könnte es auch zeitgeistig Lebensabschnittsbegleitperson nennen) kennenzulernen. Es macht die Angelegenheit allerdings nur bedingt einfacher. Schließlich sind (siehe oben[15]) rund 70% der Vegetarier weiblichen Geschlechts. Wie reagiert man da als männlicher Fleischverzehrer: lässt man es darauf ankommen, auf die Toleranz der Angebeteten, und darauf, abgewiesen zu werden? Schwenkt man ihr zuliebe selbst in das Lager der Vegetarier oder tut man nur so als ob. Immerhin sind wir damit wieder zurück beim Thema dieses Kapitels: Denn Anthropologen zufolge[19] hat erst der Verzehr von Fleisch ermöglicht, dass sich das menschliche Gehirn seit der Steinzeit überhaupt bis auf den heutigen Grad an Intelligenz entwickeln konnte. Man muss sich das ungefähr so vorstellen: Damals in der Steinzeit, als der Neandertaler noch Mammuts jagte, kam irgendeiner (wahrscheinlich: ein alter, weißer Mann) auf die Idee, eines davon vielleicht einmal über dem offenen Feuer zu grillen. Und mit den ersten gebratenen Mammut-Keulen stellte man leicht überrascht fest: „Na, das schmeckt aber mal lecker!“ und machte sich gebratenes Fleisch, außen knusprig, innen zart, glatt zu einer Gewohnheit. Fast möchte man sagen „Gott sei Dank“. Denn wenn diese Theorie stimmt, dann ist es überhaupt nur

19 'wissenschaft.de' 09.03.2016 „Machte uns Fleisch erst zum Menschen?“ - Harvard University 09.03.2016 „Impact of meat and Lower Palaeolithic food processing techniques on chewing in humans“ Katherine D. Zink / Daniel E. Lieberman

deshalb möglich, das heute, in diesem Zeitgeist und in dieser „*Generation Z*", anzuprangern. Oder anders gesagt: Das menschliche Gehirn hat sich durch den Verzehr von Fleisch bis zu der heutigen Intelligenz entwickelt, dank der wir jetzt wissen, dass das alles völlig falsch war. Das hat schon etwas Faszinierendes. Im Umkehrschluss würde das jedoch natürlich heißen: Werden wir nun alle wieder Vegetarier, wird sich das menschliche Gehirn wohl wieder zurück entwickeln auf den Stand von Neandertalern. Wäre lediglich die Frage, ob das in diesem Zeitgeist sonderlich auffallen würde.

Auch an dieser Stelle gab es natürlich schon Wundersames zu vernehmen: So wurde durch das Ressort „Wissen" des *Südwestrundfunk* ('SWR Wissen') im Februar 2022 verkündet[20], dass diese Theorie, wonach erst der Fleischverzehr unser heutiges Gehirn entwickeln ließ, angezweifelt werden dürfe: „*Fleisch gilt als Motor der Menschheitsentwicklung. Eine neue Studie aus den USA lässt Zweifel an dieser Fleisch-These aufkommen*". Natürlich: Wasserfluten auf die Mühlen von Vegetariern und Veganern. Allerdings nur dann, wenn man es bei diesem oberflächlichen Blick und einem Deuten auf „eine neue Studie aus den USA" belässt (was jedoch in diesem Zeitgeist und dieser „*Generation Z*" inzwischen üblich ist, siehe mehrfach oben). Einmal ganz davon abgesehen, dass irgendeine Studie von irgendwelchen Forschern an irgendeiner Universität noch lange nicht heißt, dass dadurch eine Theorie widerlegt wäre: Schon ein einziger zaghafter Blick auf das, was hier nun eigentlich erforscht wurde, lässt das Ganze in ein erkenntnisleeres Vakuum verpuffen, und macht aus der gemeldeten Behauptung „*Urmenschen wurden durch Fleischkonsum nicht schlauer*"[20] eine als „Wissen" deklarierte Frechheit. Laut dieser „neuen Studie aus den USA" nämlich ist man darin der „*Gewebehypothese*" gefolgt, wonach der Fleischverzehr das menschliche Verdauungssystem und somit auch den Energiehaushalt des Urmenschen durch die erhöhte Protein-Zufuhr verändert haben könnte, woraus sich evolutionär unser heutiges Gehirn entwickelte. Diese „*Gewebehypothese*" soll man jedoch nun widerlegt haben wollen können, mit dem gedanklichen

20 'SWR Wissen' 17.02.2022 „Urmenschen wurden durch Fleischkonsum nicht schlauer"

Kurzschluss „*Urmenschen wurden durch Fleischkonsum nicht schlauer*". Wenn man diese Studie heranzieht, vergleicht man allerdings nicht nur Äpfel mit Birnen, sondern auch Kühlschränke mit Fahrstühlen. Tatsächlich nämlich bezieht sich die ursprüngliche Theorie in keiner Weise auf Auswirkungen des Fleischkonsums auf den Energiehaushalt des (Ur-)Menschen. Sondern in dieser ursprünglichen Theorie heißt es vielmehr, dass das Beißen und Kauen von Fleisch andere, neue physiologische Anforderungen an den Kiefer und Kauapparat stellte, die sich daraufhin evolutionär umformten. Erst diese Um- und Neuformung ermöglichte irgendwann *das Sprechen*, statt nur Grunzlaute von sich geben zu können. Es ist *diese* Entwicklung, die sich auf das Gehirn auswirkte, indem Menschen nunmehr in der Lage waren, Sprache(n) zu entwickeln, was den Grips völlig neu und anders beschäftigte – was mit dem Energiehaushalt, Proteinen und Gewebe also nicht viel zu tun hat. Doch dass man in diesem Zeitgeist und in dieser Generation Sprache und Sprechen nicht unbedingt mit Intellekt verbindet, ist u.a. Thema dieses Buches.

Vielmehr nämlich wird mittlerweile eben auch die Ernährung als Ideologie betrieben, die in aller Konsequenz nichts Geringeres als die Weltrettung oder deren Untergang zur Folge haben wird – weshalb man meint, die Menschheit eines Besseren belehren zu müssen, notfalls in aller Radikalität, damit wir endlich alle in einer ebenso besseren Welt leben können. Das wiederum artet gern einmal ins Lächerliche aus, wie etwa im Jahr 2017 in der Stadt Limburg, als sich eine Veganerin am Glockenspiel des Rathauses störte[21]. Genauer: An dem dort zeitweise zu hörenden „Fuchs, du hast die Gans gestohlen", als eines von 33 Musikstücken, die jeweils eine Minute lang, ohne Text, aus der Turmuhr erklingen. Darauf strich der Limburger Bürgermeister dieses Lied tatsächlich aus dem Repertoire des Glockenspiels. Zunächst. Weil das jedoch nicht unbemerkt blieb, sorgte ein „Sturm der Entrüstung" unter den Bürgern dafür, dass das Lied inzwischen wieder erklingt. Sollten wir also doch noch

21 'Der Spiegel' 09.02.2017 „Posse um 'Fuchs, du hast die Gans gestohlen': Limburg ändert Glockenspiel nach Protest einer Veganerin"

den Weltuntergang erleben müssen, dann wissen wir jetzt, woran die Rettung kläglich gescheitert ist: an einem Glockenspiel in Limburg.

Nun haben wir es hier in dieser Thematik gleich mit mehreren, zahlreichen Aspekten zu tun, die – je nach Radikalität – nahezu zwanghaft erst übers Knie gebrochen und anschließend in einen großen Topf geworfen werden, um fleischlose Ernährung als Maßnahme zur Weltrettung zu erklären. Zum einen wäre da die Rettung der Menschheit und des gesamten Planeten vor der globalen Erwärmung. Denn wie wir doch schließlich alle wissen, produzieren Tiere in Massenhaltung, vor allem Schweine und Rinder, ebensolche Massen von Darmwinden, und setzen dadurch klimaschädliches Methan frei. Dem zwangsläufig enormen Bedarf an Tierfutter wiederum, insbesondere Soja und Getreide, werden zum Anbau wertvolle Waldflächen geopfert, was die CO_2-Konzentration in der Atmosphäre erhöht. Wobei übrigens „Bio-Rinder" sogar für höhere CO_2-Emissionen sorgen, als solche aus konventioneller Haltung[22] – womöglich deshalb, weil diesen Tieren gar nicht bewusst ist, dass sie „Bio-Rinder" sind. Was wiederum die geopferten Waldflächen angelangt, meinte ein Experte kürzlich hinweisen zu müssen, durch Fleischverzicht ließe sich die Waldfläche glatt verdoppeln. Das beklatschen wahrscheinlich vor allem Menschen, die nicht wissen, dass jetzt schon 30% unserer Staatsfläche aus Wald bestehen. Kurz gesagt: Wer sich als Fleischverzehrer nicht eines Besseren belehren lässt, hat das Ende der Menschheit und des gesamten Planeten auf dem Gewissen. Beziehungsweise umgekehrt: Als Veganer und Vegetarier rettet man nicht nur das Klima, sondern damit auch die ganze Welt vor dem Untergang. Jedoch: Schon unsere Eltern erklärten uns damals „Wenn du brav den Teller leer machst, dann gibt es morgen schönes Wetter". Es gibt jedoch Vermutungen, dass uns das nur gesagt wurde, damit wir brav den Teller leer machen.

Ein anderer Aspekt, der fleischlose Ernährung zum mitentscheidenden Faktor über sämtliches Wohl und Wehe macht, ist zwangsläufig nächstliegend der Tierschutz als solcher. Schließlich müssen für den Verzehr von Fleisch zuvor

---

22 'co2online.de' Juli 2022 „Fleischkonsum und Klimawandel"

Tiere getötet werden, die nur dafür überhaupt „produziert" wurden, um als Wurst oder als Schnitzel vorbestimmt zu enden. Mit einer Portion Zynismus könnte man also feststellen: Man beklagt das Töten von Tieren, die ohne den massenhaften Fleischkonsum gar nicht erst das Licht der Welt erblickt hätten. Ganz selbstverständlich gehört der widerwärtige Umgang mit Tieren, von der Haltung über den Transport bis zur Schlachtung aufs Schärfste kritisiert, das steht völlig außer Frage. Ebenso außer Frage steht jedoch, dass das auf zwei eklatante Systemfehler zurückzuführen ist. Zum einen die ansonsten doch so glorifizierte Massenproduktion (nicht erst seit Henry Ford), wodurch alles, was in Massen produziert wird, für eine Masse von Menschen erschwinglich verkauft werden kann, und somit letztlich – rein ökonomisch – „Wohlstand" ermöglicht. Wobei durchaus interessant ist, dass in Entwicklungsländern der Fleischkonsum parallel zum „Wohlstand" steigt. Es scheint, als wird der Verzehr von Fleisch – weltweit – als ein Teil dieses „Wohlstands" betrachtet, und umgekehrt. Das macht es natürlich etwas schwierig, die Welt zentral von Deutschland aus zu retten. Ein anderer Punkt ist, dass die Ökonomie (also: „die Wirtschaft") sich im 17. Jahrhundert zu einer „*Wissenschaft*" erklärt hat, in der man sich bekanntlich auf rein „objektive Fakten" beschränkt, und in der alles, was „nur subjektiv" ist, außen vor bleibt. In dieser Weltsicht sind damit auch Tiere lediglich „produzierte *Objekte*", und hat etwaiges Mitleid als „nur subjektives" Kriterium darin nichts verloren. Und so stolpert man über sein eigenes Weltbild, in dem man „die Wissenschaft" glorifiziert und bei jeder sonstigen Gelegenheit darauf deutet. Daher muss man sich auch nicht großartig wundern, wenn mit dem Export dieses Wirtschaftssystems in Entwicklungsländer auch die Kriterien dafür gesetzt werden, ob und wann und wie sich ein Land entwickelt oder (noch) nicht. Das, was jedenfalls nicht ausreicht, ist: fleischverzehrende Menschen an den Pranger zu stellen. Es sei denn natürlich, es geht dabei in erster Linie um die Konfrontation, und sich selbst dabei als „besserer Mensch" zu fühlen.

Als weiterer Aspekt wird in dem Ganzen besonders gern auch die persönliche Gesundheit angeführt: Wer vegan oder immerhin vegetarisch lebt, der lebt auch gesünder und fühlt sich einfach besser. Das mag sein. Wie kürzlich eine

Studie[23] der *Ruhr-Universität Bochum* verriet, soll auch schon eine einzige Stunde täglicher Verzicht auf das „Smartphone“ das Wohlbefinden merklich steigern. Einmal abgesehen davon, dass ich demnach durchgehend pausenlos glückselig durch die Gegend laufen müsste, weil ich nicht einmal ein solches „Smartphone“ besitze: Es wird also wohl nicht mehr lange dauern, dass sich Aktivisten in einer Bewegung formieren, um ein Verbot von „Smartphones“ zu fordern, damit sich alle Menschen besser fühlen. Oder anders formuliert: Natürlich freut es mich außerordentlich für jeden einzelnen Veganer und Vegetarier, der sich durch seinen Fleischverzicht wohler und/oder gesünder fühlt. Ich bitte jedoch um Verständnis, wenn es ein wenig nach Heuchelei klingt, man würde sich (auch) um das Wohlbefinden und die Gesundheit von Fleischverzehrern sorgen und dafür „Aufklärungsarbeit“ leisten. Obwohl es andererseits und zugestanden in diesem Zeitgeist grob fahrlässig wäre, von mündigen Bürgern auszugehen, die irgendetwas sehr gut selbst bewerten und beurteilen könnten. Schließlich finden sich deshalb (u.v.a.) mittlerweile auch auf Etiketten von Mineralwasserflaschen Hinweise wie „Nach dem Öffnen zum baldigen Verzehr bestimmt“; für Menschen, die das noch nicht wussten, oder sonst nur aus purer Langeweile Mineralwasserflaschen öffnen. Das sei als Beispiel nur deshalb erwähnt, weil gerade Mineralwasser bekanntlich sehr gesund ist. Man kann einfach nicht gesund genug leben. Ich sage immer: Der Deutsche möchte unbedingt topfit und kerngesund sterben; nur nicht gerade bei einem Autounfall auf der A2. In diesem Zusammenhang ist interessant, dass im NDR-Fernsehen regelmäßig die Sendung „Hauptsache: Arbeit“ zu sehen ist, während im MDR-Fernsehen „Hauptsache: Gesundheit“ gesendet wird. Über die Hauptsache im Leben scheint man sich – jedenfalls: regional – nicht ganz einig zu sein. Ebenso interessant, dass sich alle Welt, die Politik, die Apotheken, die Pharmaindustrie und die Krankenkassen, und sogar die Lebensmittel- und Süßwarenindustrie, um unsere Gesundheit sorgt. Und das beginnt schon bereits im Kindergarten, wo mindestens ein Mal im Jahr ein

23 'Die Zeit' 21.04.2022 „Forschung der Uni Bochum: Je weniger Smartphone desto mehr Wohlbefinden“

„Tag des gesunden Frühstücks“ stattfindet, damit Vierjährige ihren Eltern erklären können, was gesund ist, und was nicht. Und das wiederum, obwohl es – wie es heißt – in der medizinischen Wissenschaft noch immer drei große Rätsel gibt: Was ist Leben? Was ist Tod? Und: Was ist Gesundheit? Es ist offenbar noch kein Mediziner darauf gekommen, sich bei Erzieherinnen im Kindergarten danach zu erkundigen. Allerdings darf man durchaus vermuten, dass es in diesem Zeitgeist schon ausreicht festzustellen: gesund ist das, was nicht krank macht.

Manch einer mag leicht unterschätzen, welch immense Herausforderung es eigentlich ist, „gesund zu leben“. Denn schließlich beinhaltet schon unsere Atemluft, die wir alle unvermeidlich einatmen, Stickstoffoxide, Ammoniak, Methan, Schwefeldioxid, Feinstaub, groben Staub, Kohlenmonoxid, Ozon, und die Schwermetalle Blei, Cadmium und Quecksilber: mit jedem Atemzug in die Lunge, und bei jedem Jogger wegen der erhöhten Atemfrequenz eine erhöhte Dosis davon. Laut einem Bericht[24] der *Europäischen Umweltagentur* (EEA) sterben allein in Deutschland jährlich rund 63.000 Menschen vorzeitig an der Feinstaub-Belastung in unserer Luft, dazu weitere 9.200 Menschen durch Stickstoffdioxid und noch weitere 4.000 durch bodennahes Ozon. Aber Hauptsache: Sie rauchen nicht und Ihre Kinder wissen, was ein gesundes Frühstück ist. Doch unsere Atemluft ist es nicht allein, die unausweichlich eine gesunde Lebensführung zu einer echten Herausforderung macht. Denn auch unser Trinkwasser, das angeblich „sauberste der Welt“, wie es immer gern heißt, ist ein kleines Giftgemisch aus Pestiziden, Nitraten, Phosphaten, Dioxinen, Arsen, Blei, Bor, Cadmium, Chlorid, Eisenkupfer, Uran und Zink. Insgesamt sind in unserem Trinkwasser zurzeit 64(**!**) Schadstoffe erlaubt. Und das noch ganz abgesehen von *Heil*stoffen, die irgendwann durchaus schädigend wirken können: Rückstände von Arzneimitteln nämlich, die über menschliche Ausscheidungen sowohl in das Grundwasser als auch in das Abwasser von privaten WCs und vor allem von Kliniken gelangen, und von Kläranlagen nicht vollständig herausgefiltert werden können. In unserem

24 'Die Welt' 13.07.2021 „Bessere Luftqualität – trotzdem Hunderttausende Tote durch Schadstoffe“

Leitungswasser befindet sich daher auch ein kleiner Medikamenten-Cocktail aus u.a. Schmerzmitteln, Antibiotika, Betablockern, Psychopharmaka und sogar Kontrastmitteln aus Röntgenuntersuchungen.
Doch für das alles hat man ein statistisches Zauberwort: „*Grenzwert*"! Damit kann man alles mögliche als „unbedenklich" erklären, solange ein bestimmter Grenzwert nicht überschritten wird. Notfalls lässt sich natürlich kurzerhand auch der Grenzwert anpassen. Dabei könnte man „unbedenklich" wohl auch übersetzen als „*nicht sofort* tödlich". Zumindest die ältere Generation weiß aus älteren Krimibüchern und -Filmen, wie man unbeliebte Menschen recht unverdächtig um die Ecke bringt, indem man sie über eine gewisse Zeit mit kleinen Mengen von Arsen vergiftet: auch das, was sich so alles „unterhalb des Grenzwertes" und daher völlig „unbedenklich" im Trinkwasser befindet, reichert sich nun einmal im menschlichen Körper an und lagert sich darin ab, ebenso unverdächtig wie unvermeidlich. Wer möchte, kann sich jetzt noch bewusst machen, dass er sich mit diesem Wasser nicht nur duscht und seine Zähne putzt und seinen Kaffee und seine Mahlzeiten kocht, sondern dass das auch in erheblich vielen Lebensmitteln mitverarbeitet wird. Beispielsweise: Reiswaffeln, die ganz zweifellos vegan und zur Weltrettung geeignet sind. Wenn jedoch der verarbeitete Reis aus Bangladesh geliefert wurde, kann die Arsenkonzentration schon einmal hochbedenklich sein, weil in diesem Land so ziemlich jeder Tropfen Wasser damit durchsetzt ist; also auch das Wasser, das für den dortigen Reisanbau verwendet wird.
In unseren Hygieneprodukten wiederum befinden sich außerdem dazu noch Methylparaben und Ethylparaben, sowie Propyl-, Butyl-, Isoprobylparaben, und Düfte aus nitro- und polyzyklischen aromatischen Kohlenwasserstoffen, sogenannte „PAK", die übrigens auch in Zigaretten verarbeitet sind, und als krebserregend gelten, dazu potenziell allergie- und krebserregende Tenside und Emulgatoren sowie Aluminiumsilikate und Chlorohydrate, die wiederum im Verdacht stehen, nervenschädigend zu sein und Alzheimer und Brustkrebs mitzubewirken. Dazu wiederum kommen Plastikprodukte und Textilien aller Art, von der Kleidung bis zur Bettwäsche, in denen sog. „Weichmacher" sowie u.v.a. Polyprophylen, Polyethylen, Polyvenylchlorid und perfluorierte

Tenside enthalten sind, was natürlich allesamt „unbedenklich“ ist, also quasi „nicht sofort tödlich“, solange Grenzwerte eingehalten werden.
Das Ganze sabotiert natürlich jede noch so große Anstrengung, gesund zu leben. Zumal man selbst bei dieser Anstrengung noch zusätzlich aufpassen muss, nicht gerade dadurch krank zu werden: „Orthorexia Nervosa“ nämlich wird ein psychisches Krankheitsbild genannt, wenn Menschen einem inneren Zwang ausgeliefert sind, sich unbedingt gesund ernähren zu wollen. Und wo jemand meint, dazu auch noch die Mitverantwortung für die Weltrettung zu tragen, und dazu wiederum auch noch den Drang und Zwang verspürt, seine fleischverzehrenden Mitmenschen bekehren zu müssen, könnte sich diese mentale, psychische Belastung durchaus akut verschärfen. Dafür scheint es allerdings bislang noch keinen Begriff zu geben. Erstaunlicherweise, obwohl in diesem Zeitgeist und in dieser „*Generation Z*“ mittlerweile alles mögliche als simples Schlagwort („Hashtag“) thematisiert wird. Womöglich liegt das daran, dass ein solcher Begriff nicht geeignet wäre, seine Mitmenschen an den Pranger zu stellen, um sich selbst dabei besser zu fühlen – sondern im Gegenteil ein eigenes persönliches Defizit bedeuten würde. Dagegen gibt es einen anderen (natürlich: englischen, schlagwortartigen) Begriff, der jedes angestrengt gesund geführte Leben etwas schwieriger macht: das sogenannte „*Disease Mongering*“. Damit werden sehr trickige Marketingmaßnahmen der Pharmakonzerne bezeichnet, die uns – mit freundlicher Unterstützung der Medien – „Krankheiten“ unterjubeln, die keine sind, und dafür – mit ebenso freundlicher Unterstützung von Ärzteschaft und Apotheken – die passenden Medikamente verkauft. Wer das nicht glauben kann oder will, ist womöglich nicht nur zu gut für diese Welt, sondern auch ansonsten ein leichtes Opfer für ähnliche Fragwürdigkeiten in anderen Lebensbereichen. Der Punkt ist: Das Entwickeln eines neuen Medikamentes kostet Pharmakonzerne gern schon einmal ein/zwei Millionen Dollar. Dabei kann es durchaus passieren, dass ein Medikament fertig entwickelt ist, das irgendetwas bewirkt, wofür es jedoch gar keine Krankheit gibt. Nun streichen die Pharmakonzerne ihre Millionen-Investition allerdings nicht einfach in den Wind und verbuchen sie als Verlust, sondern erfinden ganz einfach die dazu passende Krankheit. In

jedem Fall gilt: Führen Sie ein möglichst gesundes Leben! Ernähren Sie sich gesundheitsbewusst, retten Sie damit ganz nebenbei auch die Menschheit und die ganze Welt! Ich wünsche viel Glück. Oder mit dem Titel dieses Buches gesagt: *„Es wird noch früh genug zu spät“*.

Das, was mit gesellschaftskritischer Beobachtung vielmehr in dem allem zu erkennen ist: Eine oftmals sicherlich ehrenwerte Grundmentalität – in diesem Fall: sich als Veganer oder Vegetarier gegen Massentierhaltung und damit verbundene Tierquälerei zu engagieren, und gesund oder zumindest gesünder leben zu wollen – trifft auf einen Zeitgeist, in dem alles mögliche ideologisch aufgeladen und überzogen wird, als hinge davon mindestens die Weltrettung ab. Siehe oben: Die persönlichen Ernährungsgewohnheiten, die man früher allenfalls und wenn überhaupt im näheren Bekanntenkreis thematisierte, als inzwischen vermeintlich „Angelegenheit öffentlichen Interesses“, weil es schließlich um nichts Geringeres als die Weltrettung geht. Die Ernährung als Mittel zur Selbstdarstellung und Selbstinszenierung in „Sozialen Medien“, um dadurch, siehe oben, ein *„politisches Statement“* zu setzen, und als *„Teil des Ich-Narratives“* – woraufhin man sich unter Gleichgesinnten natürlich einig ist, sich sowohl als „bessere Menschen“ betrachten zu können, als auch die Pflicht ableitet, Mitmenschen dieses Besseren belehren zu müssen. als auch das Recht, sie an den Pranger stellen zu dürfen. Dieses Phänomen zieht sich in diesem Zeitgeist allerdings kreuz und quer durch sämtliche Bereiche, in denen vermeintliche oder tatsächliche Missstände und Probleme scheinbar thematisiert werden, es jedoch tatsächlich um etwas ganz anderes geht: Das jeweilige Thema von üblicherweise weltrettender Bedeutung dient lediglich als Aufhänger und Vorwand, um höchstpersönliche Defizite auszugleichen, etwa das persönliche Ringen um Beachtung, Aufmerksamkeit, Anerkennung, Lob und Bestätigung, sowie ein gutes oder zumindest besseres Gewissen zu haben, nicht zuletzt auch, sich damit „in guter Gesellschaft zu befinden“, also in einer der zeitgeistigen „Bewegungen“ und „Communities“, oder zumindest in (s)einer sogenannten *„Filterblase“* in den „Sozialen Netzwerken“. Das wiederum basiert zwangsläufig darauf, sich selbst im Recht zu wähnen, gerade gegenüber anderen und Andersdenkenden letztlich im Besitz des richtige(re)n Wissens und der einzigen, absoluten und endgültigen Wahrheit: Ein eklatantes Merkmal des aktuellen Zeitgeistes und dieser „*Generation Z*", auf Konfrontation ausgerichtet, unwillig und/oder unfähig zur Diskussion, während man gleichzeitig eine „*Spaltung der Gesellschaft*" beklagt, und im Internet eine „Meldestelle für Hass und Hetze" eingerichtet wurde, während wiederum gleichzeitig eine „Vielfalt" beschworen wird nach dem Motto „Wir haben uns alle lieb". Wie sich das als Roter Faden durch den Zeitgeist und unsere Gesellschaft zieht, siehe beispielsweise auch die weiteren Kapitel.

KLIMAWANDEL: ATMOSPHÄRISCHE STÖRUNGEN

„Wir hätten auch die Dinosaurier vor dem Aussterben gerettet.
Und ein paar Jahre vorher hätten wir alles unternommen,
um den Urknall zu verhindern"
(Cerny)

Gehen wir doch einmal ganz elegant zu einem etwas größeren Thema unseres aktuellen Zeitgeistes über: dem *Klimawandel* (inzwischen gern auch „*Klima-Krise*" genannt). Genauer gesagt: natürlich dem menschengemachten bzw. anthropogenen Klimawandel. Denn auch dieses Problem wird jetzt, in diesem Zeitgeist von dieser „*Generation Z*", endlich in aller Konsequenz und sogar Radikalität angegangen! Jedenfalls so weit das demonstrativ möglich ist; also in Form öffentlicher Demonstrationen mit lauten Sprechchören und bunt bemalten Pappplakaten. Und natürlich mit einer umfangreichen Liste von Forderungen an „die Politik", sowie einer mindestens ebenso langen Liste von Vorwürfen in alle erdenklich möglichen Richtungen.
Aber selbstverständlich und völlig zurecht! Schließlich muss unumwunden zugestanden werden, dass schon meine Generation darüber informiert war, dass da draußen allmählich ein Klimawandel stattfindet. Der hieß damals bei uns bloß noch nicht Klimawandel. Für uns war das eine Klima*katastrophe*! In der Tat: Da war es noch eine echte Katastrophe! Wie und wann genau das im Alltagssprachgebrauch (natürlich wie immer zunächst und in erster Linie: in den Medien) zu einem Wandel wurde, habe ich zu der Zeit, als Teenager und junger Erwachsener, wohl irgendwie verpasst. Doch genau das ist natürlich absolut typisch für meine Generation: Obwohl schon wir damals informiert waren und Bescheid wussten, hat es uns nicht sonderlich gekümmert, haben wir so rein gar nichts unternommen, und das einfach mal laufen lassen. Das ist natürlich weder zu entschuldigen noch zu rechtfertigen. Doch zumindest erklären lässt sich das und darf man das sicherlich trotzdem...
Gerade, wenn es darum geht, dass wir doch schließlich schon „informiert waren" und „Bescheid wussten", ist es zunächst einmal ziemlich hilfreich

festzustellen, wie das mediale Umfeld damals aussah: Wir hatten vielleicht eine Handvoll Tageszeitungen und zweieinhalb Fernsehkanäle, über die wir mit Informationen grundversorgt wurden. Und für die *„Generation Z"* zudem weder vorstell- noch vermittelbar: Diese zweieinhalb Fernsehsender machten tatsächlich auch irgendwann einfach Schluss; nämlich Sendeschluss! Ab circa Mitternacht hatte das Fernsehprogramm ein vorübergehendes Ende und wurde bis zum nächsten Nachmittag, bis gegen sechzehn/siebzehn Uhr, ein Testbild mit einem Dauer-Piepton ausgesendet. Was über den Tag hinweg auf der Welt passiert und sonst irgendwie wichtig war, erfuhr man in den abendlichen Hauptnachrichten von fünfzehn Minuten Länge, ansonsten über stündliche Nachrichten im Radio. Und: das war's. Wer sich darüber hinaus noch an Hintergrundinformationen interessierte, konnte in der Stadtbibliothek nach Büchern suchen oder einen Kurs an der Volkshochschule besuchen. Ein Internet gab es schließlich noch nicht.

Kurz gesagt: Was das „Informiertsein" und „Bescheidwissen" anbelangt, war das eine erheblich andere mediale Welt, die mit der heutigen pausenlosen Informationsflut in keiner Weise auch nur annähernd vergleichbar wäre. Und so nahm eben auch die damalige Klimakatastrophe in den Medien nicht übermäßig viel Platz ein. Das wurde hier und dort hin und wieder einmal erwähnt, wie beispielsweise auch das *Waldsterben* hier und dort erwähnt wurde (ja: auch der Wald stirbt nicht erst neuerdings durch den Klimawandel, sondern starb schon damals, jedoch aufgrund lapidarer Luftverschmutzung).

Das sehr viel größere (vor allem: mediale) Thema, an dem selbst bei größter Anstrengung wirklich niemand vorbeikam, war: das *Ozonloch*! Ein Begriff, den die heutige *„Generation Z"*, auch bei all ihrem absoluten, vollkommenen und endgültigen Wissen, im Internet suchen muss: Man erklärte uns panisch, Forscher hätten im Jahr 1985 über der Antarktis ein Loch in der Ozonschicht entdeckt. Und sollte das größer werden, sollte sich schlimmstenfalls sogar die gesamte Ozonschicht in der Erdatmosphäre auflösen, würden wir durch die ungefiltert durchdringenden UV-Strahlen der Sonne alle elendig zugrunde gehen, alles würde sterben, der gesamte Planet abgetötet! Welch ein Horror- und Bedrohungsszenario. Schon damals. Nur eben etwas akuter als eine etwaige Klimakatastrophe in fünfzig/sechzig Jahren. Und schuld daran war übrigens: FCKW! Das Kürzel, das für die *„Generation Z“* ebenfalls ziemlich nichtssagend sein dürfte, steht für *Fluorchlorkohlenwasserstoffe*: ein (auch noch in Laboren künstlich produziertes) Gas, das als Treib- und Kühlmittel verwendet wurde; u.a. in Spraydosen und Kühlschränken. Auch damals also schon: ein potenziell menschengemachter Weltuntergang. Und das war für uns damals, was als „Informiertsein“ und „Bescheidwissen“ gefordert war. Kurz gesagt: Das, was für die *„Generation Z“* heute CO_2 und Klimawandel sind, waren in meiner Generation FCKW und Ozonloch. Eins-zu-eins.

Bei allen kläglich-fahrlässigen Versäumnissen meiner Generation in Fragen des Klimawandels haben wir – offensichtlich – immerhin den Weltuntergang durch das Ozonloch erfolgreich abgewendet; was man uns eigentlich zugute halten könnte. Also: eigentlich. Denn uneigentlich gibt es dieses Ozonloch nicht nur immer noch, sondern angeblich[25] war es Anfang Dezember 2020 mit einer Fläche von 18 Millionen Quadratkilometern so groß, wie nie zuvor zu dieser Jahreszeit in der Antarktis. Und? Irgendwo irgendjemand, der diese enorme Bedrohung thematisieren würde? Sind da irgendwo irgendwelche Aktivisten, irgendeine Bewegung, irgendwelche Wissenschaftler, die doch ansonsten immer gern warnen, vor was auch immer? Eben. Das Ozonloch mit seinem achso weltzerstörerischen Potenzial, wie man es uns damals penetrant dramatisch erklärte, gibt es zwar immer noch, und das auch noch „so groß, wie nie zuvor“ ...es redet einfach nur niemand mehr darüber.

So könnte man als einer der „Alten“ glatt dazu neigen, diese ganz persönliche Erfahrung auf das Heute zu übertragen; und in Erwägung ziehen, dass es sich mit dem proklamierten Klimawandel und der Klimakrise eventuell genauso verhalten dürfte: Bis in zehn/fünfzehn Jahren läuft das nur noch nebenher wie inzwischen die einstige Apokalypse durch das Ozonloch. Oder (siehe oben) wie das traurige Waldsterben, das schon seit vierzig Jahren problematisiert wird, nur mit jeweils freihändig angepasster Verursachung: in den 1980ern

25 Dr. Rolf Müller, Forschungszentrum Jülich, „Klimaschutz: Wie steht es um das Ozonloch?“ in 'National Geographic' 15.09.2021

noch wegen genereller Luftverschmutzung, heute wegen des Klimawandels. So ähnlich wird nun auch das ominöse Ozonloch äußerst flexibel begründet: waren in den 1980ern noch FCKW die Ursache (sog. „Ozonkiller“, vgl. mit den sog. „Klimakillern“ CO_2, Methan, usw), wird heute der Klimawandel als Ursache angeführt, warum das Ozonloch immer noch existiert. Was sonst.
Dagegen gibt es allerdings vor allem drei Gründe, die die in meiner Jugend noch drohende Apokalypse von der heutigen unterscheiden:
Zum einen hat sich der Klimawandel mittlerweile offenkundig als ziemlich einträglich erwiesen: Es gibt nur wenig, das sich nicht direkt oder indirekt als direkte oder indirekte Folge des Klimawandels erklären lässt; und das, was früher noch lapidar unter *Umwelt*schutz lief, läuft heute stattdessen oder gern auch zusätzlich unter *Klima*schutz.
Zum anderen ist das mediale Umfeld, in dem das alles inzwischen stattfindet, ganz offen(-)sichtlich wunderbar geeignet, um jedwedes Thema – zuweilen auch mehrere gleichzeitig und parallel – bis an die Grenze des Erträglichen aufzuschaukeln (wobei allerdings auch diese Erträglichkeitsgrenze durchaus generationsabhängig ist. Die „*Generation Z*“ ist durch die Informations- und Reizflut, in die sie hineingeboren wurde, irgendetwas zwischen abgestumpft, gleichgültig und resistent).
Der dritte Unterschied ist: Greta. Und zwar: *Greta Thunberg*, die Ikone der Klimabewegung, die Jeanne d'Arc der Weltrettung! Mit Greta ist es perfekt gelungen, das gesamte Thema zu personifizieren. Und zwar derart perfekt, dass es eigentlich kinderleicht ist, die Professionalität darin zu erkennen. Jedem, der gerade einmal auch nur einen Grundkurs *Public Relations* an der Volkshochschule besucht hat, springt das mehrfach mitten ins Auge.
Da wäre zunächst erwähnenswert, dass es auch das im Ansatz schon einmal gegeben hat, Allerdings lediglich im Ansatz und nicht darüber hinaus, weil zu dieser Zeit Ereignisse noch nicht dermaßen inszeniert wurden, wie es heute völlig normal ist: Im Jahr 1992 nämlich durfte die damals 12-jährige *Sevem Suzuki* in Rio de Janeiro eine sechsminütige Rede vor der UNO halten, in der sie die Ausbeutung unseres Planeten ansprach, diverse Umweltsünden, das

Artensterben, usw. Mit den Berichten in den abendlichen Hauptnachrichten im Fernsehen und in den Tageszeitungen hatte sich das allerdings erledigt.
Bekannterweise ganz anders dagegen der wahre Hype um Greta Thunberg seit dem Jahr 2018: Der Legende nach setzte sich die damals noch 15-jährige Greta im August 2018 vor den schwedischen Reichstag in Stockholm, mit einem Schild „*Skolstrejk för klimatet*" („Schulstreik für das Klima"); statt brav zur Schule zu gehen. Da war Greta noch ganz allein. Aber dennoch nicht unbemerkt, denn das muss doch prompt sofort Journalisten aufgefallen sein. Schließlich erschien schon am nächsten Tag die schwedische Tageszeitung „*Dagens Nyheter*" mit einem Bericht über Gretas Aktion; und das sogar auf der Titelseite! Daraufhin gesellten sich täglich immer mehr Heranwachsende zu Greta (natürlich nicht, um sich so vor der Schule zu drücken, sondern in gemeinsamer Sorge um das Klima): Der Anfang von '*Fridays For Future*' als inzwischen weltweite Klimabewegung! Das jedenfalls ist die Story.
„*Storytelling*" wiederum ist etwas, das man (siehe oben) schon in einem Grundkurs *Public Relations* (PR) an der Volkshochschule kennenlernt: Eine Methode, durch die ein Produkt mit einer (möglichst: ans Herz gehenden) Geschichte emotional aufgeladen werden soll. Idealerweise bedient sich *Public Relations* zudem eines sog. „*Testimonial*": einer Persönlichkeit, die als Fürsprecher für das Produkt fungiert und in den Köpfen der Menschen damit verankert werden soll. Für diese Rolle sind Stars zwar sehr beliebt (z.B. Thomas Gottschalk, der jahrelang Süßwaren anpries, oder George Clooney einen Instantkaffee), deutlich preiswerter sind allerdings vergleichsweise (zunächst noch) Unbekannte, wie z.B. „Frau Sommer" für eine Kaffeemarke oder ein „Dr. Best" für die Zahnpflege. Exact genau so ist das gesamte Klimathema inzwischen mit Greta Thunberg personifiziert worden.
In der Folge war gut zu beobachten, wie sachlich geäußerte Kritik oder auch Skepsis *gegenüber der Theorie* eines menschengemachten Klimawandels von Klimaaktivisten vielmehr als *auf Greta Thunberg persönlich abgezielte Angriffe* betrachtet wurden („Ihr habt doch nur Hass auf Greta"), und sich damit sachlichen Diskussionen elegant entziehen konnten. Das ist der Effekt (und in der PR der Optimalfall), wenn sich Menschen mit dem Testimonial so

identifizieren, dass sie sich stellvertretend selbst angegriffen fühlen, und sowohl das Testimonial als auch sich selbst gegen vermeintliche Angriffe glauben verteidigen zu müssen – jenseits rationaler Sachfragen.
Ein weiteres Mittel der *Public Relations* ist der sog. „*Benefit*": ein (in aller Regel: rein psychisch-emotionaler) *Zusatznutzen*. Beim Aktivismus ist es vor allem das Gefühl von Verbundenheit, sich gemeinsam für eine gute Sache zu engagieren, und sich gegenseitig darin zu bestätigen, zwangsläufig selbst ein guter Mensch zu sein – wenn auch mit der leichten Gefahr, sich gegenüber Andersdenkenden als „bessere" Menschen zu wähnen.
Beispielhaft für *Public Relations* noch erwähnt: der gelungene Aufbau eines bestimmten *Image*, das im Idealfall sowohl Fehl- und Rückschläge als auch kleine Widersprüchlichkeiten problemlos schadlos überstehen kann. Im Falle von Greta Thunberg ist es (in direkter Kopplung mit dem *Storytelling*) das auf dem Weg zur jungen Frau heranwachsende Schulmädchen, das sich um den Zustand der Welt und damit um unser aller Zukunft sorgt, sich in ihrem Engagement nicht ausbremsen lässt, und sich dafür sogar mit der „großen Politik" anlegt. Dieses Image muss natürlich durchgehend in allen möglichen Details bedient werden. Es gab dabei bislang nur eine einzige Ausnahme, die durchaus Potenzial für einen Fauxpas gehabt hätte, würden sich etwas mehr Menschen im Bereich der *Public Relations* auskennen: Die Verleihung der „Goldenen Kamera" im März 2019 in Form eines „Sonderpreises" für Greta Thunberg. Mit ein wenig Kenntnis über PR-Maßnahmen hätten mindestens zwei Kniffligkeiten auffallen können: Zum einen ist die „Goldene Kamera" ein *Medien*preis, der angeblich sogar „bedeutendste *Film- und Fernseh*preis" in Deutschland, verliehen an *in den Medien* herausragende Persönlichkeiten. Zum anderen trat Greta Thunberg am Abend der Preisverleihung nicht auf, wie sie ansonsten ausnahmslos das Image bedienend herumläuft, sondern: *in einem weißen Kleid*; also nahezu als Unschuldsengel in Person (wobei man jedoch von den Generationen „Y" und „Z" nicht mehr erwarten darf, dass ihr eine solch eigentlich offen(-)sichtliche Metaphorik und Symbolik auffällt). Wer diese beiden sachlichen Kniffligkeiten sachlich ansprach, wurde prompt

ziemlich unsachlich als „Greta-Hasser“ angegangen (siehe oben: *Testimonial-*Effekt) und war damit vollautomatisch natürlich ein „Klimaleugner“.
Obwohl sich laut der offiziellen Erklärungen[7] von '*Fridays For Future*' diese Organisation angeblich völlig unorganisiert als Bewegung irgendwie vor sich hin und durch die Medien bewegt, und keinerlei Führungsriege hat, bildete sich im Jahr 2019 eine sog. „deutsche Greta“ heraus: *Luisa Neubauer*. Und natürlich ließ und lässt auch Luisa Neubauer so rein überhaupt gar keine Zweifel aufkommen, worum es geht, und erklärte unter anderem: „*Ich denke schon, dass wir radikaler werden müssen*“[26] (wobei auch diese „*Generation Z*“ bei all ihrem absoluten, vollkommenen und endgültigen Wissen vielleicht doch noch einmal nachsehen sollte, was „radikal“ eigentlich bedeutet, und ob das überhaupt geht: noch radikaler zu werden). In einer Pressekonferenz im Oktober 2021 wiederum erklärte Neubauer: „*Wir fordern vollumfängliche Systemveränderungen*“[27]. Wenn man nun auch diese Forderung tatsächlich ernst nehmen würde – wobei Aktivisten ganz generell und insbesondere die Jugend natürlich unbedingt ernst genommen werden wollen – müsste man sogleich zurückfragen, ob „vollumfänglich“ dann wohl auch das System der Demokratie einschließt, und welches andere System denn besser wäre. Recht passend dazu meinte eine Klimaaktivistin am Rande des „Klimagipfel“ in Glasgow 2021 inmitten der Demonstrationseuphorie: „*Es fühlt sich an, als wären wir die wahren Weltführer*“[28].
Wenn in einer Bewegung erklärt wird, „noch radikaler“ werden zu müssen, zudem noch „vollumfängliche Systemveränderungen“ gefordert werden, und man sich in dieser Bewegung als „die wahren Weltführer“ wähnt: Bei einigen

26 Luisa Neubauer, Interview 'GEO' 06.06.2019 - „radikal“: ganz und gar, vollständig, fundamental, grundlegend – Anm.: „Radikalität“: politische Einstellung, die vollständige, grundlegende Veränderungen an einer herrschenden Gesellschaftsordnung anstrebt.

27 Pressekonferenz „Fridays For Future“ Berlin 20.10.2021, ebenso am selben Tag auch per 'Twitter' ausgesendet.

28 'Der Spiegel“ 06.11.2021 sowie 'Spiegel-TV' Videoreportage 06.11.2021

anderen Organisationen hätte das sicherlich längst den Verfassungsschutz auf den Plan gerufen. Doch hier, wir erinnern uns, geht es schließlich nur um das Gute und um unser aller Zukunft in einer besseren Welt – und nicht etwa um radikale Ideologen, die ihre Weltanschauung verbreiten wollten. Aber nein. Jedenfalls geht es (in) dieser Organisation nicht um Geld. Das ist in unserer heutigen Zeit, in der es eigentlich ständig und andauernd um nichts anderes geht, sowohl enorm beruhigend als auch leicht erstaunlich. Schließlich muss auch '*Fridays For Future*' so manches finanzieren und nimmt dafür (z.B. auf der Website) natürlich gern Spenden entgegen. Wie es heißt, kommen dabei schon mal ein paar Hunderttausend Euro zusammen. Genau genommen sind das jedoch gar keine Spenden, weil rechtlich nur eingetragene gemeinnützige Vereine Spenden sammeln dürfen, was letztlich vom Finanzamt überprüft wird. Doch '*Fridays For Future*' ist nun einmal kein eingetragener Verein, sondern als sog. „basisdemokratische Graswurzelbewegung“ eine „nicht rechtsfähige Personenvereinigung“. Im strengeren finanzrechtlichen Sinne sind Überweisungen an diese Organisation also gar keine Spenden, sondern Geldgeschenke, über die keine Rechenschaft abgelegt werden muss: weder über die Höhe der Summen noch über deren Verbleib und Verwendung. Das Magazin '*Focus*' bezeichnete diese Finanzströme als „undurchsichtig“[29].
Dagegen haben „führende Köpfe“ dieser Organisation (die sie laut eigenem Bekunden gar nicht hat[18]) jedoch mit '*Organize Future*' einen gemeinnützig-eingetragenen Verein gegründet, der nun als Veranstalter der Großdemos von '*Fridays For Future*' auftritt. Das macht dieses ganze Konstrukt zwar nicht gerade durchsichtiger, doch man neigt offenbar dazu, dieser Bewegung das nicht nur nachzusehen, sondern mitunter vielmehr positiv zu attestieren. Denn schließlich handelt es sich hier nicht um eine professionell geführte Organisation wie etwa '*Greenpeace*' oder '*BUND*'; aber nicht doch! Sondern das sind doch alles nur Kinder und Jugendliche, Schüler und Studenten, die sich für die Weltrettung einsetzen. Oder wie der Aktivist Louis Motaal zu den

29 'Focus' Finanzen 18.10.2019: „Undurchsichtige Klimabewegung: So finanzieren sich die deutschen Greta-Anhänger“

Finanzströmen meinte: „*Als Bewegung wollen wir uns so wenig wie möglich mit administrativen Aufgaben beschäftigen und unsere gesamte Kraft auf der Straße nutzen*“[29]. Dafür hat man natürlich volles Verständnis. Jedenfalls wohl dem, der sich mit seinen Finanzen nur nebenbei und so wenig wie möglich beschäftigen muss.
Das betrifft übrigens gerade die drei Hauptprotagonistinnen Greta, Luisa und Carla. Wenn man berücksichtigt, dass Klimaaktivismus nur bedingt als Beruf gilt, hat sich schon so mancher gefragt, wovon die drei jungen Frauen denn ihren Lebensunterhalt bestreiten. Da ist es doch beruhigend zu wissen, dass sie das gar nicht müssen, weil sie alle aus recht wohlhabendem Verhältnissen kommen und, trivial formuliert, „reich“ sind: Bei Luisa Neubauer und Carla Reemtsma wird deren persönliches Privatvermögen[30] auf zwischen 1 und 5 Millionen Dollar geschätzt (die beiden sind Cousinen aus gutem Hause der Familie Reemtsma, recht bekannt durch die 'Reemtsma Cigarettenfabriken'). Greta Thunberg wiederum stammt aus ähnlich vermögenden Verhältnissen: ihre Mutter, Malena Ernman, ist berühmte Opernsängerin, und Gretas Vater, Svante Thunberg, ist ein zumindest in Schweden bekannter Schauspieler, Drehbuchautor und Filmproduzent (dieser Mann kennt sich also bestens aus u.a. in Dramaturgie, Inszenierung und *Storytelling*, siehe oben)[31].
Das ist einer der zahlreichen interessanten Aspekte an dieser Bewegung: Es sind nicht etwa junge Frauen aus sog. „einfachen Verhältnissen“, Töchter von beispielsweise Putzfrauen und Stahlarbeitern, sondern rein zufällig handelt es sich bei allen Dreien um junge Frauen aus wohlhabendem Hause mit dem entsprechendem Umfeld – es sind vielmehr -zig Tausende junger Menschen (im verdenglischten Neudeutsch könnte man es wohl „Fanbase“ nennen) aus

30 Offizielle Angaben über Einkommensverhältnisse gibt es natürlich nicht. Im Internet sind jedoch zahlreiche Schätzungen zu finden, die zwischen 1 bis 5 Mio. Dollar schwanken. Fest steht offenbar und wird auch nirgends bestritten, dass Neubauer und Reemtsma außerordentlich wohlhabend sind.

31 'Merkur' 02.01.2020 - „Greta Thunbergs Familie: Vater, Mutter und Großeltern sind bekannte Schweden“

„einfachen Verhältnissen", von denen sie bewundert und bejubelt werden; was jedoch weitaus weniger Zufall sein dürfte.
Abschließend abrundend kann zu diesem Aspekt noch erwähnt werden, dass Greta Thunberg (genauer: ihre Familie) mittlerweile dazu übergegangen ist, alles mögliche um diese Bewegung drumherum markenrechtlich schützen zu lassen: Die Bezeichnung '*Fridays For Future*' und das Motto „*Skolstrejk för klimatet*" sowieso, zudem noch den Namen „Greta" in einigen verschiedenen Kombinationen (u.a. „Follow Greta", „Team Greta"). Das selbstverständlich nicht, um über Lizenzprodukte damit Geld zu verdienen, sondern natürlich nur, um böse Geschäftemacher genau daran zu hindern. Wobei übrigens der markenrechtliche Schutz beim „Amt für geistiges Eigentum" der EU laut der '*Zeit*'[32] von der Stiftung „*Stiftelsen The Greta Thunberg and Beata Ernman Foundation*" mit Sitz in Stockholm beantragt wurde. Selbstverständlich eine Stiftung (offiziell mit dem „*Ziel der Förderung ökologischer, klimatischer und sozialer Nachhaltigkeit, sowie psychischer Gesundheit*") gegründet von der Familie Thunberg. Ungefähr so, wie heute jeder zweite Prominente eine Stiftung gründet, allerdings nicht etwa, wie Otto Normalbürger gern glaubt, um damit „Gutes zu tun", sondern als simples Steuersparmodell.
Greta Thunberg ließ natürlich verlauten, der Markenschutz habe so rein gar nichts mit etwaigen Vermarktungsabsichten zu tun, sondern lediglich, um „*zu vermeiden, dass die Begriffe missbraucht und für Zwecke genutzt werden, die nicht im Sinne der Bewegung sind*"[33]. Angesichts dessen, dass der Antrag auf Markenschutz auch für den Bildungssektor und den Bereich Wissenschaft gestellt wurde, ist schon ziemlich interessant, dass Greta ausgerechnet hierin einen Missbrauch bestimmter Begriffe befürchtet.
Die Sprecherin von '*Fridays For Future*', Carla Reemtsma, zeigte sich von diesem Thunberg'schen Alleingang überrascht: Die Organisation sei darüber nicht informiert worden. Zumal „*es Überlegungen gab, die Marke auch in*

32 'Die Zeit' 29.01.2020 „Greta Thunberg will Fridays for Future als Marke schützen lassen"

33 'Der Spiegel' 30.01.2020 „Greta Thunberg und die Markenrechte: Soll sie sich doch bereichern"

Deutschland zu schützen. Das war nicht möglich, da der Begriff zu geläufig ist", so Carla Reemtsma gegenüber der Frankfurter Allgemeinen Zeitung[34]. Gleichfalls gegenüber der FAZ erklärte ein Experte aus der Werbebranche, der Markenwert von '*Fridays For Future*' sei „*um ein Vielfaches höher als der von Bayern München*" und könne „*eventuell sogar an den von Coca Cola heranreichen*" (im Jahr 2021 übrigens rund 57 Milliarden US-Dollar!).
So ist es nun umso erfreulicher, dass es in dieser gesamten Bewegung sowie den Hauptprotagonistinnen ausschließlich um die Weltrettung und in keiner Weise um Geld geht! Und selbst, wenn das der Fall wäre: „*warum sollte sie* (Anm.: Greta) *es auch nicht nutzen? Fast das gesamte Wirtschaftssystem der westlichen Welt ist auf Gewinn und das Vermehren von Kapital ausgerichtet*" meinte eine Autorin im '*Spiegel*'[33]. Na, eben. Auch, wenn Luisa Neubauer in einem Interview zum „*kapitalistischen Wachstumsparadigma*" meinte, man müsse es „*in aller Härte und Radikalität hinterfragen*". Außer natürlich, siehe oben, die eher nützlichen Aspekte des Kapitalismus.
Wobei, so die Autorin im '*Spiegel*' weiter: „*Warum sollte Greta Thunberg, die seit Beginn des Schulstreiks ihr gesamtes Leben dieser Bewegung gewidmet hat, nicht in irgendeiner Weise finanziell für ihren Einsatz entschädigt werden?*". Auch das stimmt natürlich. Obwohl sich das sicherlich viele andere Menschen, die sich hochengagiert für etwas einsetzen, ebenso wünschen würden („Die Tafeln", Obdachlosenhelfer, Tierschützer, u.v.a.). Zudem doch Greta, so die Autorin im '*Spiegel*' weiter, „*wohl auch noch andere Sorgen haben wird, als allein die Zukunft des Planeten. Etwa ihre finanzielle Absicherung*". Ebenfalls absolut korrekt und verständlich: selbst mit einem Vermögen von mehreren Millionen Dollar kann man nie genug abgesichert sein; in einem kapitalistischen Wirtschaftssystem.
Apropos „Fanbase": Das *Institut für Protest- und Bewegungsforschung* (ipb) will im Rahmen einer neun europäische Länder umfassenden Studie ermittelt

34 Frankfurter Allgemeine Zeitung 29.01.2020 „Markenanwalt übt Kritik: Greta Thunberg will Fridays for Future als Marke schützen lassen"

haben[35], dass sich 70% wegen Greta Thunberg aktivistisch engagieren; die restlichen 30% kamen über Freunde und/oder „soziale Netzwerke“ auf diese Idee. Einerseits erklärt sich damit die enorme Bekanntheit (und damit: der Markenwert) von '*Fridays For Future*' gegenüber anderen Gruppierungen, wie etwa '*Extinction Rebellion*', '*Ende Gelände*' oder '*Aufstand der letzten Generation*', die mangels einer eigenen Galionsfigur eher verzweifelt auf sich aufmerksam machen müssen. Etwa in Form gesteigerter Radikalität: So droht man auf Seiten der Aktivisten inzwischen ganz offen[36] mit Straftaten und Sabotageakten, Aktionen gegen Häfen und Flughäfen, der Zerstörung von Industrieanlagen, u.a. Gegenüber dem '*Spiegel*'[37] drohte der Aktivist Tadzio Müller, Mitbegründer von '*Ende Gelände*', freimütig mit der Bildung einer „grünen RAF“, also mit terroristischen Aktionen – aus „Notwehr“ mit der Berufung auf ein „Klimanotstandsrecht“. In das selbe laute Horn stießen der Sprecher von '*Extinction Rebellion*', Tino Pfaff, und die Sprecherin von '*Ende Gelände*', Elia Nejem. Und Carla Reemtsma erklärte dazu: „*Das bisherige Protest-Repertoire ist durchgespielt. Wir werden deshalb eine Verbreiterung der Protestformen erleben*“. Weltrettung durch Terrorismus, doch es herrscht erstaunliche Ruhe in unserer zeitgeistigen Empörungskultur. Zumal, siehe oben, in anderen Fällen längst der Verfassungsschutz aktiv geworden wäre; schließlich ist schon das Ankündigen von Straftaten strafbar.

Andererseits scheint in dieser Studie nicht gesondert erfasst zu sein (oder es wurde gar nicht erst danach gefragt), wie viele Teenager wohl *in ihrer Schule* bekehrt wurden. Schließlich ist die bloße Theorie eines menschengemachten Klimawandels an den Schulen keine Theorie, sondern wird als Fakt gelehrt, der keinen Widerspruch duldet. So ist zwar im „Leitbild“ der Schule meines Sohnes (ein Gymnasium in Bayern) vermerkt „*Wir bilden die Fähigkeit aus,*

---

35 'deutschland.de' 03.05.2019 „Wer steht hinter Fridays For Future?“

36 'Die Welt' 19.02.2022 „Blockieren und Zerstören – Klima-Aktivisten kündigen Radikalisierung an“

37 'Der Spiegel' 21.11.2021 „Aktivist Tadzio Müller im Interview: Wer Klimaschutz verhindert, schafft die grüne RAF“

eigene Standpunkte zu formulieren und zu begründen“, womit jedoch nicht etwa die eigenen Standpunkte der jeweiligen Schüler gemeint sind, sondern die des Lehrkörpers, der Schulleitung und der Kultusminister – insbesondere, wenn es um die gängige Klimawandeltheorie geht. Und um auch möglichst sicherzustellen, dass die Kinder die endgültige, einzig richtige Wahrheit über den Klimawandel lernen, wird über ein komplettes Schuljahr hinweggezogen ein „Klimaprojekt“ durchgeführt: „k.i.d.Z.21“ („Kompetent in die Zukunft“) getauft, federführend dahinter das *Institut für Geographie* an der *Universität Innsbruck*, Arbeitsgruppe „Communication and Education“. Zum krönenden Abschluss fährt die gesamte Jahrgangsstufe am Ende des Schuljahres für drei Tage nach Innsbruck, um dort noch einmal abschließend belehrt und bekehrt zu werden, mit Gletscherbesichtigung, Vortragsmarathon sowie Diskussionen mit Abgesandten von '*Fridays For Future*'; abgeschottet von der Außenwelt, ausgeliefert, und ohne Fluchtmöglichkeit. Es herrscht ganz offensichtlich ein enormes Interesse, Kinder gerade noch rechtzeitig daran zu hindern, sich eine eigene Meinung zu bilden. Im Namen des Guten, natürlich.

Wobei auch dieser Themenbereich hochinteressant ist: Laut einer Studie[38] des *Institut für Protest- und Bewegungsforschung* im Auftrag der *Heinrich-Böll-* und der *Otto-Brenner-Stiftung* nämlich ist die gewaltige Mehrheit (über 70%) der Anhänger von '*Fridays For Future*' jünger als 25 Jahre! Die Autoren der Studie schließen daraus messerscharf, „*dass der Protest im Wesentlichen von jungen Menschen getragen wird*“, was nicht nur offen(-)sichtlich ist, sondern auch irgendwie zwangsläufig. Das Motto lautet schließlich „*Schulstreik* für das Klima“, schränkt damit die Zielgruppe in gewisser Weise ein, und schließt gleichzeitig andere Menschen aus, die z.B. einer geregelten Arbeit nachgehen, selbstständig, verbeamtet oder schon in Rente sind.

Zum anderen darf durchaus unterstellt werden, dass die Attraktivität der Angelegenheit für einige Schüler durchaus darin liegen könnte, freitags schulfrei und damit jede Woche ein verlängertes Wochenende zu haben,

38 ipb Institut für Protest- und Bewegungsforschung: „Fridays For Future - Profil, Entstehung und Perspektiven der Protestbewegung in Deutschland“ - Moritz Sommer, Dieter Rucht, Sebastian Haunss, Sabrina Zajak - August 2019

...wovon Berufstätige nur träumen können. Das kann auch als dezenter Hinweis dienen, wie es um die Ernsthaftigkeit der anvisierten Weltrettung steht: So ist offenkundig, dass bislang noch keine Berufsgruppe (mit hoher Wahrscheinlichkeit noch nicht einmal auch nur ein einziger Berufstätiger) tatsächlich *gestreikt* hätte. Also: Streik im sonst allgemein üblichen Sinne der Arbeitsniederlegung, mit der potenziell drohenden Gefahr der Kündigung des Arbeitsplatzes. Das ist die Rettung des Weltklimas dann wohl doch nicht wert, und beschränkt man sich auf die Teilnahme an Demonstrationen während seiner Freizeit. Wobei Demonstrationen jedoch nun einmal keine Streiks sind, sondern schlicht und einfach: konventionelle Demonstrationen. Es ist ziemlich auffällig, dass seitens '*Fridays For Future*' beides dasselbe zu sein scheint.

Wenn die Autoren o.g. Studie[38] also feststellen, diese Bewegung würde „*im Wesentlichen von jungen Menschen getragen*", ist allerdings ebenso ziemlich offen(-)sichtlich, dass das genau so gewollt ist. Für ein „Sommercamp 2019" von '*Fridays For Future*' wurde für Teilnehmer ein Höchstalter von 28 Jahren festgelegt. Auch sonst wird nach außen hin deutlichst kommuniziert, dass schließlich „die Alten" nicht nur Schuld an allem sind, sondern zudem auch noch uneinsichtig und unbelehrbar. Weshalb wohl auch einen Tag vor Weihnachten 2019 über den offiziellen '*Twitter*'-Kanal der Bewegung nicht etwa „Frohe Weihnachten" gesendet wurde, sondern „*Warum reden uns die Großeltern eigentlich noch jedes Jahr rein? Die sind doch bald eh nicht mehr dabei*"[39]. Und es erklärt auch, warum der Physiknobelpreis für den deutschen Klimaforscher Klaus Hasselmann[40] im Jahr 2021 von '*Fridays For Future*' nicht etwa bejubelt wurde, sondern absolute Funkstille herrschte: Es würde eben nicht in das ideologische Weltbild passen, einen „alten, weißen

39 u.v.a.: 'Die Welt' 23.12.2019 „Großeltern-Tweet verrät viel über Fridays For Future", 'Der Spiegel' 23.12.2019 „Fridays For Future sorgt mit Tweet über Großeltern für Empörung"

40 Dem Klimaforscher Hasselmann gelang laut dem Nobelpreiskomitee mit einem Forscherteam der Nachweis, dass der Temperaturanstieg in der Atmosphäre auf den Kohlendioxidausstoß des Menschen zurückzuführen sei; kurz: der „menschengemachte Klimawandel".

Mann“ zu feiern. Immerhin war Hasselmann im Oktober 2021 zum Zeitpunkt der Preisverleihung doch schon 89 Jahre alt. Es half ihm auch nichts, in den Interviews nach der Preisverleihung '*Fridays For Future*' zu erwähnen, und der Bewegung seine Sympathie auszusprechen.

Dass mehr als 70% der Klimaaktivisten jünger als 25 Jahre sind, lässt sich zudem sehr einfach auch dadurch erklären, dass Kinder und Jugendliche nun einmal deutlich empfänglicher für simple Botschaften mit einer scheinbaren Plausibilität sind, als der Durchschnittserwachsene. Natürlich klingt das für die jüngere Generation leicht provozierend. Andererseits dürfte es schon so seinen Grund haben, warum die Abgabe von Tabak und Alkohol an Kinder und Jugendliche verboten ist, und warum es ein Jugendschutzgesetz gibt. Und das hat nichts damit zu tun, dass man die Anliegen, Sorgen und Ängste von Heranwachsenden nicht ernst nehmen würde, sondern um zu verhindern, dass deren naturgemäße Defizite von irgendwem clever ausgenutzt werden.

In der '*Shell Jugendstudie 2019*'[41] wiederum sollen „Sichtweisen, Stimmung und Erwartungen“ Jugendlicher zwischen 12 und 25 Jahren in Deutschland ermittelt worden sein. Demnach ist die Jugend der aktuellen „*Generation Z*“ angeblich generell „*anfällig für populistische Argumente*“. Verschiedenen vorgelegten populistischen Parolen stimmten zwischen 24% und 68% der Jugendlichen zu; rund 10% wurden von den Autoren der Studie sogar der Kategorie „nationalpopulistisch“ zugeordnet. Das sind Tendenzen, die schon irgendwie zusammenpassen. Übrigens glaubt demnach über die Hälfte der befragten Jugendlichen, „*dass die Regierung der Bevölkerung die Wahrheit verschweigt*“ – ...wofür man inzwischen eigentlich zeitgeistig die Schublade „Verschwörungstheoretiker“ angelegt hat. Auch das noch.

Recht reizvoll sind diese Feststellungen der '*Shell Jugendstudie*' vor allem gegenüber dem, was weiter in der o.g. Studie[38] des *Institut für Protest- und Bewegungsforschung* über den Bildungsgrad geschrieben steht – es deckt sich ungemein mit den sehr zahlreichen anderen Widersprüchlichkeiten in diesem

---

41 18. Shell Jugendstudie Oktober 2019 „Jugend 2019 – Eine Generation meldet sich zu Wort“ - Prof. Dr. Mathias Albert, Prof. Dr. Klaus Hurrelmann, Prof. Dr. Gudrun Quenzel

apokalyptischen Zeitgeist, an denen ein gesellschaftskritischer Beobachter seine wahre Freude haben kann: Demnach haben 55,1% der Aktivisten das Abitur oder Fachhochschulreife oder sind als Gymnasiasten auf dem Weg dorthin. Weitere 32,1% haben ein abgeschlossenes Studium, und 4,8% einen Doktortitel. Der Rest setzt sich folglich aus allem anderen zusammen: Haupt-, Mittel- und Realschüler bzw. solche ohne Schulabschluss. Damit haben also rund 90% der Aktivisten das, was man gern einen „höheren Bildungsgrad" nennt. Rund die Hälfte davon wiederum hat zudem noch Eltern, eine Mutter oder einen Vater oder beide, mit Hochschulabschluss. Daher gibt es laut der Studie in der Bewegung *„eine starke soziale Selektion"*, wobei diese Aktivisten *„in der Gesamttendenz dem Bildungsbürgertum zugehörig sind"*. Aus und mit solchen Zahlen lässt sich natürlich vortrefflich basteln; wie etwa der Aktivisten bauchpinselnde Kurzschluss: Wer intelligent und gebildet ist, engagiert sich natürlich auch für den Klimaschutz bzw. sind umgekehrt Aktivisten durchweg intelligent und gebildet. Das wiederum heißt im kurzgeschlossenen Umkehrschluss: diejenigen, die das nicht mitmachen, machen nur deshalb nicht mit, weil sie schlicht und einfach zu dumm und ungebildet sind, weil sie den Klimawandel und den Ernst der Lage einfach nicht verstehen. Und wer möchte, für den ist einwandfrei dazu passend, dass knapp die Hälfte der Aktivisten der sogenannten „Oberschicht" oder „oberen Mittelschicht" entstammen, dagegen nur gerade einmal 4,5% aus der sog. „Arbeiterschicht". Und passend ist das vor allem, weil der Arbeitsökonom Daniel Schnitzlein für das *Deutsche Institut für Wirtschaftsforschung* (DIW) ermittelt[42] haben will, dass der Bildungsgrad von Jugendlichen nirgends auf der Welt dermaßen vom Einkommen der Eltern abhängt, wie in Deutschland: *„Bildungschancen von Kindern hängen in Deutschland weiterhin vom Einkommen der Eltern ab, so sehr wie in kaum einem vergleichbaren anderen Land. Du wirst, was deine Eltern sind. Im Zusammenhang zwischen Einkommen und Bildung besteht in Deutschland kaum Chancengleichheit"*.

42 'Die Zeit' 19.02.2019 „Warum es vom Einkommen deiner Eltern abhängt, was aus dir wird"

Der ebenso tragische wie fast gefährlich populistische mögliche Rückschluss daraus lautet somit also: Aktivisten haben den vollen Durchblick (u.a.) im Klimathema, weil sie intelligent und gebildet sind; was sie deshalb sind, weil sie aus einem privilegierten Elternhaus, der Ober- bzw oberen Mittelschicht stammen. Es obliegt damit ihnen, das Klima und die Welt zu retten, während alle anderen dafür zu dumm und ungebildet und zu arm sind. Und so merkt man wieder einmal nicht, denselben gedanklichen Fauxpas anzuwenden, den man anderen als Diskriminierung vorwirft: den sog. „*Klassismus*".

Dem gegenüber könnte man jedoch mit dem anderen Extrem feststellen: Ein Kind, dessen Eltern auf staatliche Unterstützung angewiesen sind, wo also die gesamte Familie mit dem Existenzminimum zurechtkommen muss, hat schlicht und einfach eine andere Realität und Lebenswirklichkeit als andere Kinder in sog. „besseren Verhältnissen". Deren größte Sorge ist nicht, wie sie ihre Yoga- und Ballettstunden zwischen Musikschule und Töpferkursen im Freizeitkalender unterbringen, und daneben die Sorge um das Weltklima im Jahr 2050 – sondern deren präsente Probleme sind völlig andere, etwa wenn das Geld für ein neues Paar Schuhe fehlt und zur Mitte des Monats der Kühlschrank leer ist und bleibt.

Eine weitere unter den zahlreichen kleinen Widersprüchlichkeiten in diesem Gesamtthema offenbart sich in der „*Trendstudie Jugend in Deutschland*"[43], woraufhin '*tagesschau.de*' ernüchtert feststellte: „*Jugend nicht so grün wie gedacht*" – was zwar offen lässt, *von wem* das denn bisher gedacht wurde, doch zu dem scheinbar überraschenden Schluss führt: Zwar halten 48% der Jugendlichen zwischen 14 und 29 Jahren den Klimawandel für das aktuell größte Problem (darauf folgen die Inflation mit 46% und die „Spaltung der Gesellschaft" mit 44%), doch „*sind die meisten von ihnen nicht zu einer nachhaltigen Lebensführung bereit*". Tja. Wer hätte das gedacht. Vielleicht der eine oder andere gesellschaftskritische Beobachter. Demnach können sich über 80% „*ein Leben ohne Auto nicht vorstellen*", nur 19% wollen angeblich dauerhaft auf ein eigenes Auto verzichten. Und auch in anderen Bereichen

43 Trendstudie „Jugend in Deutschland" Oktober 2021, Simon Schneter, Klaus Hurrelmann

wie Ernährung und Konsum sieht es nicht viel anders aus, was den Co-Autor der Studie, Klaus Hurrelmann, zu der Einschätzung veranlasste: *„Die große Mehrheit ist noch nicht bereit, die lieb gewordenen Gewohnheiten in den Bereichen Konsum, Mobilität und Ernährung aufzugeben"* – die Bereitschaft jedoch, genau das (nicht mehr nur) auf Demonstrationen zu fordern, sondern mit Radikalität durchzusetzen, ist dagegen offenbar vorhanden, siehe oben. Auch das hat seine ganz eigene Logik in diesem aktivistischen Zeitgeist.

Gerade unter diesem Bildungsaspekt, der Klimaaktivisten als die intelligenten und gebildeten Mitglieder der *„Generation Z"* ausweist, gegenüber den nicht so Intelligenten und wenig(er) Gebildeten, in einer zeitgeistigen Generation, die das absolute und endgültige Wissen für sich beansprucht, ist mindestens bemerkenswert, dass sie jedoch Bildung generell verweigert – was allerdings natürlich ebenfalls eine gewisse Logik hat, wenn man schließlich schon alles weiß und nichts mehr dazulernen kann. So sind auf Demonstrationen immer wieder Transparente zu sehen, auf denen in großen Lettern geschrieben steht *„Warum lernen ...ohne Zukunft?"*. Dabei handelt es sich natürlich um eine Anspielung auf die schulfreien Freitage, die man sich, als „Streik" deklariert, offenbar glaubt, sich erlauben zu können. Das wiederum hat die *Süddeutsche Zeitung* dazu veranlasst, Jakob Blasel, einen der Organisatoren von '*Fridays For Future*' dazu zu befragen, der wortwörtlich bestätigte[44]: *„Klimaschutz, Kohleausstieg und Kampf gegen den Klimawandel sind uns wichtiger als unsere Bildung. Denn wofür sollen wir lernen, wenn es für uns gar keine Zukunft gibt?"*. Natürlich. Das berstet geradezu vor Plausibilität.

Was leider ungeklärt bleibt, ist die als Faktum getarnte Prognose, dass eine Zukunft (welche auch immer) gänzlich ausbleibt. Schließlich bedeutet das, es gibt nicht etwa irgendeine „*andere* Zukunft" als eine, die man sich wünschen würde, sondern es gibt eben (wörtlich, siehe oben): „*gar keine*". Das erinnert mich doch tatsächlich an einen Motivationstrainer, der in den 1990er Jahren enorm aktiv war, und gern über Menschen lästerte, die ihre Zukunft nicht

44 Süddeutsche Zeitung 25.01.2019 „Demonstrationen für Klimaschutz: 'Wofür lernen, wenn es keine Zukunft gibt?' - Interview Matthias Kohlmaier mit Jakob Blasel

planen würden, sondern nach dem Motto „Carpe Diem“ leben: „Ich lebe schließlich heute und nicht morgen!“. Dieser Trainer erklärte das jedoch für mindestens grob fahrlässig: „Das kann man natürlich machen. Aber nur mal angenommen, man lebt morgen doch noch... was macht man dann?“. In Anbetracht dessen möchte man fast sogar anregen, Motivationstrainer in die Schulen zu schicken. Andererseits wäre das (darum dreht sich schließlich dieses Buch) in diesem Zeitgeist ziemlich müßig, in dem man sich Probleme, Missstände und Krisen zusammensucht, wo man sie nur finden kann. Und wo man keine findet, da macht man sich eben welche. Es scheint pathologisch zwanghaft zu sein. Und man neigt fast zu der Frage, was das eigentlich mit „Bildung“ zu tun hat, und ob eine etwas andere Grundmentalität nicht etwas schlauer wäre. Wobei es übrigens auch solch Ähnliches (wie u.v.a. die Parallele zum Ozonloch) schon einmal gegeben hat, und zwar gleichfalls in den 1980ern, nämlich die sogenannten '*Punks*' unter den Jugendlichen: selbsternannte Rebellen gegen „die Zustände“, mit prinzipieller Anti-Haltung und dem frustgeladenen Slogan „*No Future*“, die damit jedoch schon damals offensichtlich schief lagen.
Sehen wir uns das doch einmal in der Praxis an. Am 20. September 2019 fand im westfälischen Münster eine Großdemonstration mit angeblich[45] rund 20.000 Teilnehmern statt. Von einer Bühne herab sang ein gutes Dutzend Klimaaktivisten zu dem melodischen Refrain des recht bekannten Liedes „Guantanamera“ nur die ausschließlich eine einzige Zeile: „*Wir wollen kein CO_2 mehr*“. Zu der scheinbar zusammengewürfelten Laienspielgruppe, die als '*Singers For Future*' nahezu ekstatisch auf der Bühne stand, trällerten zahlreiche vor der Bühne platzierte Demonstranten begeistert mit. Natürlich war in einer solch euphorisierten Masse nicht unbedingt zu erwarten, dass auch nur ein Einziger das Mitsingen und Mitklatschen verweigert und statt dessen nachgefragt hätte, was denn so ganz ohne CO_2 eigentlich mit der Photosynthese ist(?). Und ob das vielleicht nicht ganz so schlau ist, „*kein*

45 Westfälische Nachrichten 20.09.2019 „Klimastreik: Münster erlebt größte Demo der jüngeren Stadtgeschichte“

CO_2 mehr" zu fordern. Zumal Aktivisten doch schließlich zu mehrheitlichen 90% intelligent und gebildet sind, wie in o.g. Studien festgestellt wurde, und das zudem auch noch in einer „*Generation Z*", die das absolute endgültige Wissen für sich beansprucht. Es sei denn natürlich, dass der Vorgang der Photosynthese ausgerechnet an den bestreikten Freitagen auf dem Lehrplan steht. Oder dass „*Klimaschutz, Kohleausstieg und Klimawandel wichtiger sind*"[44], als solch lapidare verzichtbare Teilbereiche der Schulbildung. Also eben: „*Warum lernen?*", beispielsweise vielleicht über den Vorgang der Photosynthese, wo es für die Weltrettung schließlich bedeutend wichtiger ist, dass 20.000 Demonstranten „*kein CO_2 mehr*" singen. Auch diese Logik muss doch wohl jeder einsehen, der die Welt retten will – andernfalls handelt es sich zwangsläufig um dümmlich-ungebildete „*Klimaleugner*"; was sonst.

Überhaupt: dieses CO_2! Die zu gewaltigen 90% intelligenten und gebildeten Aktivisten schwanken zwischen (oftmals) leichter Verwunderung und (meist) wutschnaubender Verständnislosigkeit gegenüber Andersdenkenden, die das Ganze weitaus weniger dramatisch und apokalyptisch sehen. Das Grundrecht auf freie Meinungsäußerung hin oder her gibt es sogar aktivistisch radikale Vertreter, die Andersmeinende zugunsten der Weltrettung notfalls eingesperrt sehen wollen. Ein gewisser Wolf von Fabeck hat bereits die Formulierung eines möglichen Gesetzes vorgeschlagen[46]: „*Wer [...] die Klimakatastrophe verharmlost oder leugnet, wird mit einer Geldstrafe von bis zu 300 Tagessätzen bestraft. Im Wiederholungsfall ist die Strafe Haft*". Wobei nicht ganz uninteressant ist, dass Herr von Fabeck Ehrenvorsitzender des '*Solar-Förderverein Deutschland*' ist, und man ihm wohl ein gesteigertes Interesse unterstellen darf, dass das ganze Land auf Solarenergie umrüstet. Und was so harmlos als Förderverein daher kommt, hat als '*Lobbyverband Erneuerbare Energien*' zehnmal so viele Mitglieder (ca. 3.000) wie etwa die '*Deutsche Umwelthilfe*', mit entsprechend großem Einfluss in Berlin. Doch siehe Greta

---

46 'Die Welt' 20.01.2020 „Schickt die Klimaleugner in den Knast!" (Henryk M. Broder) – 'Ruhrnachrichten" 13.01.2020 „Solarverein fordert Strafe für 'Klimaleugner'"

Thunberg oben[33]: was ist schon schlimm daran, wenn jemand auf dem Weg zur Weltrettung auch ein bisschen Geld damit verdient?
Wie gesagt: Es herrscht wutschnaubende Verständnislosigkeit unter einem Großteil der Aktivisten hinsichtlich der Frage „Was gibt es für Klimaleugner daran nicht zu verstehen?". Eben. Wo das Ganze doch so dermaßen einfach ist, wie es Probleme nur selten bei einer solchen Tragweite apokalyptischen Ausmaßes sind: Der Mensch setzt seit der Industrialisierung vor rund 250 Jahren Unmengen von CO_2 frei, das sich in der Erdatmosphäre ansammelt, und so den „Treibhauseffekt" enorm verstärkt. Das lässt sich auf die simple Formel „CO_2 = Klimawandel" bringen, das versteht jedes Kind und kann das ebenso problemlos mitsingen: *„Wir wollen kein CO_2 mehr!"*, siehe oben. Und weil das zwangsläufig so ziemlich alle[47] Klimaforscher erklären (bis auf ein paar notorische Abweichler, die ganz sicher von der Ölindustrie bezahlt werden), lässt sich ebenso penetrant rufen: *„Hört auf die Wissenschaft!"* – was praktischerweise glatt erspart (*„Warum lernen?"*, siehe oben), sich noch eigene Gedanken zu machen; z.B. was „die Wissenschaft" denn tatsächlich zu diesem Thema (aus-)sagt; und vor allem: was nicht.
In Anbetracht dessen nämlich, dass weltweit ein paar Tausend Klimaforscher forschen, die zwischen den Jahren 2012 und 2021 offenbar ungeheuer fleißig mindestens 88.000(**!**) Fachpublikationen veröffentlicht haben sollen[47], könnte man sich fast fragen: Warum eigentlich? ...wenn das Ganze doch so einfach ist, dass es jedes Kind versteht, und im Prinzip doch alles geklärt und völlig klar ist, sodass sich jede Diskussion erübrigt... was gibt es da noch in einem solch gewaltigen Umfang und Aufwand zu forschen? Wobei diese Tausende Klimaforscher übrigens nicht nur mit zwei/drei oder zwölf verschiedenen Klimamodellen arbeiten, sondern *„Es gibt rund 100 dieser Modelle, ständig weiterentwickelt von rund 50 Forschungszentren in aller Welt. Sie laufen auf den schnellsten Hochleistungsrechnern der Erde - teils Monate lang, um eine einzige Klimasimulation zu erstellen*", so Klimaforscher Stefan Rahmstorf

47 'klimareporter.de' 23.10.2021 „Die gute Nachricht: Über 99 Prozent Konsens"

vom *Potsdam-Institut für Klimafolgenforschung* (PIK)[48]. Offen(-)sichtlich ist es also möglich, die Entwicklung des globalen Klimas auf mindestens 100 unterschiedliche Arten und Weisen zu simulieren. Ist das nicht, gerade ob der doch so simpel kinderleichten Angelegenheit, ziemlich erstaunlich?
Immerhin sind all diese Klimaforscher plus all die Programmierer, die die Klimasimulationen programmieren, sowie die rund 50(!) Forschungszentren sicherlich mindestens so gut ausgelastet, wie die Forscher, die sich am '*PIK*' mit etwaigen Folgen klimatischer Veränderungen beschäftigen. Jedenfalls so lange sie uns immer wieder in Aussicht stellen, es gäbe noch Hoffnung, die Apokalypse ließe sich noch stoppen oder zumindest in erträglichen Grenzen halten. Man stelle sich nur einmal vor, man würde stattdessen irgendwann feststellen, der Klimawandel sei endlich erfolgreich gestoppt oder es ließe sich im Gegenteil leider nichts mehr machen: Prompt wären drei Viertel der Klimaforscher arbeitslos, würde man die Forschungszentren schließen, und die rund 20 Milliarden Euro[49], die nur allein Deutschland jedes Jahr an die Klimaforscher zahlt, auf ein Restminimum zusammenstreichen. Na, wer von all diesen Beteiligten kann das schon wollen.
Apropos Kosten. Da lohnt es sich wirklich, noch das bemerkenswerte Projekt „MetOp(A/B/C)“ zu erwähnen, in dem die europäische Raumfahrtagentur '*ESA*' zwischen 2010 und 2018 für die bemerkenswerte Summe von rund 3,5 Milliarden Euro drei bemerkenswerte Wettersatelliten ins All geschossen hat. Bereits schon der erste dieser Satelliten „MetOp-A“, würde „*aufgrund seiner niedrigen Flughöhe sowie zahlreicher Hochleistungsinstrumente an Bord Vorhersagen über Wetter und Klima jetzt in bislang ungekannter Qualität ermöglichen*“[50]. Doch selbst diese bis dahin ungekannte Qualität konnte wohl noch getoppt werden, denn zum Start des dritten Satelliten „MetOp-C“ hieß

48 'Der Spiegel' 12.05.2020 „Warum die Klimamodelle heißlaufen“ Gastbeitrag von Stefan Rahmstorf

49 'Forschung & Lehre' 05.08.2019 „Wissenschaftsministerium: Karliczek will doppelt so viel Geld für Klimaforschung“

50 Süddeutsche Zeitung 17.05.2010 „Raumfahrt: Europäischer Wettersatellit MetOp gestartet“

es[51], dass er „*zusammen mit 'MetOp-A' und 'MetOp-B' nach ESA-Angaben noch präzisere Prognosen möglich machen*“ würde. Also: noch präzisere Prognosen als die bislang ungekannte Qualität. Phänomenal. Und das, wo es doch schon Ende August 2002(!), beim Start des Wettersatelliten „MSG-1“ ('*Meteosat Second Generation*') für schlappe 475 Millionen Euro, damals hieß, er würde „*präzise Vorhersagen für mindestens eine Woche*“ möglich machen. Also: *mindestens*! Und „MetOp“ sollte das sogar noch toppen.
Ich kann natürlich nicht wissen, ob und inwieweit Ihnen selbst dieser enorme Qualitätssprung in den Wettervorhersagen bereits aufgefallen ist. Allerdings erinnere ich mich schon aus humorellen Gründen sehr genau an den Winter des Jahres 2019, als in der regionalen '*Aktuellen Stunde*' des WDR der Wetterfrosch Karsten Schwanke freitagabends feststellte: „*So. Jetzt ist er da, der Winter! Definitiv: Wenn Sie morgen früh aus dem Fenster sehen, ist alles weiß*“. Und tatsächlich am Samstagmorgen: Vier Grad plus und Regen.
Wo es (trotz „MetOp“ immer noch) gern heißt „Jede Wettervorhersage über drei Tage hinaus ist pure Spekulation“: nicht nur in diesem von mehreren bedauerlichen Einzelfällen funktionierte das nicht einmal zehn Stunden im Voraus. Und kürzlich noch hörte ich im Radio: „*Der deutsche Wetterdienst hat eine Unwetterwarnung herausgegeben! In den nächsten Stunden sind Gewitterzellen unterwegs. Nur wann und wo genau können wir noch nicht sagen*“. Es funktioniert zuweilen nicht einmal für die „nächsten Stunden“.
Dagegen sind Prognosen für das globale Weltklima im Jahr 2050 problemlos möglich. Eine kleine Diskrepanz, die in eine argumentative Rutschpartie führt: Wie kann es sein, dass „das Klima“ bis ins Jahr 2050 prognostiziert werden kann, das Wetter jedoch nur bis zu maximal drei Tage im Voraus, und selbst das nur potenziell fehleranfällig(?).
Die Rutschpartie erster Teil führt über den Unterschied zwischen „Wetter“ einerseits und „Klima“ andererseits (dass wir es hierbei lediglich *mit zwei Begriffen* zu tun haben, wäre eine erkenntnistheoretische Überforderung, die man in diesem Zeitgeist in dieser „*Generation Z*“ nicht unbedingt auch noch

51 'Der Spiegel' 05.11.2018 „ESA-Mission: Satellit MetOp-C soll Wettervorhersage verbessern“

provozieren sollte). Nun hat man uns jahrelang penetrant erklärt: „Wetter ist nicht gleich Klima“, dass also die aktuelle Wetterlage rein gar nichts über längerfristige klimatische Veränderungen aussagt. Das hat man argumentativ immer dann angewendet, wenn das Wetter die prophezeite Klimakatastrophe nicht so ganz zu bestätigen schien: Ein Durchschnittssommer, ganz ohne jede Hitzewelle, ist schließlich nur Wetter. Ebenso, wie ein Kälteeinbruch oder eine Woche Dauerregen keinerlei Zweifel an der globalen Erderwärmung rechtfertigen, weil das alles lediglich Wetter ist, und nicht Klima. Wer das nicht auseinander halten kann, ist ein „*Klimaleugner*“, dumm, oder beides.
Erstaunlicherweise ist allerdings der deklarierte „Wetterfrosch“ des *Ersten Deutschen Fernsehens*, der Meteorologe Sven Plöger, der regelmäßig im Fernsehen „das Wetter präsentiert“, als sog. „Klima-Experte“ mit Vorträgen in ganz Deutschland unterwegs. Sogar auf der *Bildungs*messe '*didacta*' in Köln im Februar 2019 mit dem Titel „*Klimawandel ist mehr als hitzefrei*“: Ein Wetterfrosch referiert also über das Klima. Und das, obwohl doch Wetter und Klima nicht dasselbe sind. Selbst im Januar 2019 galt das noch, als der damalige US-Präsident Donald Trump eine extreme Kältewelle in den USA (mancherorts bis minus 50 Grad Celsius!) für einen kleinen Seitenhieb auf den Klimaaktivismus nutzte: „*Was zur Hölle ist mit der Erderwärmung los? Bitte komm schnell zurück, wir brauchen dich!*“. Daraufhin wiederum machte man sich über Trump lustig[52], der offenbar den Klimawandel nicht versteht, und den Unterschied zwischen Wetter und Klima nicht kennt!
Eineinhalb Jahre später, im Juli 2021, gab es in den USA eine Hitzewelle (mit diesmal bis zu *plus* 50 Grad Celsius). Das wiederum jedoch wurde von Klimaforschern als „*beispielloses Zeichen des Klimawandels*“ erklärt: Diese Hitzewelle hätte es „*ohne den Klimawandel nicht gegeben*“[53]. Das ist

---

52 Frankfurter Allgemeine Zeitung 31.01.2019 „Kältewelle in den USA: Donald Trump versteht den Klimawandel nicht“

53 'tagesschau.de' 08.07.2021 „Hitzewelle in Nordamerika: 'Beispielloses Zeichen' des Klimawandels“ sowie Neue Zürcher Zeitung 08.07.2021 „Extreme Hitzewelle in Nordamerika eine Folge des Klimawandels“ u.v.a.m.

natürlich erstaunlich: die Kältewelle war nur ein „Extremwetter", das mit dem Klimawandel so rein gar nichts zu tun hatte. Die Hitzewelle dagegen war keineswegs nur Wetter, sondern eine glasklare Folge des Klimawandels. Man hätte meinen können, das sei ein weiteres Beispiel für aktivistische Logik, wie sie bis hierhin nun schon mehrfach aufgefallen ist. Doch in diesem Fall kam das eben nicht einmal von Aktivisten, sondern a) von Klimaforschern, und wurde b) von den Medien durchgehend so übernommen und für die Allgemeinheit reproduziert. Von diesem Moment an war plötzlich Wetter nun doch gleich Klima und beides dasselbe.

Es dauerte gerade einmal eine Woche, dass diese fallweise Neubetrachtung auch in Deutschland praktische Anwendung fand. Nämlich als es im Juli 2021 im Ahrtal zu einer Hochwasser-Flutkatastrophe kam, weil es innerhalb weniger Stunden teilweise über 100 Liter pro Quadratmeter regnete. Früher wäre ein solcher Starkregen ein ganz klassisches „Unwetter" gewesen. Nun jedoch war auch das: eine ganz klare Folge des Klimawandels[54]. Wenn nun also nicht mehr gilt „Wetter ist nicht gleich Klima", sondern je nachdem und fallweise neuerdings seit Juli 2021 jetzt doch „Wetter gleich Klima" und beides dasselbe ist... warum lässt sich dann das Wetter nicht genauso wie das Klima problemlos bis ins Jahr 2050 vorhersagen? Wo man ansonsten so gern darauf verweist, dass jedes Kind das Ganze versteht, ruft man hier nun lieber „Hört auf die Wissenschaft!" und wähnt sich mit diesem simplen Ruf im absoluten, vollkommenen und endgültigen Wissen; gerade gegenüber den dümmlich ungebildeten „Klimaleugnern", ohne selbst auch nur den Hauch eines Einblicks zu haben. Aktivistische Logik.

Die argumentative Rutschpartie zweiter Teil (von mehreren) besteht aus dem voll überzeugten Glauben zu wissen. Zum Beispiel: dass sich „das Klima" (mit Klimamodellen bzw. -simulationen auf Hochleistungssupercomputern, wie es gern heißt) *berechnen* ließe – ohne dass der aktivistische Laie wüsste, was da so alles warum auf welche Weise überhaupt berechnet wird. Es reicht

---

54 'tagesschau.de' 24.08.2021 „Klimawandel mitverantwortlich für Juli-Flut" sowie 'Stern' 24.08.2021 „Studie bestätigt Zusammenhang zwischen Klimawandel und Flut" u.v.a.

schließlich zu wissen, dass Wissenschaftler am Werk sind, die wohl wissen werden, was sie tun. Kurz: „Hört auf die Wissenschaft!“, siehe oben. Dabei kann man es ziemlich übersichtlich kurz fassen: „Klima“ ist nichts weiter und nichts anderes als eine bloße Statistik, die die *Wetter*(!)daten der mindestens letzten 30 Jahre zusammenfasst – und das, wo ansonsten doch so gern über Statistiken gelästert wird („Traue keiner Statistik, die du nicht selbst gefälscht hast“ usw): in Klimamodellen werden sie sogar noch hochgerechnet auf die nächsten mindestens 30 Jahre hinaus. Das ist ungefähr, als ob eine Rechnung umso richtiger wird, je öfter man sich verrechnet (das glauben Forscher und Statistiker tatsächlich: „*Normalverteilung*“ genannt). Kurz gesagt: „Klima“ ist das weltweite Durchschnitts-Wetter der letzten 30 Jahre hochgerechnet auf die nächsten 30 Jahre; natürlich in Voraussetzung, es bleibt im Wesentlichen alles so, wie es heute ist, und es kommt nichts Unvorhersehbares dazwischen, wie eine virale Pandemie, ein Ausbruch des „*Yellowstone*“, oder sonstiges.

Dabei ist es – eigentlich – in unserem Zeitalter der totalen Information kein sonderliches Problem herauszufinden, dass Wetter nicht dem physikalischen Prinzip von Ursache->Wirkung folgt, sondern: dem *Chaos*. Der erste, der das herausfand, war der Meteorologe Edward Lorenz, der verzweifelt versuchte (und durchweg scheiterte), anhand physikalischer Gesetze das Wetter voraus zu berechnen. Im Jahr 1972 hielt Lorenz darüber den Vortrag „*Kann der Flügelschlag eines Schmetterlings in Brasilien einen Tornado in Texas auslösen?*“: Der inzwischen recht gut bekannte „Schmetterlingseffekt“ mit der Erkenntnis, dass Wettervorhersagen (über drei Tage hinaus) *prinzipiell unmöglich* sind, also schlicht und einfach: *unberechenbar*, völlig egal, mit wie vielen Hochleistungssupercomputern man das versucht, und wie viele milliardenschwere HighTech-Wettersatelliten man noch ins All schießt.

Die mehr als 100 verschiedenen Klimamodelle und -simulationen, die man mittlerweile verwendet, sind also der krampfhafte Versuch, etwas prinzipiell Unberechenbares zu berechnen. Dass das trotzdem möglich ist – und das auch noch für dreißig oder mehr Jahre in die Zukunft – das muss man vor allem: *glauben*. Zumal selbst der „*Weltklimarat*“ *IPCC* in den Grundlagen zur Klimaforschung (wenn auch: ziemlich weit am Ende, erst auf Seite 774) wortwörtlich hinweist: *„In Klimaforschung und -modellen sollten wir erkennen, dass wir es mit einem gekoppelten nicht-linearen chaotischen System zu tun haben, und daher die langfristige Prognose zukünftiger klimatischer Zustände nicht möglich ist*“[55]. Tja. Eben deshalb veröffentlicht der *IPCC* in einem Ausweichmanöver auch nicht etwa *Prognosen*, sondern: *Szenarien*! In der argumentativen Rutschpartie Teil drei jedoch strauchelt der Durchschnittsaktivist auch darüber, dass wohl auch das beides dasselbe wäre, und liegt auch mit dieser Annahme haarscharf daneben. Diese mehr als 100 Klimamodelle berechnen eben nicht, was tatsächlich passieren oder nicht passieren wird. Sondern man lässt sie allesamt mit verschiedenen Ausgangs- und Verlaufsdaten durchlaufen nach dem Motto „Was passiert, wenn...?“, jeweils mit optimistischeren und pessimistischeren *Annahmen*. Welche der Szenarien für Klimaforscher und Aktivisten nützlicher und für die Medien interessanter sind, dürfte dabei wohl ziemlich klar sein.

Auf der anderen Seite könnte (vielleicht sogar: sollte und müsste) es ziemlich verwundern, wenn in diesem Thema immer wieder leicht getrickst wird. So hatte etwa der Klimaforscher Steffen M. Olsen vom *Dänischen Institut für Meteorologie* im Juni 2019 ein *„verstörendes Foto*“ veröffentlicht, das *„zu verdeutlichen scheint, wie weit der Klimawandel bereits fortgeschritten ist*“, wie es in den Medien[56] hieß. Zu dem entsprechenden Foto war u.a. zu lesen: *„Eigentlich sollten wir hier Eis sehen, alles weiß bis zum Horizont. Doch die Schlittenhunde waten im Nordosten Grönlands durch Schmelzwasser*“. Tja. Eigentlich. Doch leider eigentlich nur dann, wenn man ein Klischéebild von Eskimos im „ewigen Eis“ in seinem Kopf hat. Tatsächlich nämlich meldete sich aufgrund des weltweiten medialen Tammtamms ein Einheimischer aus Grönland, der Jäger *Apollo Mathiassen*, dass Szenen wie auf dem angeblich „verstörenden“ Foto völlig normal seien, *„vor allem dort oben in Thule, wo*

55 IPCC Report 2001 „TAR Climate Change: The Scientific Basis“ (auf Seite 774)

56 'bild.de' 19.06.2019 „Verstörendes Foto: So extrem ist die Eis-Schmelze in Grönland“ - 'tz.de' 22.06.2019 „Schockierendes Grönland-Bild geht viral“ u.v.a.

das Foto gemacht wurde"[57]. Ganz im Gegensatz nämlich zu dem angeblich „erkennbar fortgeschrittenen Klimawandel" erklärte Mathiassen, das Bild würde vielmehr unterstreichen, wie dick das Eis sei: „*Weil das Eis so dick ist, gibt es keine Löcher, durch die das Schmelzwasser ablaufen kann*". Das Schmelzwasser, durch das die Schlittenhunde auf dem Foto rennen, war also keineswegs erschreckend geschmolzenes Eis, sondern aufgrund des Sommers geschmolzener Schnee. Damit konfrontiert ruderte prompt auch der dänische Klimaforscher Steffen M. Olsen zurück und „*relativierte die vermeintlich brisante Botschaft*" des Fotos mit der kleinlauten Erklärung[57], sein Foto habe „*eher symbolischen als wissenschaftlichen*" Charakter. Das weltweite kleine Missverständnis sei „*in der Hoffnung, das Bewusstsein für den arktischen Klimawandel zu steigern*" zustande gekommen. So erfahren wir, dass sich Klimaforscher neben ihrer wissenschaftlichen Arbeit mitunter auch als Pädagogen betrachten. Nebenbei gestand Olsen übrigens zu, dass das Eis in dem Gebiet, in dem die Aufnahme entstand, zu diesem Zeitpunkt (also im Juni 2019) nicht nur 120 Zentimeter dick war, sondern damit auch glatt 20 Zentimeter dicker als noch im Vorjahreszeitraum. Von extremer Eisschmelze also zwar keine Spur, vielmehr im Gegenteil, doch das Bewusstsein für den Klimawandel kann man natürlich nicht genug steigern.

Ein anderes Beispiel sind gern gezeigte vergleichende Fotoaufnahmen von Gletschern, nicht nur in Fernseh-Talkshows, sondern auch abgedruckt in Schulbüchern: Dabei werden zwei Aufnahmen gegenübergestellt, etwa eine aus dem Jahr 1850(!) gegenüber einer anderen aus dem Jahr 2010. Dadurch soll erkennbar gemacht werden, wie sich ein Gletscher innerhalb von 160 Jahren verändert hat: offenkundig ist heute erheblich weniger Eis zu sehen; natürlich als Folge des Klimawandels und der globalen Erwärmung. Mich machte allerdings hin und wieder stutzig, dass solche Vergleichsfotos jeweils von absolut exact derselben Position aufgenommen wurden. Und das stelle ich mir nicht gerade einfach vor: die exact identische Position aufzufinden, aus der im Jahr 1850 eine Fotoaufnahme gemacht wurde; nicht einen Meter

57 'n-tv.de' 25.06.2019 „Debatte über Klimawandel: Forscher äußert sich zu Schmelzwasser-Foto"

weiter links, nicht einen Meter weiter rechts. Zumal auch vereinzelte Bäume auf den Bildern keinen Zentimeter gewachsen sind. Ich hatte mich damit an die unter den Aufnahmen angegebene Quelle gewandt: die *Eidgenössische Technische Hochschule* (ETH) in Zürich. Und die dortige Abteilung für Gletscherforschung (Glaziologie) antwortete mir prompt mit der Information, dass es sich hierbei tatsächlich nicht etwa um zwei verschiedene Fotos handelt, sondern um ein einziges aus dem Jahr 2010. In dieses Foto wurden dann mittels Fotobearbeitungsprogramm Eismassen hineinkopiert, wie sie auf diesem Gletscher 160 Jahre zuvor existiert haben sollen müssten. Kurz gesagt: Das Vergleichs-„Foto" aus dem Jahr 1850 ist gar kein Foto, sondern, wie man mir mitteilte, eine sogenannte „Projektion". Oder wie man es seit Donald Trump trivial nennt: ein glatter „Fake".

Nun kann man (wohl hauptsächlich auf Seiten der Aktivisten) wohlwollend unterstellen, ein solcher „Fake" sei natürlich keine Fälschung mit dem Ziel einer gezielten Irreführung, sondern eine solche „Projektion" diene lediglich der besseren Veranschaulichung der Problematik. Sicherlich. Allerdings stellt sich die Frage, warum durchgehend ein „Gletschervergleich" präsentiert wird, ohne jeden kleinsten Hinweis darauf, dass es sich dabei lediglich um eine Fotomontage zu Veranschaulichungszwecken handelt. Das Ganze ist de facto darauf angelegt, den Eindruck eines unwiderlegbaren Bildnachweises mit Beweiskraft zu suggerieren: „Man sieht es mit eigenen Augen!". Und das erst recht natürlich, wenn das in Schulbüchern praktiziert wird, für Kinder und Jugendliche, die in aller Regel weder den kritischen Blick dafür haben, noch ihr Lehrmaterial infrage stellen.

Zumal die beliebte Aufforderung „*Hört auf die Wissenschaft!*" natürlich bestens geeignet ist, um genau das zu tun, weil es recht bequem jedes eigene (Nach-)Denken erspart. Etwa darüber, was es mit Wissenschaft zu tun hat, wenn Wissenschaftler jenseits ihrer eigentlichen Arbeit auch *pädagogisch* auf uns einwirken und unser Bewusstsein verändern („steigern") wollen, siehe oben. Dabei könnte man getrost bereits mit der scheinbaren Dokumentation „*Eine unbequeme Wahrheit*" beginnen, die im Jahr 2006 vom ehemaligen US-Präsidentschaftskandidaten *Al Gore* initiiert und mit der die ganze Klima-

Thematik ins Rollen gebracht wurde: Mit Berufung auf „wissenschaftliche Fakten“ bediente man sich darin – völlig jenseits aller Wissenschaftlichkeit – sämtlicher Stilmittel der Dramatisierung und Emotionalisierung. Offenbar mit solch nachhaltigem Erfolg, dass das Ganze bis heute auf genau diese Weise mit genau diesen Mitteln praktiziert wird. Und das beginnt mindestens mit dem strapazierten Bild des armen kleinen Eisbären, der auf seiner kleinen Eisscholle einsam im großen, weiten Ozean dahintreibt. Seit fünfundzwanzig Jahren. Doch zugestanden: hin und wieder sind es auch zwei Pinguine.

Hochinteressant zu beobachten ist dabei auch, wie einseitig in den Medien berichtet wird und etwaige kritische Stimmen entweder gar nicht erst zu Wort kommen oder mit einem subtilen kleinen Verweis als ohnehin unglaubwürdig dargestellt werden. So hat kürzlich der Journalist Dirk Steffens, der im *ZDF* die Wissenschaftssendung „*Terra X*“ moderiert, zum „Umgang der Medien mit Klimaleugnern“ festgestellt[58]: „*Es ist falsch Verblendeten das Wort zu erteilen*“. Fragt sich nur, wer denn nun beurteilt, wer „verblendet“ ist und wer nicht? Journalisten und Moderatoren? Und Steffens weiter: „*Wenn man das Prinzip des politischen Journalismus anwendet, also mit allen Seiten zu sprechen, wird es katastrophal falsch*“, und ergänzt wörtlich: „*Die Wahrheit liegt, verdammt noch mal, nicht in der Mitte. Wenn von zwei Aussagen eine völliger Unsinn ist, darf der Journalist den Unsinn nicht genauso zu Wort kommen lassen, wie die Wahrheit*“. Früher fand man, „verdammt noch mal“, diejenigen, die die Wahrheit verkünden, in den Kirchen: Pfarrer, die von der Kanzel predigten. Heute wollen uns Journalisten und Moderatoren erklären, was richtige und falsche Aussagen sind, was Unsinn und was „die Wahrheit“ ist, was wir erfahren dürfen und was man uns vorenthält. Wahrscheinlich rein sicherheitshalber, weil man dem mündigen Bürger nicht zumuten sollte, sich seine Meinung tatsächlich selbst zu bilden: es könnte ja die falsche sein. Kurz gesagt: Wir werden über die Medien nicht neutral informiert.

58 'RND' (Redaktionsnetzwerk Deutschland) 11.11.2021 „Moderator Dirk Steffens: Es ist falsch, Verblendeten das Wort zu erteilen“

Hochinteressant zudem, wie ausgeworfene Suchergebnisse auf der größten Videoplattform im Internet hinweisen „*Der Begriff 'Klimawandel' bezeichnet langfristige Temperatur- und Wetterveränderungen, die hauptsächlich durch menschliche Aktivitäten verursacht sind*", was mindestens ein an Frechheit grenzender Unsinn ist. Sowie in einem „Sozialen Netzwerk" Kommentare zu diesem Klimathema mit dem automatisierten Hinweis „*Informationen zur Klimaforschung*" versehen wird, mit dem passendem Linkverweis auf eine gesonderte Seite, die selbstverständlich einseitig die gängige Klimawandel-Theorie ausbreitet. Man will offenkundig möglichst sicherstellen, dass sich „abweichende Ansichten" nicht verbreiten, und nur eine einzige „Wahrheit" zugelassen ist und bleibt. Das sollte selbst denjenigen erheblich zu denken geben, deren Meinung gerade zufällig als „Wahrheit" abgesegnet ist.
Angesichts solcher kleiner Trickereien wie in den genannten Beispielen darf man (sich) ruhig einmal die Frage stellen: Was soll das eigentlich? Ich weise an dieser Stelle zum wiederholten Mal darauf hin, dass es mir in diesem Buch hier nicht etwa darum geht, die konventionelle Theorie eines anthropogenen Klimawandels zu kritisieren, sondern als gesellschaftskritischer Beobachter u.a. vielmehr der Frage nachzugehen: Was soll das alles?
Zumal an der gängigen Theorie eines menschengemachten Klimawandels nicht unbedingt großartig Skepsis angewendet oder etwas geleugnet werden muss: Das argumentative Holpern und Stolpern und das Tricksen in diesem Thema spricht völlig für sich: Wenn es denn vor- und angeblich reine Fakten und Tatsachen sind, die den aktuellen Klimawandel als „menschengemacht" belegen (einen *Beweis* hat man offenkundig nicht zur Verfügung), wozu dann diese ganze Trickserei? Was soll das?
Und wenn es denn Zahlen, Daten, Fakten und Tatsachen sind, die die Theorie eines anthropogenen Klimawandels absolut unbezweifelbar machen, warum sieht man sich dann gezwungen, etwaige Kritik daran und Gegenargumente weitestmöglich entweder zu unterdrücken, oder, wo das nicht gelingt, jenseits von Fakten die Skeptiker und Kritiker unglaubwürdig machen zu wollen, und anzufeinden? Ein besonders schlimmes (eigentlich: kaum zu überbietendes) Beispiel dafür war im Juli 2022 auf dem ARD-Bildungs(!)kanal „*alpha*" eine

Folge der Sendung[59] „*Respekt! Demokratische Grundwerte für alle*" mit dem Titel „Was tun gegen Stammtischparolen?". Bereits in der Einleitung zählte die Moderatorin auf, es ginge dabei um Rassismus, Frauenhass und Leugner des Klimawandels, was sich damit also offenbar auf einer vergleichbaren Ebene befindet. Im weiteren Verlauf durfte man erfahren, wie man das mit professioneller Unterstützung angehen kann: „*Deswegen haben wir einen Trainer gebeten, der normalerweise einen Workshop gibt, also im großen Kreis, jetzt extra für uns, und der bringt mir und euch bei, wie sowas in Zukunft besser läuft*" (dieser leicht holprige Satz übrigens so wortwörtlich). Und das, was „in Zukunft besser laufen" soll, bezog sich auf Diskussionen mit „*Klimaleugnern*". Oder wie sich dann herausstellte: gerade eben bloß nicht. Präsentiert wurde sodann ein Pädagogik-Dozent, der an der Universität Augsburg wirkt, und schon „*seit acht Jahren Argumentationstrainings gegen Stammtischparolen*" anbietet. Für diese Folge dieser Sendung wurde der Ausschnitt eines Rollenspiels unter jungen Erwachsenen der „*Generation Z*" gezeigt: Was kann und soll man nur machen, wenn man als Verfechter des menschengemachten Klimawandels mit seinem Latein am Ende angelangt ist, und einem leider die Argumente ausgehen. Für junge Menschen ohne Erfahrung und ohne rhetorischen Hintergund nicht erkennbar ging es also keineswegs um Argumentation, sondern im genauen Gegenteil. So schlug der pädagogische Profi wortwörtlich vor: „*Ich glaube, was da wichtig ist, ist vielleicht noch etwas präziser nachzufragen, an der einen oder anderen Stelle. Also nicht 'ich hab mich ja informiert und ich lese ja ganz viel'. Sondern 'das würde mich jetzt mal genauer interessieren, wo hast du dich denn informiert, und was sind die Gründe, warum du eher dieser kleinen Minderheit glaubst, als dieser ganz, ganz großen Mehrheit der Klima-Wissenschaftler', das könnte man also noch ein bisschen schärfer machen*". Einmal abgesehen davon, dass der Profi hier von einer „*ganz, ganz großen Mehrheit der Klimawissenschaftler*" spricht, und damit selbst über genau den

59 ARD 'alpha' 25.07.2022 „Respekt. Demokratische Grundwerte für alle", Folge: „Was tun gegen Stammtischparolen?"

Fallstrick stolpert, den er auslegen will: So könnte man ihn nun in dieselbe argumentative Sackgasse drängen, warum und woher er das alles eigentlich zu wissen glaubt, ohne gelten zu lassen, er hätte sich „ja informiert und liest ganz viel“. Also abgesehen davon, rät der Profipädagoge zu etwas mehr „Schärfe“ in solchen Diskussionen: Denn wenn man freundlich bleibt, *„dann wirds halt möglicherweise auch ein bisschen seifig“*. Tja. Wer kann das schließlich wollen, in einer Diskussion ins argumentative Rutschen und Schlingern zu geraten und am Ende dumm dazustehen, vielleicht sogar als Verlierer der Diskussion, um Gottes Willen. Der professionelle pädagogische Rat des Profis lautet daher also, sich ersatzweise persönlich auf den Gegner einzuschießen, der schließlich ohnehin nur Stammtischparolen drischt. Und so resümiert an dieser Stelle die Moderatorin: *„Jetzt fühle ich mich auf jeden Fall schon einmal ein kleines bisschen besser gewappnet“*. Woraus sich also schließen lässt: Man muss sich offenbar – von vorn herein, sicherheitshalber – *wappnen*, statt unvoreingenommen und offen in eine Diskussion zu gehen: Der Gegner ist – demnach – ein Feind, den es zu besiegen gilt, weshalb es sich anbietet, im Angesicht bedrohlicher Diskussion – von vorn herein – eine Verteidigungshaltung einzunehmen. Und das, wohlgemerkt, siehe oben, auf einem deklarierten *Bildungs*(!)kanal, nicht nur unter dem Titel *„Respekt!“*, sondern dazu auch noch *„demokratische Grundwerte für alle“*. Es geht kaum fragwürdiger. Und zwar grundsätzlich, abgesehen von der Klimarettung.

Die Moderatorin zeigte sich in dieser Fragwürdigkeit allerdings durchaus noch steigerungsfähig: *„Aber es bleibt ja eine ganz große Frage: Wer sind eigentlich diese Menschen, die solche Sprüche klopfen?“*. Aber natürlich: was ist die passende Schublade für solche Typen, die – ganz im Gegensatz zu den pädagogisch scharfgemachten Verfechtern der gängigen Klimatheorie – nur Sprüche klopfen: Ein nützliches zusätzliches Mittel, um von vorn herein jede Offenheit zu unterbinden, sowohl für etwaige Gegenargumente als auch für Gesprächspartner (die ohnehin nun einmal keine Partner sind, sondern nur Sprüche klopfende Gegner und Feinde, siehe oben). Und um die passende Schublade für all diese schrägen Typen zu finden, fragt die Moderatorin rein rhetorisch: *„Warum machen die das? Was versprechen die sich davon? Und* *was haben die davon?*". Auch das: Fragen, die man ebenso auch umgekehrt stellen könnte; außer den Verfechtern vielleicht sogar auch den Redakteuren, die diese Folge dieser Sendereihe abgesegnet haben. Danach befragt wurde dann eine „Beraterin für interkulturelle Kommunikation", die die gewollte Auskunft zu diesen ganzen Stammtischparolen gab: „*Die sind halt allgemein bekannt und die hinterfragt man auch nicht. Die werden halt nur einfach so übernommen. Es wird halt so gesagt, zuhause, im Fernsehen, in der Schule, und dann kann man das einfach unreflektiert, ohne zu hinterfragen, einfach übernehmen*". Apropos: Mit ein wenig Reflexion könnte man feststellen, dass auch das ohne den geringsten Punktabzug exact genau so auf die Anhänger der konventionellen Klimatheorie zutrifft – die übrigens im Gegensatz zu den deklarierten Kritikern, Skeptikern und „Leugnern" offenbar wohl auch die Notwendigkeit sehen, sich in Workshops wappnen zu müssen. Die Beraterin ergänzte noch kompetent: „*Sie* (Anm.: die Stammtischparolen) *bieten einem auch ein bisschen das Gefühl, dass man zusammengehört, wenn man über das gleiche schimpft, zum Beispiel. Dann bietet das auch so ein Gefühl von 'Wir gegen die anderen, wir gehören zusammen'. Dass das auf Kosten von anderen geht, wird nicht beachtet. Oft wird es sogar bewusst eingesetzt, um andere Menschen abzuwerten und zu beleidigen*". Und auch das: Eins-zu-eins umgekehrt, etwa in Form von Bewegungen und Aktivisten, die sich für ihr Gefühl von Gemeinsamkeit und „Wir gegen die anderen" mitunter sogar in Workshops fit machen und scharf machen lassen, auf Kosten anderer, jenseits nicht nur sämtlicher Argumentation, sondern auch jeglichem „*Respekt!*" und entgegen „*demokratischen Grundwerten*". Es ist eine Frechheit.

Ich weise an dieser Stelle wiederholt darauf hin, dass es (mir) hier bei diesem Thema nur nebenbei um dieses Thema geht, sondern auf den grundsätzlichen Umgang miteinander (vor allem: *gegen*einander) und die gesellschaftlichen Entwicklungen und Folgen: Das Ganze ist problemlos analog übertragbar auf nahezu jedes andere zeitgeistige Thema. Ich sage gern: Es war wohl noch nie so einfach wie heute, Menschen aufeinander zu hetzen. Mit kleinem Verweis auf den Titel dieses Buches „*Es wird noch früh genug zu spät*" und der dezenten Erinnerung daran, dass es hierin um rein gesellschaftskritische

Beobachtungen geht: Es könnte sein, dass wir auf dem langen, steinigen Weg zur endgültigen Weltrettung noch ganz andere Probleme von ganz anderer Tragweite haben, die unserer Gesellschaft den Garaus machen, dummerweise kurz bevor wir alles und jeden vor allem Möglichen gerettet haben.

RASSISMUS MIT ZWANGHAFTER WILLKÜR

„Aktivismus hat sich zu einem Bewegungs-Sport entwickelt. in dem man Betroffene retten will, die gar nichts davon wissen, dass sie betroffen sind, und wovon überhaupt“
(Cerny)

Wirklich: alles! Es wird in diesem Zeitgeist von dieser „*Generation Z*“ nun endlich wirklich alles aufgerollt, was in den letzten zwei Millionen Jahren Menschheitsgeschichte schief gelaufen ist und falsch gemacht wurde. Bis hin zu meiner Generation, die sich gefälligst schämen sollte, gegen die zahllosen Missstände, Probleme und Krisen nicht schon längst etwas unternommen zu haben. Eines davon ist der *Rassismus*; (natürlich) mit allem, was sonst noch dazu gehört, etwa dem *Kolonialismus* und der *kulturellen Aneignung*! Es gibt alle Hände voll zu tun in diesem Zeitgeist, für diese Generation.
Denn schließlich: Auch Rassismus gibt es wohl schon etwas länger und seit ein paar zehntausend Jahren kreuz und quer durch sämtliche Kulturen auf dem gesamten Planeten in verschiedensten Ausprägungen. Der Mensch ist als solcher offenbar schon seit jeher ziemlich einfallsreich darin, Mitmenschen wegen was auch immer auszustoßen und notfalls niederzumetzeln, um sich selbst dabei besser zu fühlen. Umso wichtiger, dass das in diesem Zeitgeist von dieser „*Generation Z*“ endlich mit ihrer regenbogenbunten Offenheit und Toleranz endgültig und ein für allemal beendet wird! Und wehe dem, der an diesem überdrehten Aktivismus etwas zu kritisieren findet.
Gegenüber meiner Generation lässt sich jedenfalls feststellen: Was damals, in den 1980er Jahren, noch „Ausländerfeindlichkeit“ oder zwischendurch auch „Fremdenfeindlichkeit“ genannt wurde, gibt es so nicht mehr. Das ist jetzt alles Rassismus. Wahrscheinlich vor allem aus Gründen der Praktikabilität, weil sich schließlich Rassismus auch gegen Menschen richtet, die tatsächlich Deutsche sind, und weder Ausländer noch Fremde, jedoch etwas haben, was man inzwischen als „*Migrationshintergrund*“ bezeichnet, den es wiederum

bei uns damals noch nicht gab; jedenfalls nicht als Begriff. Es wird doch immer komplizierter. Zumindest für „die Alten“ unter uns.
In jüngerer Vergangenheit wurde das erstmals umfangreicher problematisiert, als die deutsche Fußballnationalmannschaft bei der Weltmeisterschaft 2018 in Russland als amtierender Weltmeister sang- und klanglos und erheblich peinlich bereits in der Vorrunde ausschied. In besonders leistungsschwacher Weise fiel damals der Mittelfeldspieler Mesut Özil auf, der als gebürtiger Gelsenkirchener nun einmal zweifellos Deutscher ist, allerdings über einen sog. „Migrationshintergrund“ verfügt. So erklärte Özil, die Kritik an seiner schwachen fußballerischen Leistung sei in Wirklichkeit rassistisch motiviert. Das empfanden viele als relativ überraschend, wo Özil doch zuvor zehn Jahre lang als Nationalspieler offenbar rassistisch unbehelligt blieb, und fragte sich, ob das, falls er recht hätte, überhaupt in die Kategorie „Rassismus“ fallen würde, oder ob das nicht irgendetwas anderes wäre(?). Womöglich etwas, für das man prompt wieder einen ganz neuen Begriff hätte einführen können.
In jedem Fall hat das mediale Tammtamm dafür gesorgt, dass fortan sehr viel leichter und deutlich öfter von und über Rassismus gesprochen wurde. Und prompt haben Forscher am *Berliner Institut für empirische Integrations- und Migrationsforschung* (BIM) in einer „Pilotstudie“[60] entdeckt, was vorher nie jemanden kümmerte: Weder in der ersten noch in der zweiten Fußball-Bundesliga gibt es einen schwarzen Torhüter! Ist das zu fassen. Man könnte fast sagen: Gut, dass das endlich erforscht wurde und zu einem Problem gemacht werden kann! Wenn man nur wüsste, was man denn nun eigentlich daraus schließen soll. Doch auch das haben die Forscher quasi als Service mit dazu erklärt: Man erkennt darin ein gewisses Muster von „*Racist Stacking*“, womit „rassistische Zuschreibungen speziell im Mannschaftssport“ gemeint sind, woraus eine „Überrepräsentation weißer Sportler“ resultiert. Na, dann. Man hat dabei offensichtlich allerdings glatt vergessen, dass im Profifußball auch nirgends ein Torhüter anderer, beispielsweise asiatischer Abstammung zu finden ist. Oder man kümmert sich irgendwann später darum.

60 'Mediendienst Integration' 08.07.2021 „Rassismus in der Bundesliga? Keine schwarzen Torhüter“

In diesem Zeitgeist ist jedenfalls wohl unabdingbar, einem Phänomen eine (d)englische Bezeichnung zu verpassen. So spricht man seit ein paar Jahren auch nicht mehr von „farbigen“ Menschen, sondern von „*People of Colour*“ (PoC), was jedoch nicht „farbig“ heißen soll, sondern „nicht-weiß“. Je nach persönlichem Steigerungsgrad scheint das ein beträchtlicher Unterschied zu sein, in dessen Unkenntnis man unversehens in den Verdacht geraten kann, Rassist zu sein. Damit wird es gerade auch für „die Alten“ äußerst rasant brandgefährlich, wenn man in dem Ganzen eine gewisse Willkür entdeckt, die mitunter (wie so vieles in diesem Zeitgeist und dieser Generation) leicht widersprüchlich wirkt. Etwa, wenn man die Bezeichnung „*People of Colour*“ für nichts anderes hält, als eines der zeitgemäß neuen regenbogenbunten Etiketten auf alten Schubladen. Denn schließlich ist auch der Begriff „*People of Colour*“, exact wie das alternative „nicht-weiß“, nun einmal von einer weißen Hautfarbe ausgehend; gegenüber „farbigen“ – ...und macht damit dieselbe Unterscheidung, die man in anderen Formulierungen als rassistisch unterstellt. Das ist kaum anders, wie in anderen aktivistischen Bereichen, wo sich Menschen gezielt als „Community“ abgrenzen, und sich dann darüber beklagen, dass sie von der Mehrheit ausgegrenzt seien und daher folglich diskriminiert würden. Man merkt überhaupt nicht, wie man dieselben Ideen (Ideologien) praktiziert, die man anprangert – und versucht das auch noch mit einer Radikalität umzusetzen und durchzusetzen, die man anderen vorwirft. Dieses Phänomen zieht sich inzwischen wie ein Roter Faden durch unsere Gesellschaft. Und die „*Generation Z*“ hält das für eine Normalität, weil sie es mittlerweile gar nicht anders kennt.

Es gilt also heute – wie mittlerweile in nahezu sämtlichen Bereichen – höchst vorsichtig in seiner Wortwahl und seinen Formulierungen zu sein, und sich nach dem zu richten, was die jeweilige „Community“ (also: Bewegung) als korrekt betrachtet und allen anderen, inklusive der Mehrheit, als „political correct“ vorgibt. Andernfalls hat es mit der sonst so gern proklamierten regenbogenbunten Toleranz und Offenheit schnell ein jähes Ende. Oder wie der Entertainer Harald Schmidt meinte: „*Ich rede einfach ohne Rücksicht auf Verluste. Und das ist ja in diesen Zeiten schon mal ziemlich viel. Weil die*

meisten eben ziemlich abgesichert sprechen. Oder sie hauen einen Satz raus, kriegen dafür eins auf die Mütze, entschuldigen sich und müssen gleich zu 'Ein Herz für Kinder', um Abbitte zu leisten". Alles höchstgefährlich.
Zumal sich die Bewegungsströme mehrfach überschneiden. So ist man als Klimaaktivist nahezu gezwungen, mindestens vegetarisch zu leben, in jedem Fall fleischlos, weil Fleischverzehr nun einmal zwangsläufig mit dem Töten von Tieren verbunden ist, und gleichzeitig damit auch das Klima und den Planeten tötet. Mindestanforderung ist also, außer Klima- auch *Food-Aktivist* zu sein. Und wenn es nach Luisa Neubauer, der „deutschen Greta", geht, dann muss ein Klimaschützer selbstverständlich zusätzlich auch noch gegen Sexismus, Rassismus und Kapitalismus ankämpfen. Mindestens. So meinte Frau Neubauer zum Weltfrauentag 2022 in einem Interview mit '*watson.de*', dem nach eigenen Angaben „führenden News-Portal für junge Erwachsene", wörtlich[61]: „*Die Wurzeln der Klimakrise liegen in Macht-Hierarchien von Männern über Frauen, von weißen Menschen über People of Colour*". Als klassisches Beispiel für klimatische Geschlechterungerechtigkeit erklärte Frau Neubauer, „*dass in sehr vielen Ländern in Subsahara-Afrika Frauen dafür verantwortlich sind, das Wasser zu holen. Aber die Wasserstellen versiegen. Das heißt: Je länger die Frauen zur Wasserstelle laufen müssen, desto weniger können sie sich bilden, sich um ihre Gesundheit und Gemeinschaft kümmern*". Tja. Das klingt erstmal nach dem alten Sprichwort „andere Länder, andere Sitten". Sicher werden wir in diesen „sehr vielen Ländern in Subsahara-Afrika" jedoch nicht in deren Kultur eingreifen wollen und die dortigen Frauen hinweisen, dass sie doch die Männer losschicken sollten. Denn das wäre schließlich ein Fall von *Kolonialismus,* wenn wir als weiße Europäer den schwarzen Afrikanern, also: People bzw. Women of Colour, sagen würden, was sie alles falsch machen und wie sie es richtiger machen sollten. Die Lösung, die Frau Neubauer leider vorenthielt, liegt sicher darin, CO_2 komplett abzuschaffen und vegetarisch zu leben.

---

61 'watson.de' 09.03.2022 „FFF-Aktivistin Luisa Neubauer gibt Tipps: Wie können sich Frauen Gehör verschaffen"

Und apropos mehrfache Überschneidungen: Luisa Neubauer vergaß natürlich nicht, im o.g. Interview[43] auch den Kapitalismus mitverantwortlich für die Geschlechterungerechtigkeit zu sehen: „*Wir haben das auch in Deutschland erlebt. Im Ahrtal wurden so viele Häuser zerstört. Und wer sind diejenigen gewesen, die das gut abfedern konnten? Es waren die Besserverdienenden. Und da sehen wir die klassizistische Dimension der Krise*“. Na, das kann ja mal passieren, das man in seiner ganzen geballten Aufregung *Klassismus* mit *Klassizismus* verwechselt. Während der wohl eigentlich gemeinte Klassismus eine Diskriminierung aufgrund von sozialer Herkunft bezeichnen soll, ist der Klassizismus eine Epoche (zwischen 1770 und 1840) der Kunstgeschichte. Wie auch immer sich das auf eine Geschlechterungerechtigkeit auswirkt (sicher dadurch, dass Frauen ganz generell durchschnittlich in ihren Berufen noch immer geringer bezahlt werden als Männer; also: die – natürlich in ein mittlerweile gewohnt englisches Schlagwort gepackte – „*Gender-Pay-Gap*“, weshalb ein „*Equal Pay*“ gefordert wird). Andererseits wird wohl auch diese kleine Verwechslung von Klassismus und Klassizismus erstens kaum jemand bemerkt haben, und zweitens zeichnet sich dieser Zeitgeist und diese Generation gern dadurch aus, dass man nicht alles so genau nehmen muss. Es geht schließlich nur um die Weltrettung. Auf Details kommt es dabei nicht an. Und abgesehen von dem Kommentar des CDU-Bundestagsabgeordneten Christian Natterer[62] zu dem Interview mit Luisa Neubauer, „*Dieses Mädchen ist die mit Abstand verstrahlteste Person, die ich kenne*“, ermöglicht das einen kleinen Eindruck davon, wie man sich in diesem Zeitgeist zwanghaft Missstände, Probleme und Krisen zusammensucht, in einen schönen großen Topf wirft, und laut posaunent kräftig darin herumrührt.

Auch wenn in diesem Thema natürlich zwangsläufig eines zum anderen führt (manchmal auch eher aktivistisch-gewaltsam geschleift wird), versuchen wir hier jedoch bestmöglich bei dem Oberthema dieses Kapitels zu bleiben. Dass nämlich der Rassismus jetzt endlich von dieser „*Generation Z*“ in aller Härte

---

62 Redaktionsnetzwerk Deutschland RND 16.03.2022 „Ist der Klimawandel sexistisch? Luisa Neubauer bringt Twitter-Nutzer gegen sich auf“

und Konsequenz angeprangert wird, hat gar nichts mit Mesut Özil zu tun. Es ist vielmehr auffällig, dass auch dieses Thema erst richtig in Bewegung kam (pardon, kleines Wortspiel), seit dem mit Greta Thunberg der Klimawandel erfolgreich personifiziert wurde, und Aktivisten in der Manier von Luisa Neubauer (siehe oben) mitsamt dem Klima noch so einiges andere auf ihre Agenda der Weltrettung gesetzt haben.

Sondern das auslösende Momentum war ein Vorkommnis in den USA, wie es bedauerlicherweise dort schon öfter vorgekommen sein soll: Während einer Polizeikontrolle im Mai 2020 in Minneapolis erstickte ein weißer Polizist einen schwarzen, also: nicht-weißen, Verdächtigen, also: eine *Person of Colour*. Das wirklich Besondere daran war vor allem, dass dieser Fall von rassistisch öffentlicher Polizeigewalt von umstehenden Bürgern gefilmt und mehrfach ins Internet gestellt wurde. Darauf folgten zunächst quer durch die USA Protestaktionen gegen Rassismus und Polizeigewalt, unter das Motto *„Black Lives Matter“* gestellt, woraus sich natürlich wieder prompt auch eine aktivistische Bewegung formierte. Der getötete Verdächtige, *George Floyd*, ein Schwerkrimineller, neunfach verurteilt, u.a. wegen Drogendelikten bis zu bewaffnetem Raub, wurde auf diese Weise zum Märtyrer erhoben.

In diesem Zeitgeist zwangsläufig wurde das Ganze spontan auch hier bei uns in Deutschland übernommen: Anfang Juni 2020 fanden in mehreren Städten Großdemonstrationen unter diesem Motto *„Black Lives Matter“* mit bis zu mehreren zehntausend Menschen statt – was jedoch (außer unter Aktivisten natürlich) relativ fragwürdig[63] erscheinen konnte, da zu diesem Zeitpunkt aufgrund der „Corona“-Pandemie bundesweit strenge Versammlungsverbote galten (in Düsseldorf wurde stellenweise sogar ein „Verweilverbot“ erlassen), in erster Linie, um Demonstrationen gegen die damalige „Corona“-Politik zu unterbinden; die Anti-Rassismus-Proteste jedoch wurden trotz aller erklärten potenziellen Lebensgefahr geduldet und bejubelt.

Selbstverständlich wurde auch diese Gelegenheit gleich genutzt, um prompt auch dieses Thema hier bei uns zu problematisieren. Und wie kaum anders zu

---

63 Berliner Zeitung 26.08.2020 „Gute Demo, schlechte Demo“

erwarten, wurden auch bei der deutschen Polizei Fälle von „*Racial Profiling*" aufgedeckt[64] (ein wie inzwischen üblich aus dem Englischen übernommenes und „Hashtag"-taugliches Schlagwort für Kontrollen durch u.a. Polizisten, Sicherheitsdienste, Zollbeamte etc. bei Menschen, die aufgrund rassistischer Stereotype, also: Vorurteile, für verdächtig gehalten werden).

Und dann war da noch... der Kniefall! Der eine oder andere wird vielleicht noch grob in Erinnerung haben, dass einzelne Spitzensportler und komplette Mannschaften (inklusive Schiedsrichtern) vor Spielbeginn gemeinschaftlich andächtig einen Kniefall zelebrierten. Eine symbolische Geste, die als erster der amerikanische Footballer Colin Kaepernick während der Nationalhymne vor einem Footballspiel machte, als Ausdruck seines persönlichen Protestes gegen Rassismus und Polizeigewalt. Das war allerdings bereits im Jahr 2016! Es nahm damals außerhalb der USA nur niemand sonderlich Notiz davon; womöglich, weil sich anderswo kaum jemand wirklich für American Football interessiert. Den Unterschied machen heute wohl offensichtlich die „Sozialen Medien" und der zeitgeistig aktivistische Bewegungsdrang.

Noch im Jahr 2021, als die wegen der „Corona"-Pandemie um ein volles Jahr verschobene Fußball-Europameisterschaft 2020 stattfand, waren die Kniefälle der Mannschaften vor dem Anpfiff einer Partie beliebt mediales Reizthema. Insbesondere, wenn diese Geste doch tatsächlich verweigert wurde, wie vom Großteil der Nationalmannschaft Italiens, was den dortigen Fußballverband natürlich sofortig in rechtfertigende Erklärungsnot brachte: Wer sich nicht hinkniete, musste mit dem Verdacht leben, rassistisches Gedankengut zu hegen. Erst recht natürlich, als es bei der EM um die deutsche Mannschaft ging: Bleiben unsere Spieler stehen? Oder knien sie sich hin? (Anm.: sie knieten) Welch ein Tammtamm unter schärfster aktivistischer Beobachtung. Es hat wohl nicht viel gefehlt, dann wären diese Kniefälle auch auf den Bolzplätzen von den Bambinis praktiziert worden.

---

64 Amnesty International Deutschland 18.10.2021 „Die Polizei hat ein Problem" - 'taz' 21.10.2021 „Verdachtsfälle Rassismus bei der Polizei: Die lange Liste der Einzelfälle" u.v.a.m.

Jedoch: inzwischen? Mittlerweile? Ziemlich genau ein Jahr später im August 2022 schreibe ich diese Zeilen und die Angelegenheit hat sich längst erledigt. Also: nicht der Rassismus. Doch das demütige Knien von Spitzensportlern, das (sozial-)mediale Getöse und der Aktivismus: nichts übrig. „*Black Lives Matter*" erst wieder bei einem nächsten Vorfall, der sich dazu eignet, das Ganze zu reanimieren. So könnte man als gesellschaftskritischer Beobachter den Eindruck gewinnen, es geht in keinem Thema mehr um das eigentliche Thema, das gerade lauthals thematisiert wird – sondern es dient jeweils nur lediglich als Aufhänger und als Vorwand, bis es medial ausgeschlachtet ist, langweilig zu werden droht, und durch einen anderen Aufreger (immer öfter: fließend) abgelöst wird. Ein allerdings durchaus reizvoller Aspekt in dieser Angelegenheit ist ganz ähnlich zu der o.g. „Pilotstudie"[60] über mutmaßlichen Rassismus („*Racist Stacking*") im deutschen Profifußball: So, wie darin angemerkt wurde, dass es weder in der ersten noch in der zweiten Bundesliga einen schwarzen Torhüter gäbe, dagegen solche beispielsweise asiatischer Abstammung doch entweder glatt vergessen wurden oder einfach nicht unter Rassismus fallen, so ähnlich war das auch in dem Aktivismus rund um „*Black Lives Matter*" zu beobachten. Deklariert als regenbogenbunt generelle Anti-Rassismus-Bewegung, die endlich, endlich in diesem Zeitgeist und in dieser „*Generation Z*" dieses Problem so konsequent anprangert wie niemals keine vollversagende Generation zuvor, hat man dabei mindestens den „Hass auf Asiaten" leider übersehen. Oder Menschen asiatischer Abstammung sollen sich bei „*Black Lives Matter*" einfach irgendwie mitgemeint fühlen. Man weiß es nicht genau.

Der Knackpunkt ist hier „*Stop Asian Hate*", gleichfalls eine Bewegung in den USA, die im Jahr 2021 dort mindestens ebenso aktiv war, wie man sonst überall Kniefälle machte. Doch hierzulande: nichts, weder in den klassischen noch in den „sozialen" Medien. Ist das nicht relativ erstaunlich.

Und das, obwohl es, wie im Fall George Floyd, auch für „*Stop Asian Hate*" einen auslösenden Vorfall gab: Im März 2021 wurden im Großraum Atlanta in Manier eines Amoklaufes nacheinander drei Massagesalons von einem Mann überfallen, der dabei sechs asiatische Frauen erschoss. Das war in den

USA fast erwartbar, da Hassverbrechen gegen Asiaten oder Menschen asiatischer Abstammung von 2020 auf 2021 um 339% anstiegen, und allein die Polizei in San Francisco einen Anstieg solcher Fälle um 567% meldete[65]. Tragischer Hintergrund sollen republikanische Politiker gewesen sein, die mit „stigmatisierender Rhetorik" China für die Ausbreitung des „Corona"-Virus verantwortlich machten, nicht zuletzt der damalige US-Präsident Trump, der „Corona" mehrfach als „China-Virus" und „Kung Flu" bezeichnete.

Jedoch, siehe oben: Während im Fall George Floyd hierzulande zehntausende Menschen bundesweit gegen Rassismus demonstrierten, passierte in diesem Fall: gar nichts. Die Aktion „*Stop Asian Hate*" ist in Deutschland erstaunlich unbekannt, von Aktivismus und einer Bewegung ganz zu schweigen. Woran mag das wohl liegen. Es könnte ein wenig nach Willkür aussehen. Mit einem etwas schlimmeren Begriff sogar nach Heuchelei. In jedem Fall ist es – wie so oft und wie so vieles in diesem Zeitgeist und in dieser „*Generation Z*" – leicht widersprüchlich, und in dieser Widersprüchlichkeit oftmals durchaus überdreht und überzogen. Womöglich, weil die *Selbstinszenierung* „Seht alle her, wir retten wieder die Welt" die eigentliche Motivation ist, und das jeweilige Thema nur als Aufhänger dafür dient; oder mit einem schlimmeren Begriff: als Vorwand. Das jedoch wäre natürlich nur eine durch nichts zu beweisende Vermutung (allerdings genauso, wie das Gegenteil).

Immerhin was die „*People of Colour*" anbelangt, womit aus unbekannten Gründen offenkundig vornehmlich Schwarze gemeint sind, haben im Zuge von „*Black Lives Matter*" einige Menschen die überfällige Weltverbesserung entdeckt: So stand der schon länger kritisierte „Sarotti Mohr"[66], die bekannte Figur im Markenzeichen einer Schokoladenfabrik, nun erneut, aber diesmal konsequent endgültig, im Fokus der Anti-Rassismus-Aktivisten – obwohl das Markenzeichen schon im Jahr 2004, also 15 Jahre zuvor, überarbeitet wurde

65 'Stern' 31.03.2021 „Anti-Asiatischer Rassismus nimmt zu: StopAsianHate – Das steckt hinter der Protestbewegung"

66 Frankfurter Allgemeine Zeitung 11.04.2019 „Streit um Sarotti-Mohr: Ich fühle mich diskriminiert" - Berliner Morgenpost 09.04.2019 „Sarotti-Mohr entfacht hitzige Debatte um Rassismus" u.v.a.

und den früheren schwarzen Mohren gar nicht mehr beinhaltet, sondern einen eher goldfarbenen „Magier“ darstellen soll. Doch, siehe oben: Auf solche Details kann im Aktivismus nun einmal keine Rücksicht genommen werden, selbst wenn man damit haarscharf daneben liegt. Das ist ähnlich wie bei der Klimarettung: *„Warum lernen..?“*.

Der Gesamtprotest richtete sich allerdings insgesamt gegen die Verwendung von Mohren aller Art, in welcher Form warum und wo auch immer. Es ging eben ums Prinzip. So startete im Sommer 2018 die Augsburger Jugend von '*Amnesty*' eine Petition mit der Forderung, das Traditionshotel „Drei Mohren“ in der dortigen Innenstadt müsse umbenannt werden. Mit Erfolg. Das Hotel heißt inzwischen „Maximilian's Hotel“. Wahrscheinlich jedoch nur gerade so lange, bis feministische Aktivisten erkannt haben, dass Maximilian eindeutig ein ausschließlich männlicher Name ist, was wiederum eindeutig sexistisch ist und angeprangert gehört. Jedenfalls ist jetzt natürlich, mit dem neuen Namen des Hotels in Augsburg, die Welt für uns alle spürbar ein Stück besser geworden. Dank dieser Generation in diesem Zeitgeist.

Leider nicht so in Friedberg. Wie über einhundert Apotheken in Deutschland führt eine davon im hessischen Friedberg den Begriff „Mohr“ im Namen: die dortige „Hof-Apotheke zum Mohren“, gegründet im Jahr *1621*! Im Zuge von *„Black Lives Matter“* formierte sich jedoch natürlich gleich Protest, bis hin zur einer Demonstration von 150 Aktivisten einer Initiative *„United Colours Of Change“* direkt vor der Apotheke. Die Inhaberin verweigerte sich jedoch tatsächlich jeder Einsicht und argumentierte geschichtlich-etymologisch mit der Herkunft und der ursprünglichen Bedeutung des Begriffes: Der „Mohr“ leite sich von den „Mauren“ ab, einer nordafrikanischen Volksgruppe, die schon vor 800 Jahren führend in der Apothekerkunst gewesen seien, so die Inhaberin[67]. Der Name ihrer Apotheke sei daher vielmehr als *„Verbeugung vor der Fortschrittlichkeit und Innovationskraft der Mauren“* zu verstehen. So, wie sich das demütige Knien von Spitzensportlern mittlerweile erledigt

67 Frankfurter Allgemeine Zeitung 23.08.2020 „Nach Kritik an Apotheken-Name: Verbeugung vor der Fortschrittlichkeit der Mauren“

hat, ist auch der Protest in Friedberg inzwischen eingeschlafen. Die Apotheke heißt noch immer und weiterhin so, wie sie seit 400 Jahren heißt, und was 399 Jahre lang offenbar niemanden übermäßig störte.
Fast in Realsatire verlief die Aktion der *Berliner Verkehrsbetriebe* (BVG), die Haltestelle „Mohrenstraße" aufgrund der mutmaßlichen Diskriminierung umzubenennen. Eine Aktion, die man fast populistisch nennen könnte, und von Berliner Politikern auf gleiche Weise beklatscht wurde als *„großartiges Zeichen der BVG gegen Rassismus, Hass und Hetze*"[68]. Zunächst. Denn nur drei Tage später ruderten dieselben Politiker kräftigst zurück, weil der neue Name der Haltestelle „Glinkastraße" lauten sollte: eine Nebenstraße, die nach dem russischen Komponisten Michail Iwanowitsch Glinka benannt ist. Der jedoch galt zu Lebzeiten nicht nur als polenfeindlich, sondern auch noch als antisemitisch. Und so verständigte man sich letztlich darauf, dass der Berliner Senat kurzerhand die Mohrenstraße umbenennt, sodass auch die BVG ihrer Haltestelle problemlos einen anderen Namen geben kann. (Mittlerweile heißt die frühere Mohrenstraße übrigens Anton-Wilhelm-Amo-Straße, nach dem ersten schwarzen deutschen Philosophen und Rechtsgelehrten) So dürfte es nun wohl dadurch in Berlin keinerlei Rassismus, Diskriminierung, Hass und Hetze mehr geben. Ein Jahrtausende währender Missstand in der Geschichte der Menschheit endlich erledigt, in diesem Zeitgeist, von dieser Generation.
Dieser zeitgeistige Aktivismus war zu diesem Zeitpunkt jedoch auch darauf längst nicht beschränkt, sondern man witterte einen sog. *„Alltagsrassismus*" ganz generell und potenziell auch überall dort, wo etwas „schwarz" ist. Und prompt strichen die Verkehrsgesellschaften in Hamburg, Berlin und München schon einmal vorsorglich den Begriff „Schwarzfahren"[69]. Laut *Münchener Verkehrsgesellschaft* (MVG) schlicht eine „Maßnahme für eine zeitgemäße Kommunikation". Zustimmung dafür kam durchaus erwartungsgemäß von der *Initiative Schwarzer Menschen in Deutschland* (ISD), denn der Begriff

68 Frankfurter Allgemeine Zeitung 09.07.2020: „Berlins Senat stoppt Umbennung der Mohrenstraße"

69 'Die Zeit' 08.07.2021 „Verkehrsgesellschaften verzichten auf Begriff 'Schwarzfahren'"

„Schwarzfahren" hätte *„für schwarze Menschen einen negativen Anklang. Er wird damit assoziiert, dass Schwarzes für etwas Negatives steht*". Und *„Auch wenn Schwarzfahren überhaupt nicht rassistisch angelegt war, ist trotzdem die Wirkung bei Betroffenen, dass schwarz für etwas Negatives steht, für Kriminalität etwa oder Illegalität*". Also: „Trotzdem!". Allerdings streitet man sich wohl unter Gelehrten, ob der Wortstamm „schwarz" nun von dem Jiddischen „shvarts" abgeleitet ist, was soviel wie „arm" bedeutet, damit also ein „Schwarzfahrer" deshalb schwarzfährt, weil er das Geld für einen Fahrschein nicht hat. Oder ob das, wie etwa auch der „Schwarzmarkt" oder die „Schwarzarbeit", eher aus der Gaunersprache stammt, womit der Schutz der Dunkelheit gemeint war, also: nicht gesehen und nicht erwischt zu werden. Wie auch immer: Das, was jedenfalls ganz sicher nie gemeint war: *Schwarze*. Und auch nicht *„People of Colour*". Doch wie man sieht: Mit etwas Mutwilligkeit kann man das in diesem Zeitgeist problemlos übers Knie brechen. Man muss es nur wollen. Es wird sich allerdings noch zeigen müssen, wie man das zukünftig mit dem Schwarzwald und dem Schwarzbrot regeln möchte. Und ob man nicht gleich die deutsche Sprache überarbeiten und von Redewendungen befreien sollte, wo doch „Schwarzmalerei" und „schwarz sehen" ganz eindeutig Pessimismus ausdrücken, was zwar *„nicht rassistisch angelegt"* ist, aber *„trotzdem die Wirkung bei Betroffenen"* haben kann, *„dass schwarz für etwas Negatives steht"*. Obwohl es andererseits zwar absolut positiv gemeint ist, wenn jemand „ins Schwarze getroffen" hat, doch auch das könnte natürlich problemlos militant-rassistisch verstanden werden. Es wird Zeit, dass auch das endlich problematisiert wird. Parallel könnte man in Erwägung ziehen, auch Protestaktionen vor der Botschaft von Montenegro zu organisieren. Es gibt noch viel zu tun für den Aktivismus.

Apropos Haltestellen: In München ist im Oktober 2020 einer Studentin, die in den Medien[70] nicht namentlich genannt wurde, aufgefallen, dass eine der U-Bahn-Haltestellen „Kolumbusplatz" heißt; ganz so, wie der oberirdische

70 Abendzeitung München 28.05.2021 „Online-Petition: Soll der Kolumbusplatz umbenannt werden?"

Platz mit identischem Namen, und dazu auch noch mit einer anliegenden Kolumbusstraße. Auch hier können wir – gerade auch: „die Alten" – froh und glücklich sein, wie aufmerksam diese heutige „*Generation Z*" ihr Umfeld wahrnimmt. Denn wenn wir bislang seit dem Geschichtsunterricht in der Schule und auch ansonsten der Ansicht waren, Christoph Kolumbus sei ein Seefahrer gewesen, der einen neuen Kontinent entdeckt hätte... völlig falsch! Anders formuliert: das ist vielleicht nicht völlig falsch, aber auch nicht die Wahrheit. Die absolute und endgültige Wahrheit nämlich kennt, wie wir inzwischen wissen, jetzt in diesem Zeitgeist diese heutige „*Generation Z*". So durften wir nun lernen: „*Schließlich wurde Amerika nicht entdeckt, sondern erobert*". Das nämlich meinte Florian Roth, Vorsitzender der Grünen im Münchener Stadtrat. Und er meinte das als zustimmende Erklärung zu der Online-Petition, die die aufmerksame Studentin mit ihrer Schwester und fünf anderen Personen als *Initiative Cambio* startete: Die Forderung nach einer Umbenennung von Kolumbusplatz und Kolumbusstraße mit der zugehörigen U-Bahn-Station, „*denn durch die bestehende Benennung wird Geschichte verherrlicht und idealisiert*". Kolumbus habe schließlich die Kolonialisierung und erzwungene Christianisierung mit „*Leid, Hass und Schmerz über ganz Amerika*" zu verantworten. Diese Petition hatte am Ende insgesamt 1570 Befürworter, davon 920(!) aus München; bei rund 1,5 Millionen Einwohnern reichte das nicht ganz, dass sich der Stadtrat damit noch weiter hätte befassen müssen. Bei einer Online-Umfrage der *Abendzeitung München*[70] stimmten von 2279 Teilnehmern 92,4% gegen eine Umbenennung von Kolumbusplatz und Kolumbusstraße. Man könnte fast meinen, das Trara und Tammtamm, das von Aktivisten und Medien um vermeintliche Missstände gemacht wird, spiegelt nicht einmal ansatzweise die Ansichten der breiten Bevölkerung wider. Es scheint, als hieße es eher: Man kann es auch übertreiben.

Andererseits befasst sich beispielsweise in München eine ganze Kommission aus Stadträten, Rathausmitarbeitern und Historikern mit potenziell ähnlichen Fällen und arbeitet eine Liste mit mehreren hundert Straßennamen ab, die entweder umbenannt oder zumindest mit einer pädagogisch-aufklärenden Hinweistafel versehen werden könnten. Doch wie es heißt: „*Je weiter man in*

die Vergangenheit blickt, desto schwieriger wird es, vollkommen unbelastete Persönlichkeiten zu finden"; was womöglich an den Kriterien und Maßstäben liegen könnte, die heute, in diesem Zeitgeist von dieser Generation dafür angelegt werden, wer warum mit was „belastet" ist, oder (noch) nicht.
Jedenfalls haben wir, „die Alten", nun dazulernen können, dass Christoph Kolumbus keineswegs der große Entdecker der „Neuen Welt" war, sondern ein eiskalter Rassist und Unterdrücker. Gut, dass hier von Deutschland aus die Weltgeschichte von Idealisierung und Verherrlichung befreit und völlig neu geschrieben wird, in diesem Zeitgeist, von dieser „*Generation Z*". Man sollte sich vielleicht demonstrativ aufteilen, nicht nur vor der Botschaft von Montenegro (siehe oben), sondern auch vor der von Kolumbien, das offenbar keinerlei Skrupel hat, sich immer noch und weiterhin nach dem Rassisten Kolumbus zu benennen; nicht einmal die aufgezwungene Christianisierung stellt man dort infrage. Einfach unglaublich.
Sicherlich wird man gleich anschließend auch Amerigo Vespucci nicht mehr als großen Entdecker idealisieren und verherrlichen wollen, der schließlich weite Teile Südamerikas erforschte (eigentlich doch wohl eher: *eroberte*!), weshalb der deutsche Kartograph Martin Waldseemüller im Jahr 1507 den Doppelkontinent verherrlichend nach ihm benannte. Dem entsprechend wird man in dieser Generation und in diesem Zeitgeist wohl nicht ruhen, notfalls Petitionen starten, bis Nord-, Mittel- und Südamerika umbenannt sind, die dortigen Vereinigten Staaten natürlich inklusive. Siehe oben: Es gibt viel zu tun. Damit wir alle endlich in einer besseren Welt leben können.
Das Stichwort/Schlagwort/Reizwort *Kolonialisierung* wird also inzwischen tatsächlich im direkten unmittelbaren Zusammenhang mit dem Reizthema *Rassismus* betrachtet (das war, siehe oben, in meiner Jugend noch einfacher, weil wir statt Rassismus eine „Ausländerfeindlichkeit" hatten, die so noch nicht direkt unmittelbar auf eine Kolonialisierung zurückgeführt wurde). Und damit auch „die Alten" auch hierbei gerade noch den Überblick behalten, erklärte schließlich Luisa Neubauer noch die zusätzlichen Zusammenhänge u.a. mit dem Sexismus und dem Klimawandel: „*Die Wurzeln der Klimakrise liegen in Macht-Hierarchien von Männern über Frauen, von weißen*

Menschen über People of Colour", siehe oben. Als ob Rassismus nicht schon schlimm genug wäre, heizt sich dadurch nun auch noch gesamte Planet auf. Dabei muss man dieser Erkenntnis der „*Generation Z*" natürlich absolut zugestehen, dass ohne den imperialistischen Einfluss der Mitteleuropäer vor 500 Jahren auf dem halben Globus, in Nord-, Mittel- und Südamerika sowie mindestens in Afrika, wahrscheinlich heute noch Naturvölker leben würden, die keinerlei CO_2 produzieren, bis auf die ausgestoßene Atemluft natürlich. Auch dieser Teil der aktivistischen Logik ist selbstredend unbestreitbar. Und das übrigens auch mit der dazugehörigen Mitschuld, die wir Europäer heute (offenbar im Speziellen wir hier in Deutschland) daran haben, dass Menschen in ärmeren Ländern den Folgen des Klimawandels, den wir verursacht haben, völlig schutzlos ausgeliefert sind. Deshalb dürf(t)en wir diesen Betroffenen aber natürlich nicht direkt und unmittelbar helfen, denn das wäre quasi ein moderner Kolonialismus, sondern wir helfen indirekt, indem wir hier bei uns CO_2 „bepreisen" und alle zu Vegetariern werden.

Mit solch aktivistischer Logik erklärte mir ein klimaschutz-affiner Journalist mit Verweis auf den steigenden Meeresspiegel, dass wir hier in Deutschland mitverantwortlich dafür sind, dass „*den Menschen in Bangladesh das Land unter ihren Füßen absäuft*". Natürlich klingt das dramatisch. Ich antwortete ihm, dass gerade Bangladesh ein vortreffliches Beispiel ist, weil dort alle vier Minuten ein Kind verhungert. Ich kann mich natürlich irren, doch ich denke, die Kinder dort, mitsamt ihren Geschwistern und Eltern, haben völlig andere Probleme, als das globale Klima im Jahr 2050. Die akute Bedrohung dürfte (nicht nur) in Bangladesh eine etwas andere sein, als dass der Meeresspiegel nach aktuellem Stand der Forschung[71] um ganze drei Millimeter(!) pro Jahr ansteigt; was übrigens überhaupt nur durch Satellitenmessungen erkennbar gemacht werden kann und ansonsten keinem Menschen auffallen würde.

Was zudem (wie so oft) in einem recht reizvollen Widerspruch dazu steht, dass beispielsweise der Inselstaat Singapur „*direkt vom Klimawandel und*

71 Deutsches Klima-Konsortium (DKK): Konsortium Deutsche Meeresforschung (KDM) „Zukunft der Meeresspiegel – Fakten und Hintergründe aus der Forschung" Dezember 2019

dem steigenden Meeresspiegel betroffen“ ist, wie es heißt, sodass der dortige Ministerpräsident Lee Hsien Loong in einer „kämpferischen Rede“ zu seinem Volk hinwies „*Es geht um Leben und Tod*“, man müsse das Land gegen den Klimawandel verteidigen, wie es eine Armee tun würde – während Singapur gleichzeitig über den zweitgrößten Hafen der Welt verfügt, mit einer Quai-Länge von über 15 Kilometern(!), mit 52 Liegeplätzen für Containerschiffe, wo zudem weltweit das meiste Erdöl umgeschlagen wird, und dort einen der bedeutendsten Raffinerie-Standorte Asiens hat. Wie es heißt: „*Singapur heizt den Klimawandel selbst an*“[72] und will jetzt enorme Deichbau-Programme für runde 100 Milliarden Dollar starten, weil es schließlich um nichts Geringeres als die Landesverteidigung, um Leben und Tod geht. Doch das nur nebenbei. Diese ganze Problematik hat ihren Ursprung (siehe oben[40]) selbstverständlich im mittelalterlichen Europa mit dem Beginn der Kolonialisierung durch den Rassisten und Eroberer Christoph Kolumbus: schließlich würden in Singapur natürlich andernfalls heute weder Containerschiffe abgefertigt werden, noch müsste man sich dort gegen den Klimawandel verteidigen. Klare Sache.
Eine relativ interessante Frage jedenfalls ist, wie wir diese aktivistische Logik hinsichtlich der eklatanten Folgen des Kolonialismus nun beispielsweise auf die sog. „Entwicklungshilfe“ anwenden: Seit dem Jahr 2004 stiegen etwa die Zahlungen Deutschlands[73] für Entwicklungshilfe von rund 6 Milliarden Euro auf fast 25 Milliarden Euro im Jahr 2020. Wenn man berücksichtigt, dass es nun einmal „wir“ sind, die „reichen Industrieländer“, nicht zuletzt in Europa, die offenkundig den Maßstab und die Kriterien dafür setzen, ob und wann ein Land „entwickelt“ ist oder (noch) nicht, und „unsere Hilfe benötigt“, um sich irgendwo dorthin zu entwickeln, wo wir schon sind (oder: uns wähnen): Ist das nicht vielmehr ein unerhörter Fall von modernem Kolonialismus und stellen wir unsere Zahlungen und sonstigen Hilfen für Länder in der „Dritten Welt“ nun ein, um uns dort nicht einzumischen?

72 'Energiezukunft.de' 27.08.2019 „Singapur kämpft gegen die Klimakrise – und sich selbst“

73 'statista.de' November 2021: „Deutsche Netto-Zahlungen für Entwicklungshilfe im Rahmen der öffentlichen Entwicklungszusammenarbeit (ODA) von 2004 bis 2020“

Darunter fällt dann eigentlich auch die Klimapolitik: Seit dem Jahr 1992 gibt es mit dem Abschluss der *„Klimarahmenkonvention"* (UNFCCC) in Rio eine weltweite Vereinbarung, dass Industrieländer Zahlungen an ärmere Staaten leisten, einerseits, damit sie sich moderne emissionsarme Technologien leisten können (die „wir" ihnen verkaufen), andererseits als Entschädigung für Folgen des Klimawandels, wie etwa Schäden durch Überschwemmungen, Missernten, etc. Das Ganze ist seit dem Weltklimagipfel 2013 in Warschau fest etabliert, und als sog. *„Loss and Damage"*-Vereinbarung in das Pariser Klimaabkommen aufgenommen. Dabei wurde schon einmal festgelegt, dass ab dem Jahr 2020 rund 100 Milliarden Dollar pro Jahr bereitgestellt werden sollen, um „Klimaprojekte" in Entwicklungsländern umzusetzen, größtenteils verwaltet vom eigens dafür eingerichteten sog. '*Green Climate Fund*' (GCF). Ist nicht auch das eine Form von Kolonialismus? So, wie im Jahr 2015 die damalige Bundeskanzlerin Merkel angesichts der damaligen Flüchtlingskrise (die heute mittlerweile politisch-korrekt-korrigiert wohl Geflüchteten- oder Flüchtendenkrise heißen würde) meinte: *„Wir müssen die Fluchtursachen bekämpfen"*, und dazu wörtlich erklärte[74]: *„Die Ursachen für die Zahl der Flüchtlinge liegen weitgehend außerhalb des eigenen Landes. Um diese Ursachen zu bekämpfen, muss die Situation in den Flüchtlingslagern in der Region um die Herkunftsländer verbessert werden"*. Mit anderen Worten: Wir können nur verhindern, dass Millionen von Menschen aus ihrer Armut zu uns flüchten, indem wir mit unserem ganzen Reichtum präventiv vor Ort eingreifen. Noch anders gesagt: was als (Entwicklungs-) Hilfe deklariert ist, ist tatsächlich vor allem: reiner Selbstschutz.

In jedem Fall lässt sich das recht problemlos auch als moderne Form des Kolonialismus betrachten, wenn man das möchte. Allerdings ist, wie wir wissen, eher das Gegenteil der Fall. Wenn beispielsweise in ärmeren Ländern eine Entwicklungshilfe in Form von Bildungsprojekten stattfindet (ganz nach dem Klischée, wie enorm wichtig Bildung für alles mögliche ist, ohne dabei geklärt zu haben, *welche* Bildung eigentlich gemeint ist), folgt das der Idee,

---

74 'bundesregierung.de' 08.10.2015 „Merkel: Fluchtursachen bekämpfen"

durch „mehr Bildung“ würden sich die von Armut betroffenen Länder hin zu mehr Wohlstand entwickeln. Was letztlich bedeuten würde: Weitere Länder, die Ressourcen verbrauchen und die Umwelt zerstören, dafür, dass sich die Menschen dann auch dort eine Spielkonsole, einen Ultra-HD-Fernseher und einen Zweitwagen leisten können – also alles das, was wir unter „Wohlstand“ verstehen. Oder wie ist das gedacht?

Als perfektes Beispiel dient Kuala-Lumpur, die Hauptstadt von Malaysia, die sich vor ein paar Jahrzehnten dem Credo hingab, eine moderne Metropole werden zu wollen – mitten in einem Entwicklungsland. Dafür holzte man etliche Quadratkilometer Regenwald ab und betonierte alles zu, wie man das „im reichen Westen“ kennt, mit nun zwölfspurigen Autobahnen stadtein- und auswärts, auf denen so viel Stau herrscht, dass man dort beschlossen hat, nur noch Fahrzeuge mit mindestens zwei Personen in die Stadt fahren zu lassen. Dafür bieten sich inzwischen Kinder vor der Stadtgrenze als „Mitfahrer“ an, gegen Entgelt, versteht sich. Die nun Berufstätigen in den nun vorhandenen üblich-westlichen Jobs hetzen auch dort nun pausenlos von A nach B und wieder zurück, mit den üblich-westlichen Alltagsproblemen, wo vorher noch Menschen am Rande des Regenwaldes in Ruhe ihr Leben lebten – allerdings natürlich „nicht so wohlhabend“. Ist das so gedacht?

Das, was es in jedem Fall ist (siehe oben): Ein moderner Kolonialismus in *ökonomischer* Form, bei dem die Maßstäbe und Kriterien u.a. dafür, was „Wohlstand“ und „Reichtum“ sind, von denen gesetzt werden, die ihre Idee davon erfolgreich exportiert haben. So sind mehrere Industriestaaten, sogar insbesondere China (das offiziell noch immer als „Entwicklungsland“ geführt wird) fleißig dabei, sich vor allem in Südamerika und Afrika Exklusivrechte auf dortige Ressourcenausbeutung und Technologieexport zu erkaufen, mit Zahlungen, auf denen das Etikett „Entwicklungshilfe“ prangt. Angeprangert wird das jedoch nirgends, von keinem Aktivisten und keiner Bewegung, und niemand scheint das verhindern zu wollen. Angeprangert wird ausschließlich und irgendwie rückwirkend ein Kolonialismus des Mittelalters mit seinen etwaigen tatsächlichen oder vermeintlichen Folgen. So gesehen müssten die Aktivisten von heute sich nicht wundern, wenn sie in zehn/zwanzig Jahren,

dann selbst zu „den Alten“ gehörend, von ihren Kindern gefragt werden, warum sie das denn nicht verhindert haben. Doch auch das gehört zu der aktivistischen Logik, wie wir sie bis hierhin schön öfter hatten.
Ein ganz erstaunliches Kunststück in diesem Anti-Rassismus-Aktivismus ist dabei auch die sog. „*kulturelle Aneignung*“. Denn auch darauf muss man erst einmal kommen. Oder eindeutig positiv formuliert: Es ist faszinierend, wozu der menschliche Intellekt so alles in der Lage ist. Beispielhaft vorweg geht es dabei um solche Fragen wie: „Ein Mensch weißer Hautfarbe, der als Frisur Dreadlocks trägt... verschleiert er dadurch nur seine Privilegien, die er in der Gesellschaft als Weißer gegenüber Schwarzen hat?“. Tja.
Der zeitgeistige Begriff der „*kulturellen Aneignung*“ (natürlich sehr beliebt auch als englischer Zungenbrecher „*Cultural Appropriation*“) geht zurück auf das Buch „*Everything but the Burden*“ („Alles außer der Bürde“) des US-amerikanischen Kulturtheoretikers Greg Tate aus dem Jahr 2003. Es handelt sich dabei um eine Aufsatzsammlung über schwarze Pop-Kultur, mit dem Untertitel „*What White People Are Taking From Black Culture*“; also was erlauben sich Weiße aus der Kultur der Schwarzen zu übernehmen, zum Beispiel in Musik, Tanz und Mode, ganz ohne zu fragen (wen auch?). Die Antwort ist: alles! ...außer der Bürde und der Last, die damit verbunden ist, schwarz zu sein. Schrieb der Kulturtheoretiker. Und wie beispielsweise in einem Artikel des *Deutschlandfunk*[75] ebenso theoretisch bestätigt wurde: „*Weiße - oder allgemeiner: Angehörige der sogenannten Dominanzkultur - haben sich kulturelle Ausdrucksformen angeeignet und davon profitiert. Allerdings mussten sie dabei nicht die Geschichte von Sklaverei und sogenannter Rassentrennung durchleben*“.
Man lernt doch wirklich nie aus. Erst recht natürlich wieder „die Alten“, die in diesem Zeitgeist von dieser „*Generation Z*“ solche (etliche) gedanklichen Konstruktionen und Wortschöpfungen dazulernen dürfen, auf die tatsächlich bislang noch niemand gekommen ist. Das ist doch immer wieder enorm beeindruckend. Zumal zudem noch zusätzlich..: „*Dominanzkultur*“! Darüber

75 'deutschlandfunk.de' 15.10.2017 „Popkultur-Debatte: Was ist kulturelle Aneignung?“

wiederum darf man lernen[75]: *„Mit Angehörigen der Dominanzkultur sind also all jene gemeint, die aufgrund der ethnischen Zuschreibung 'weiß' von gesellschaftlichen Verhältnissen profitieren. Weiße müssen nicht damit rechnen, wegen ihrer Hautfarbe auf dem Arbeitsmarkt benachteiligt zu werden [...] und sie müssen nicht mit ungleich höherer Wahrscheinlichkeit damit rechnen, Polizeigewalt ausgesetzt zu sein*".

Das heißt im Klartext: Weil ich als Weißer auf die Welt kam (oder um ganz genau zu sein, siehe oben: als Mensch mit der ethnischen Zuschreibung „weiß"), profitiere ich automatisch von den gesellschaftlichen Verhältnissen, in die ich hineingeboren wurde – vor allem: gegenüber Schwarzen. Sieh an. Damit trage ich quasi Mitschuld allein schon a) durch meine Geburt, und b) aufgrund meiner Hautfarbe. Holladiewaldfee. Wenn genau *das*(!) nicht mal eine eindrucksvoll rassistische Unterstellung ist.

(Dabei ist *„Dominanzkultur*" oder auch *„Dominanzgesellschaft*" wirklich ganz einfach plastisch erklärt: Das ist, wenn die Mehrheit entscheidet, also urdemokratisch. Etwa so, wie es nach der Bundestagswahl 2021 die FDP war, die letztlich darüber entschied, welche Mehrheit zur Regierungsbildung überhaupt zustande kam – obwohl sie selbst nur 12% der Stimmen hatte.)

Natürlich könnte man ganz nebenbei darauf aufmerksam machen, dass man hier versucht, einen Missstand wie Rassismus anzuprangern, allerdings nun einmal aus der eigenen kulturellen, „weiß dominierten", Sichtweise heraus – während es durchaus Gegenden auf unserem Planeten gibt, wo man sich als weißer Mitteleuropäer besser etwas vorsichtiger bewegen sollte; selbst wenn man dabei ein regenbogenbuntes Fähnchen schwenkt.

Dessen vollständig ungeachtet erschütterte im Sommer 2017 ein Skandal die Welt – zumindest die Welt der Aktivisten und der *„Generation Z*". Denn der weltweit bekannte Mode-Konzern '*Chanel*' verkaufte urplötzlich auch ein vermeintlich kreatives Sportaccessoire: einen Bumerang; und zwar für den stolzen Preis von zweitausend Dollar! Der Aufreger[76] war allerdings nicht der Preis, sondern die rassistische *„Ausbeutung der Kultur der Aborigenes*", die

76 Frankfurter Allgemeine Zeitung 16.05.2017 „Wie rassistisch kann ein Bumerang sein?"

schließlich den Bumerang zu Jagdzwecken erfunden hatten. Ein ganz klarer Fall von „kultureller Aneignung“ also!
Von mindestens ebensolcher ungeheurer Tragweite war im selben Jahr die Präsentation einer Kollektion des Modedesigners *Marc Jacobs*, bei der den Models bunte Dreadlock-Frisuren verpasst wurden – und das, obwohl doch die meisten Models weiß waren! Welch skandalöse „kulturelle Aneignung“.
Das jedoch scheint den angeblich recht bekannten kanadischen Sänger *Justin Bieber* nicht die Bohne zu interessieren. Der junge Mann, der wohl sehr gern seine Frisur wechselt, legte sich bereits schon im Jahr 2016 Dreadlocks zu, veröffentlichte über die „Sozialen Medien“ ganz stolz ein Foto davon, doch erntete dafür eine Welle der Empörung, denn weil schließlich siehe oben: weiße Hautfarbe, Dreadlocks, „kulturelle Aneignung“! Und umso schlimmer, dass Bieber daraus offenbar nichts gelernt hat, und sich im Jahr 2021 erneut eine solche Frisur zulegte. Als offenbar unbelehrbarer Wiederholungstäter wurde der Sänger prompt als mutmaßlicher Rassist bezeichnet.
Umso schlimmerer das Ganze, wo doch vor ihm bereits, im Jahr 2015, die damals 18-jährige Schauspielerin *Zendaya Coleman* zur '*Oscar*'-Verleihung nicht nur ein aufsehenerregendes, langes, weißes, schulterfreies Kleid trug, sondern noch dazu: eine Frisur mit Dreadlocks! Erstaunlicherweise allerdings war das damals gar keine „kulturelle Aneignung“, sondern einige Aufregung kam vielmehr durch den flapsigen Kommentar einer US-amerikanischen TV-Moderatorin ins Rollen, die da meinte[77]: „*Ich habe das Gefühl, sie riecht nach Patschuli-Öl... oder nach Gras. Yeah, vielleicht nach Gras*“; die damit also andeutete, wer eine Dreadlock-Frisur trägt, raucht Marihuana, was von ihr eigentlich ironisch gemeint gewesen sein soll. Die Empörungswelle traf also damals noch, im Jahr 2015, gar nicht die Schauspielerin, sondern die Moderatorin: „*Der Grat zwischen Witz und Beleidigung ist schmal*“ hatte Zendaya Coleman dazu angemerkt, ergänzt mit dem Verweis auf ein paar Persönlichkeiten, die ebenfalls Dreadlocks tragen, u.a. die Filmregisseurin Ava DuVernay und den Harvard-Professor Vincent Brown, denen man wohl

77 'Der Spiegel' 25.02.2015 „Marihuana-Kommentar über Dreadlocks: Das riecht nach Rassismus“

auch nicht unterstellen würde, zu kiffen. Und schließlich: *„Ich habe diese Frisur bei den 'Oscars' getragen, um Dreadlocks in ein positives Licht zu rücken. Sie sind ein Symbol für Stärke und Schönheit, wie die Mähne eines Löwen*“. Tja. Es sei denn, offenbar, dieses positive Symbol wird von Weißen verwendet, dann verkehrt sich dasselbe schlagartig ins Negative. Wird einem erklärt. Unter den zahlreichen Unterstützern der beleidigten Schauspielerin war übrigens auch ihre (weiße) Berufskollegin Chloe Grace Moretz, die dazu meinte: *„Die Leute sollten erwachsen werden und begreifen, dass wir 2015 haben - und so handeln*“[77]. Es scheint, ganz im Gegenteil, seit dem eher noch sehr viel infantiler geworden zu sein. Bis hin zu einer Lächerlichkeit, die man natürlich umso weniger wahrnimmt, je mehr man sich in diesem (oder jedem anderen) Thema ideologisch verfangen hat. Dass diejenigen das selbstredend abstreiten, ist wiederum ein plausibles Verhaltensmuster, das einem aus der Psychologie als *„kognitive Dissonanz*“ bekannt sein könnte.

So auch der bis zur Drucklegung dieses Buches aktuellste Fall aus dem März 2022, als *'Fridays For Future'* für eine Demonstration in Hannover die bis dahin nur in eingeweihten Fachkreisen bekannte Sängerin Ronja Maltzahn für einen Auftritt engagierte – und prompt wieder auslud. Ein Aktivist hatte entdeckt, dass Frau Maltzahn als gebürtige Weiße eine Dreadlock-Frisur trägt! Darauf folgte natürlich die konsequente Ausladung der Sängerin mit der offiziellen Begründung *„Wenn eine weiße Person Dreadlocks trägt, dann handelt es sich um kulturelle Aneignung, da wir als weiße Menschen uns aufgrund unserer Privilegien nicht mit der Geschichte oder dem kollektiven Trauma der Unterdrückung auseinandersetzen müssen*“[78] (Anm.: darin ist kein Tippfehler enthalten, es wurde tatsächlich etwas holprig formuliert). Die Musikerin reagierte darauf verständlich irritiert mit dem Kommentar *„Wir hatten uns darauf gefreut, ein Zeichen gegen Diskriminierung setzen zu dürfen. Schade, dass wir aufgrund von äußerlichen Merkmalen davon ausgeschlossen werden*“; was nebenbei auf die leichte Widersprüchlichkeit

78 'Emma' 24.03.2022 „Als weiße Person Dreadlocks tragen?“ - Westdeutscher Rundfunk (WDR) 24.03.2022 „Streit um Dreadlocks: 'Fridays For Future lädt Musikerin aus“ u.v.a.

hinweist, die wir in der aktivistischen Logik bis hierhin nun schon mehrfach erkennen konnten. Nichtsdestotrotz zeigten sich die Aktivisten von '*Fridays For Future'* daraufhin äußerst flexibel und nachsichtig: „*Der Auftritt ist weiterhin möglich, wenn sie sich bis Freitag* (Anm.: dem Veranstaltungstag) *ihre Dreadlocks abschneidet*". Daraufhin wiederum kommentierte '*Emma*', die selbsternannte Feministinnenvertretung, etwas gereizt: „*Wie bitte? Die Haare abschneiden? Klingelt's da eigentlich irgendwo? Davon mal abgesehen, dass verfilzte Dreadlocks jahrelang ein Must-have waschechter linker Ökos waren und selbst in der Antifa noch immer zum guten Ton gehören* [...] *Teile von Fridays for Future und den 'Woken'-FreundInnen glauben, genau zu wissen, was andere diskriminieren könnte. Dabei diskriminieren sie selbst. Um's mal deutlich zu sagen: Leute, IHR seid die Rassisten! Und ihr kapiert das nicht mal!*"[78].

Bei diesem zeitgeistig angeprangerten Missstand vermeintlicher „kultureller Aneignung" müssten sich in der Tat große Teile dieser „Generation Z" die Frage gefallen lassen, aus welchem Grund die Musikrichtungen „*Rap*" und „*Hip Hop*" auf erstaunliche Weise davon ausgenommen zu sein scheinen. Schließlich entstand beides in den 1970er Jahren aus dem Niedergang der Bürgerrechtsbewegung in den USA, dortigem sozialen und wirtschaftlichen Niedergang, mit dem ungebremsten Verfall ganzer Stadtteile – insbesondere betroffen waren schwarze Jugendliche, die sich massenweise der Kriminalität und dem Drogenkonsum zuwandten. Die Stadt New York erklärte die South Bronx zum Notstandsgebiet! Es entwickelten sich sog. „*Block Partys*", bei denen sich Einwohner um einen Häuserblock versammelten, einige davon mit tragbaren Musikabspielgeräten, den später sog. „*Ghettoblastern*", wobei untereinander Wettbewerbe im Sprechgesang entstanden.

So könnte man problemlos anprangern, dass große Teile der „*Generation Z*" heute nicht nur diesen Musikrichtungen zuneigen, sondern passenderweise auch Schlabberklamotten tragen, die inzwischen als sog. „*Street Fashion*" verkauft werden; insbesondere natürlich, wenn weiße Heranwachsende das tun. Schließlich handelt es sich dabei um rein kapitalistisch idealisierte Musik und Mode, die u.a. von Künstlern, Musik- und Modekonzernen lediglich

irgendwann als lukratives neues Marktsegment entdeckt wurden. Inzwischen dadurch auf die Spitze getrieben, dass in den Texten des Sprechgesangs auch schon einmal Markennamen untergebracht werden, und einige in der Szene bekannte Rapper und HipHopper sogar eigene Modelinien vermarkten. Also genau alles das, was in diesem Zeitgeist von dieser „*Generation Z*“ ansonsten als „*kulturelle Aneignung*“ als Ausprägung des Rassismus angeprangert wird. Und auch hier wieder zum x-ten Mal eine der Widersprüchlichkeiten, die bei jedem zeitgeistigen Aktivismus zu finden sind. Bei einer für Außenstehende dermaßen auffälligen Anhäufung von Fragwürdigkeiten fällt es insbesondere „den Alten“ mitunter schwer, das Ganze beim bestem Willen noch annähernd ernst nehmen zu können. Was sich jedoch eben nicht weder auf tatsächliche Probleme und Missstände bezieht, noch auf durchaus verständliche Sorgen, Zukunftsängste und etwaigen Unmut in der „*Generation Z*“, wie es extrem kurzsichtig gern missverstanden wird, und wovon sich junge Menschen noch zusätzlich provoziert fühlen. Sondern es ist vielmehr die *Art und Weise* eines völlig überdrehtem Aktivismus, der einem ideologischen Fundamentalismus gleicht, in dem der jeweilige Missstand nur als Vorwand dient.
In äußerst gelungener Überleitung zum folgenden Kapitel bliebe da noch die Diskriminierung ganzer Volksgruppen aufgrund einer bestimmten Wortwahl, die auch rassistische Aspekte beinhaltet. Oder auch umgekehrt: mutmaßlicher Rassismus gegenüber ganzen Volksgruppen, die durch eine bestimmte Wortwahl diskriminiert werden. Das darf man sich in diesem Zeitgeist und in dieser „*Generation Z*“ frei aussuchen oder parallel gleich beides unterstellen. Wie wir wissen, kommt es bei der Weltrettung nicht auf Details an, die doch nur an der Weltrettung hindern.
In diesem ganzen zeitgeistigen Wirr-Warr, in dem es (siehe weiter oben) auf jedes einzelne verwendete (oder eben nicht-verwendete) Wort ankommt, um erfolgreiche Problematisierung zu betreiben, haben zwei Bezeichnungen ein besonderes Empörungspotenzial: der „Eskimo“ und der „Indianer“. Ersterer lässt sich dabei noch vergleichsweise einfach problematisiert erklären: Es meinte irgendwann irgendjemand herausgefunden zu haben, „Eskimo“ würde ins Deutsche übersetzt „Rohfleischesser“ bedeuten. Daraus resultierte nahezu

zwangsläufig die Feststellung, dass es sich um Diskriminierung handele, eine ganze Volksgruppe darauf zu reduzieren, dass sie sich von rohem Fleisch ernähren würde – selbst dann, wenn das tatsächlich der Fall ist. In unserer Kultur mit unseren Ernährungsgewohnheiten, die hier offenbar als Maßstab gesetzt wird, ist das eben verpönt, und der gedankliche Kurzschluss einer Diskriminierung nur folgerichtig. Dazu sollte man wissen, dass es Kongresse gibt, auf denen sich u.a. Verlage und Journalisten untereinander auch über Sprachregelungen verständigen. Und so wurde kurzerhand beschlossen, die Bezeichnung „Eskimo“ durch „Inuk“ im Singular und „Inuit“ im Plural zu ersetzen, weil das auf Deutsch „Mensch“ heißen würde, und so natürlich angenehm beruhigend unverfänglich ist. Daraufhin wurden reihenweise Lehr- und Schulbücher überarbeitet, korrigiert und neu gedruckt – was außer Aktivisten und Bewegungen sicherlich auch die Verlage sehr gefreut haben dürfte. Kaum, dass das passiert war, haben Sprachforscher dummerweise herausgefunden und sich inzwischen darauf geeinigt, dass „Eskimo“ nicht etwa „Rohfleischesser“ bedeutet, sondern „Schneeschuhflechter“, abgeleitet von dem Begriff „ayaskimyu“ der Montagnais-Indianer. Tja. Offenkundig hat man jedoch darauf verzichtet, die gedanklich fehlgeleiteten Korrekturen wieder zurückzunehmen, und wieder neue Bücher zu drucken. Auch weithin im Journalismus kehrt man lieber nicht wieder zum sprachlichen „Eskimo“ zurück, weil man das den Leuten schließlich vorher äußerst erfolgreich als unbedingt zu vermeidende Diskriminierung erklärt hat.

Es ist jedenfalls eher unwahrscheinlich, dass sich eine in arktischen Regionen des Planeten lebende Volksgruppe besser fühlt, wenn wir hier in Deutschland ein bestimmtes Wort verwenden oder vermeiden – offenbar ist viel wichtiger, dass sich eine Gruppe von deutschen Aktivisten besser fühlt, wenn wir das tun. Wir retten von Deutschland aus sogar Betroffene, die gar nichts davon wissen, dass sie betroffen sind, und wovon überhaupt.

Wenn es denn in diesem Zeitgeist und in dieser „*Generation Z*“ nicht heißen würde „*Warum lernen..?*“ (wir erinnern uns), und sich nicht gleichzeitig im absoluten und endgültigen Wissen wähnen würde... So jedoch entgeht einem schon einmal die eine oder andere hilfreiche Erkenntnis. Etwa darüber, dass es mehrere arktische Volksgruppen gibt, die allesamt ihre eigene Sprache und Kultur haben, und sich jeweils unterschiedlich bezeichnen. Daher ist „Inuit" keineswegs eine politisch-korrekte Alternativbezeichnung für „Eskimo", was offenbar erfolgreich in die Köpfe gesetzt wurde. Denn: Nicht alle Eskimos sind Inuit! Sondern die in Kanada und Grönland lebenden Inuit sind lediglich die größte Gruppe unter den Eskimos! Dass die Inuit zwischendurch als eigenständiges Volk auf sich aufmerksam machten, ist ungefähr vergleichbar damit, dass nicht alle, die Deutsch sprechen, auch Deutsche sind; worauf sicherlich etwa auch die Österreicher sowohl mit Nachdruck als auch zurecht bestehen und notfalls darauf aufmerksam machen würden. Wobei es übrigens auch noch andere arktische Völker unter den Eskimos gibt, wie etwa die in Alaska und Sibirien lebenden Yupik und Iñupiat. Oder speziell für Aktivisten und die „*Generation Z*" kurz gesagt: Weder ist die Bezeichnung „Eskimo" diskriminierend, noch ist „Inuit" korrekter. Insofern müsste sich nun jeder Aktivist und jeder selbsternannte Blockwart, der vorgeblich auf politischer Korrektheit besteht, zunächst einmal vergewissern, worüber er tatsächlich plaudert, bevor er sich in peinlicher Ahnungslosigkeit in einem besseren Wissen als besserer Mensch wähnt. Wie wir jedoch bis hierhin bereits öfter feststellen durften, sind weder einzelne Kenntnisdefizite noch vollständige Ahnungslosigkeit in diesem Zeitgeist und in dieser „*Generation Z*" ein Hinderungsgrund für irgendetwas. Bei der Weltrettung kann eben auf Details leider keine Rücksicht genommen werden; siehe mehrfach oben.

Das war tatsächlich, wie gesagt, noch vergleichsweise einfach erklärbar. Ein wenig kniffliger geht es dagegen beim „Indianer" zu. Die Frage „*Darf man noch 'Indianer' sagen?*" wurde von '*SWR Wissen*' im Februar 2022 jedenfalls so kommentiert[79]: „*Grundsätzlich ist es erstmal keine Frage des Dürfens. Dürfen klingt immer so, als würde man bestraft und verhaftet, wenn man etwas Bestimmtes sagt. Meines Wissens gibt es aber in Deutschland nicht ein einziges einzelnes Wort, das auszusprechen verboten wäre*". Wohlgemerkt: das also als „Wissen" deklariert und öffentlich-rechtlich verbreitet.

---

79 'SWR Wissen' (Südwestrundfunk) 17.02.2022 „Darf man noch 'Indianer' sagen?"

Blicken wir dazu passenderweise zurück auf den Parteitag der '*Grünen*' im März 2021, auf dem die Spitzenkandidatin für das Abgeordnetenhaus in Berlin, Bettina Jarasch, gefragt wurde, was sie denn als Kind gern geworden wäre, und darauf antwortete: „Indianerhäuptling“. Das führte doch prompt zu empörten Reaktionen, weil offenbar von einigen „*die Aussage als anstößig und unangebracht empfunden*“ wurde, weil der Begriff diskriminierend sei. Sodann entschuldigte sich Jarasch auf der Stelle, „*sprach von unreflektierten Kindheitserinnerungen und gelobte dazuzulernen*“[80]. Allerdings, siehe oben: Verboten war und ist die Bezeichnung „Indianer“ natürlich nicht – man muss lediglich damit rechnen und inkauf nehmen, als Rassist nicht nur betrachtet, sondern auch angepöbelt und angefeindet zu werden; ...was schließlich auch nicht grundsätzlich verboten ist, wie '*SWR Wissen*' wohl sagen würde.
Interessanterweise reagierte *Carmen Kwasny*, die Vorsitzende der '*Native American Association of Germany*' (NAAoG), deutlich lockerer auf die ganze empörte Aufregung[80]: „*Ich finde, man sollte die Kirche mal im Dorf lassen*“. Zumal nämlich in diesem Verein, der amerikanische Ureinwohner in Europa unter- und miteinander vernetzt, selbst „Indianer“ verwendet wird. Und recht ähnlich zu dem Fall der Eskimos und arktischen Volksgruppen ergänzte Frau Kwasny erklärend dazu: „*Der Begriff 'Indianer' differenziert nicht. Wir reden hier von über 500 verschiedenen Nationen. In den USA möchten viele von ihnen 'Native Americans' genannt werden, in Kanada 'First Nations'. Wir nennen ja auch nicht jeden Menschen aus Europa 'Europäer', sondern wir sagen Griechen, Deutsche, Italiener*“. Das heißt: Ein etwaiges Problem – geschweige denn eine Diskriminierung – ist eben *mitnichten die Bezeichnung* „Indianer“, sondern ein Problem ist vielmehr das, was in den Köpfen passiert; und zwar offensichtlich in erster Linie und vor allem in den Köpfen deutscher Aktivisten und selbsternannter Blockwarte.
Wie bis hierhin bereits das eine und andere Mal erwähnt, speist sich das, was in den Köpfen vorgeht, äußerst gern aus simplen Klischées heraus. Im Falle

80 'Die Welt' 22.03.2021 „Grüne und korrekte Sprache: Traum vom Indianerhäuptling sollte man den Kindern nicht verbieten“

des Eskimos ist es der in dickes Fell eingepackte Arktisbewohner, der sich eben deshalb in dickes Fell einpackt, weil er mitten in Schnee und Eis lebt, der ein aus Eisblöcken gebautes Iglu bewohnt, und von dort aus mit seinem Schlitten, gezogen von einem guten Dutzend Schlittenhunden, zum nächsten Eisloch aufbricht, um darin nach Fischen zu angeln. Schon alleine bereits nur die Frage, woher dieser Eskimo eigentlich das Fell hat, aus dem er seine warme Kleidung schneidert, taucht in diesem Klischéebild nicht auf und wird sehr erfolgreich verdrängt. Es würde schließlich bedeuten, Eskimos angeln keineswegs nur friedlich nach Fischen, sondern sie gehen auch auf Jagd und erlegen beispielsweise Eisbären. Das achso grausame Töten achso goldiger Eisbären jedoch würde das Bild in den Köpfen natürlich leicht stören.
Tatsächlich dagegen ist die arktische Landschaft, allgemein vornehmlich gern mit Alaska verbunden, mitnichten „ewiges Eis“, sondern auch hier gibt es mitsamt der Jahreszeiten tatsächlich auch Sommer, milde Temperaturen und zwangsläufig schmelzenden Schnee und tauendes Eis. Zum anderen sind Eskimos heute selbstredend keine isolierten Naturvölker mehr, sondern leben in Städten und Dörfern auf ziemlich modernem Niveau, mit allem, was dazugehört, und sind mit Schlittenhunden nur noch für und mit Touristen unterwegs. Und sogar mit der Erderwärmung durch den Klimawandel haben Eskimos nicht nur kein Problem, vielmehr können sie es kaum erwarten, dass dauerhaft das Eis verschwindet, um den Boden nutzbarer machen zu können. Insbesondere Klimaaktivisten wollen das jedoch natürlich weder glauben noch wahrhaben, wo man doch dagegen ankämpft, um uns alle zu retten.
Schon allein dieser Teil des Klischéebildes in mitteleuropäischen Köpfen, die sich heute im absoluten endgültigen Wissen wähnen, kann also durchaus ziemlich peinliche Folgen haben; siehe u.a. auch das weltweite Tammtamm um das Foto des dänischen Klimaforschers Steffen M. Olsen, auf dem eine vermeintlich erschreckende Eisschmelze in Grönland zu sehen war[56].
Ganz ähnlich ist das eigentliche Kernproblem (oder: eines davon) auch in der Frage, ob nun „Indianer“ oder nicht, das Klischéebild, das in den Köpfen der Menschen einzementiert festsitzt, mindestens mit und seit „Winnetou“, bis hin zur heutigen Trickfilmfigur „Yakari“ im Kinderprogramm. So erklärte

auch Carmen Kwasny dazu[80]: „*Das Problem liegt eher bei den Stereotypen, die durch Serien wie 'Yakari' reproduziert werden – mit Lederklamotten und Federschmuck. Dadurch werden diese Menschen hier nicht ernst genommen und auch falsch wiedergegeben*“. Eben. Doch dieses absolut verständliche Problem wird nun einmal kaum dadurch behoben, dass man statt „Indianer“ irgendetwas anderes sagt, etwa „First Nations“ oder „Native Americans“. Oder wie Frau Kwasny meint: „*Ein Otto Normalverbraucher in Deutschland weiß gar nicht, was ich meine, wenn ich von Native Americans spreche. Das Problem ist auch, dass wir keinen deutschen Begriff haben, der das passend übersetzt*“. Es ist jedenfalls müßig, wenn auch bei einer anderen Wortwahl im Hinterkopf prompt das Bild eines „Winnetou“ oder „Yakari“ auftaucht. Es verhält sich dann wie siehe oben: Diejenigen, die sich dadurch in erster Linie besser fühlen, sind Aktivisten und selbsternannte Blockwarte.
Für den Kern dieser Problematik muss man sicherlich nicht weltweit auf die Suche gehen, sondern es reicht völlig, vor der eigenen Haustüre zu kehren und sich dabei an die eigene Nase zu fassen. Immerhin haben wir bei uns in Deutschland schließlich beispielhaft den berüchtigten „Weißwurst-Äquator“ und „die Bayern“. Man könnte problemlos hier das Stereotyp der Lederhosen und Dirndl sowie Weißwurst, Brez'n und Weißbier zum Problem erklären, wodurch die bayerischen Ureinwohner glasklar diskriminiert werden; und das Dank des '*Oktoberfest*' auch noch: weltweit! Dass das nirgends von niemand als Diskriminierung angeprangert wird, in der Überzeugung, dass „Native Bavarians“ als Bezeichnung das Problem lösen würde, sondern dass das mit einem amüsierten Augenzwinkern hingenommen wird, und manche Bayern sogar stolz darauf sind... muss das Aktivisten nicht leicht irritieren?
Jedenfalls lässt sich mit Gewissheit feststellen: Diese Gesamtproblematik gäbe es gar nicht erst, wenn Christoph Kolumbus, der enttarnte Rassist und Unterdrücker, damals nicht die „Neue Welt“ entdeckt (also: erobert!) hätte, siehe oben. Wie allseits bekannt, war schließlich er es, der sich im Jahr 1492 irrtümlich in Indien angekommen wähnte, und den dortigen Einheimischen zwangsläufig folgerichtig die Bezeichnung „Indianer“ gab. Wobei ich jedoch übrigens diese zwangsläufige Folgerichtigkeit nicht so ohne Weiteres teilen

kann. Gehen wir einmal davon aus, Kolumbus bekam nach quälend langen zweieinhalb Monaten auf hoher See endlich Land in Sicht: „Indien!“. Als er von Bord ging und auf die ersten Einheimischen traf: warum gab Kolumbus diesen Menschen überhaupt eine Bezeichnung(?) – ...wenn er sich doch in Indien wähnte, mussten das doch schließlich *Inder* sein(?).
Nebenbei angemerkt: Es gibt da noch die These, Kolumbus hatte niemals vor, nach *Indien* aufzubrechen, sondern vielmehr nach „*Las Indias*“, womit zu seiner Zeit der gesamte ostasiatische Raum im Gebiet des Indischen Ozeans gemeint gewesen sein soll, also nicht nur explizit Indien. Jedoch auch in diesem Fall hätte es für Kolumbus keinerlei Veranlassung gegeben, einem Volk in einem scheinbar längst bekannten Gebiet kurzerhand eine völlig neue Bezeichnung zu geben. Doch wie bis hierin bereits mehrfach festgestellt: solche und andere etwaige Details hindern lediglich an der Weltrettung.
Ein anderes wunderbares Beispiel ist der *Zigeuner*. Ein Wort, bei dem soziale Blockwarte spontan in Herzrasen geraten: „Um Gottes Willen“, denn das sagt man inzwischen längst nicht mehr, weil das schließlich diskriminierend ist. Politisch-korrekt ist mittlerweile die Bezeichnung „*Sinti und Roma*“, und das sogar dermaßen, dass sogar „Zigeunerschnitzel“ von Speisekarten verbannt wurden und jetzt „Schnitzel ungarische Art“ heißen. Ebenso wie Fertigsaucen im Supermarkt auf diese Weise umbenannt wurden, nachdem Sinti und Roma das mit dem Verweis auf Diskriminierung gefordert hatten[81]. Nachweislich korrekt ist das mindestens schon durch die *Antidiskriminierungsstelle* des Bundes, die im Jahr 2022 offiziell bestätigt[82]: „*Ja. Hier handelt es sich nicht um eine Eigenbezeichnung der Roma und Sinti, sondern um eine abwertende Fremdbezeichnung, mit der Sinti und Roma ausgegrenzt werden*“. Sieh an. Wohingegen der Musiker Markus Reinhardt erstaunlicherweise zu dieser Frage meinte[83]: „*Ich will gerne Zigeuner genannt werden*“ und das entweder gar nicht als Abwertung empfindet oder sich noch nicht ausreichend bei der

81 'Wirtschaftswoche' 15.08.2013 „Sinti und Roma fordern Umbennung der Zigeuner-Sauce“

82 'antidiskriminierungsstelle.de' 2022 „Ist das Wort Zigeuner diskriminierend?“

Antidiskriminerungsstelle des Bundes informiert hat. Ähnlich wie in einer TV-Reportage über den Alltag von Taxifahrern einer davon meinte[84]: „*Mein Dialekt ist zigeunisch. Ich bin Zigeuner. Stolzer Zigeuner. Wir sagen zwar schon, dass wir aus Serbien kommen, aber wir sprechen zigeunisch*“ ...und verwendet erstaunlicherweise also diese „*abwertende Fremd-Bezeichnung*“ höchstpersönlich selbst; und das auch noch „stolz“. Obwohl natürlich, wenn die *Antidiskriminierungsstelle* des Bundes erklärt, mit dieser Bezeichnung würden Sinti und Roma ausgegrenzt werden, damit zwar vielleicht nicht Unrecht hat, aber eben auch nicht dazusagt, wie viele eigentlich. Tatsächlich nämlich war es nur ein einziger Verein, '*Forum der Sinti und Roma'*, der diese Forderung stellte – während der *Zentralrat der Sinti und Roma in Deutschland* diese Aktion für unsinnig hielt und einer der Vertreter, Timo Adam Wagner, wörtlich meinte[85]: „*Man muss die Kirche mal im Dort lassen. Mal ganz im Ernst, was kommt denn dann als nächstes? Sinti & Roma-Soße? Oder das Sinti & Roma-Schnitzel? Ich persönlich esse jederzeit gerne ein Zigeunerschnitzel, und zwar ohne dass ich mich deshalb gleich auf dem Schneidebrett des Metzgers liegen sehe*“. Der Aktivismus weiß das jedoch natürlich sehr viel besser und lässt sich nicht stoppen, die Welt zu retten: Zigeunersauce gibt es inzwischen nirgends mehr zu kaufen und aus der Gastronomie sind Zigeunerschnitzel weitgehend verbannt.

Und wo das so wunderbar funktioniert hat, fühlten sich gleich wieder andere motiviert, nach einem Missstand zu suchen und zielsicher zu finden. So etwa die selbsternannte '*Antirassistische Aktion*' mit dem Beinamen '*Linke PoC / Migrantifa*', die ihrerseits die „Pizza Hawaii“ für sich entdeckte, die „*mit der Geschichte des Kolonialismus und der Aneignung verbunden*“ sei. Zwar hätte die Bezeichnung zwar „*gar nichts mit hawaiianischer Küche oder Kultur zu*

83 'Der Spiegel' 06.03.2021 „Wir müssen aus dieser Opferrolle raus“ Interview mit Markus Reinhardt und Marko Knudsen

84 '3sat' Reportage 05.07.2022 „Taxi, Taxi – 24 Stunden unterwegs“

85 'Die Welt' 08.10.2013 „Bizarrer Streit: Sinti und Roma müssen Zigeunersoße ertragen“

tun“, doch anprangern musste man das wohl dennoch, denn schließlich: „*Die Inseln Hawaii sind kriegerisch von den USA annektiert worden. Die Bevölkerung ist von weißen Siedlern mit dem Ananas-Anbau ausgebeutet worden. 'Pizza Hawaii' ist nicht explizit rassistisch, zeigt aber viele koloniale Stereotype*“[86]. Gut, dass auch das endlich jemandem aufgefallen ist, in diesem Zeitgeist und dieser „*Generation Z*“.

Gerade der „*Food-Aktivismus*“, bei dem es schließlich nicht nur um die bloße Ernährungskorrektheit geht, sondern damit auch um nichts Geringeres als die Weltrettung vor dem Klimawandel, zeigt sich offenbar besonders engagiert im Aufspüren eklatanter zeitgeistiger Missstände. So erklärte die „Food-Bloggerin“ *Chaheti Bansal* im August 2021, das Wort „Curry“ würde die indische Küche auf nur dieses Gewürz reduzieren, „*obwohl die regionalen Spezialitäten auf dem Subkontinent doch alle 100 Kilometer wechseln*“. Und daher, so Bansal in einem Video, in dem sie eigentlich ein Rezept vorstellen wollte: „*Ich werde euch jetzt nicht über das Rezept aufklären, denn es gibt wichtigere Themen, über die wir sprechen müssen – wie das Wort ‚Curry‘ zu canceln*“. Denn schließlich: „*Die Bezeichnung wurde von Weißen populär gemacht, die sich nicht die Mühe machten, die tatsächlichen Namen unserer Gerichte zu lernen*“. In der Tat: ungeheuerlich, zumal dieses Wort also gar keine indisch-einheimische Bezeichnung ist, sondern auf die Kolonialzeit im 19. Jahrhundert zurückgeht, und von britischen Offizieren aufgrund eines Hörfehlers zustande gekommen ist. Mit anderen Worten: Das Wort „Curry“ ist potenziell diskriminierend, weil kolonialistisch, gehört also folgerichtig gecancelt, verbannt, getilgt. In einem Interview mit dem US-Fernsehsender *NBC* („Asian America“) erklärte Bansal dann jedoch, sie wolle sich doch „*nur dafür einsetzen, dass sich die Menschen mehr mit der Vielfalt der südasiatischen Gerichte auseinandersetzten, statt sie pauschal als 'Curry' über einen Kamm zu scheren*“. Na, dann.

86 'Stern' 16.08.2021 „Vom Curry-Gate bis zur Hawaii-Kritik - Rassismusdebatte: Immer mehr Speisen sollen neue Namen bekommen“

Jedenfalls auch hier ganz eindeutig erkennbar: Wenn nicht die Briten, die im Jahr 1858 Indien zu einer ihrer Kolonien erklärten, irgendein Wort aus der Landessprache falsch verstanden hätten, würden wir zwar trotzdem „Curry" kennen, aber irgendwie anders, und die indische und südasiatische Küche nicht so darauf reduzieren, wie wir das heute tun. Ein unfassbarer Missstand, der unbedingt angeprangert gehört. Man sollte unbedingt auch sämtliche alte „Tatort"-Folgen mit Kommissar Schimanski aus den Archiven verbannen, in denen er eine Currywurst mit Pommes verspeist. Ohne Christoph Kolumbus wiederum wären uns heute natürlich auch die Inseln von Hawaii genauso völlig unbekannt, wie die Ananas-Frucht, weshalb nur dieser seefahrende Rassist und Unterdrücker schuld daran ist, dass wir hier in Deutschland heute nicht nur eine „Pizza Hawaii" haben, sondern auch den „Hawaii-Toast", den die Aktivisten doch glatt vergessen haben, oder angeprangert wird, sobald es mit der Pizza-Variante erfolgreich gelaufen ist. Tja. Wie schon gesagt: Als „alter, weißer Mann" ist man immer wieder tiefst beeindruckt, in diesem Zeitgeist von dieser „*Generation Z*" umfassend aufgeklärt und eines Besseren belehrt zu werden.

DISKRIMINIERUNG: WER SUCHET, DER FINDET

„Hoffentlich verliert man in dieser Generation nicht irgendwann selbst den Überblick, und die Weltrettung gerät noch ernsthaft in Gefahr“
(Cerny)

Froh und dankbar. Wir können alle – insbesondere „die Alten“ – froh und dankbar sein, dass diese aktuelle „*Generation Z*“ in diesem Zeitgeist über das absolute, vollkommene und endgültige Wissen verfügt. Dass sie uns aufklärt und erklärt, was in den letzten zwei Millionen Jahren Menschheitsgeschichte sämtliche bisherigen vorherigen Generationen so alles falsch gemacht haben, wie das alles richtiger wäre, und was auf welche Weise zu korrigieren ist. Und zwar natürlich allesamt, jetzt sofort, in aller Konsequenz, notfalls auch mit gesteigerter Radikalität. Aber selbstverständlich.
Mit dazu gehört natürlich auch jedwede Form von *Diskriminierung* aller Art. So ist man doch immer wieder leicht überrascht, wenn man erfährt, welche Menschen offenbar so alles wodurch diskriminiert werden; beziehungsweise: werden *könnten*. Und das hin und wieder sogar, ohne dass die Betroffenen selbst davon gewusst hätten. Das hat inzwischen zu einer Mentalität der Vorwegzensur geführt, nicht nur jeden Satz, nicht nur sogar jedes einzelne Wort, sondern auch das jeweilige Thema vorab daraufhin zu prüfen, ob und wer sich dadurch eventuell vielleicht womöglich beleidigt fühlen könnte. Noch viel mehr jedoch scheint es, wird – jenseits tatsächlich möglicher Diskriminierung – lediglich versucht, etwaigem Ärger elegant aus dem Weg zu gehen. Und wenn *das* die eigentliche Motivation ist, dann ist der gesamte weitere Rest nichts anderes als Heuchelei an der Peinlichkeitsgrenze.
In einem Interview[87] mit der *Berliner Zeitung* im Juni 2022 erklärte etwa der Entertainer Harald Schmidt: „*Allerdings ist da heute der Beleidigtkeitsgrad in Deutschland sehr hoch. Da wird gar nicht mehr genau hingehört, was Sie überhaupt sagen*“. In der Tat haben wir es mit einer Übersensibilität zu tun,

87 Berliner Zeitung 12.06.2022 „Harald Schmidt: Wenn ich in Berlin zu tun habe, übernachte ich in Hannover“

die spontan auf bestimmte Reizworte hin anspringt. Und das in Verbindung mit den (siehe Vorwort) durch '*PISA-Studien*' seit zwanzig Jahren längst festgestellten Bildungsdefiziten, vor allem im Leseverständnis, dazu noch in einem heute zunehmend unterentwickelten Humorverständnis, schwebt man ständig und durchgehend in der Gefahr, an irgendeinen Pranger gestellt zu werden – von Mitmenschen, die sich selbst an mehreren anderen befinden. Das passiert in einer Willkür und Beliebigkeit, die nahezu ausnahmslos in Widersprüchlichkeiten enden, wie wir sie bis hierhin mehrfach angesprochen hatten. So etwa, wenn Harald Schmidt in o.g. Interview[87] außerdem noch anmerkte: „*Witze über dicke Menschen würden heute Ärger bringen, weil sie Menschen diskriminieren, die als Opfer der Zucker-Industrie nicht mehr in den Flugzeugsitz passen*“. Das ist eine Anmerkung, die in diesem Zeitgeist und dieser „*Generation Z*“, in der herrschenden Blockwartmentalität kaum noch mit dem ironischen Unterton eines Harald Schmidt wahrgenommen, geschweige denn verstanden wird, sondern der man in peinlicher Unkenntnis glatt zustimmen würde. Man würde sich allenfalls zwanghaft pathologisch an dem Adjektiv „dick“ stören, manch einer sogar noch gesteigert empören wollen. Denn schließlich ist „dick“ doch lediglich eine Zuschreibung, die Menschen auf deren Körpergewicht reduziert, also glasklar: diskriminierend! Und das sogar, obwohl sich Übergewichtige zuweilen höchstpersönlich selbst verdenglischt harmlos als „curvy“ bezeichnen und damit ihr Gewicht wohl als ein wesentliches Merkmal betrachten. Dennoch wird inzwischen sogar der Begriff „übergewichtig“ vermeintlich überkorrekt durch „mehrgewichtig“ ersetzt, auch wenn die eigentliche Aussage exact dieselbe und keinen Deut „korrekter“ ist. Wie so oft: vor allem fühlen sich dadurch diejenigen besser, die überall um sich herum eine potenzielle Diskriminierung wittern, und sich berufen fühlen, die Welt zu verbessern, indem sie andere (möglichst: sozial-medial-öffentlich) anklagen und eines Besseren belehren wollen.
Die scheinbar größte Welle innerhalb dieser Diskriminierungsthematik ist ein tatsächlicher oder vermeintlicher *Sexismus*, innerhalb dessen wiederum der *Feminismus* wohl den größten Bewegungsstrom bildet. Wer jedoch bislang der Ansicht war, es gäbe neben dem maskulin-männlichen Geschlecht das

feminin-weibliche, und dem entsprechend würde sich der Feminismus auf irgendeine Weise um „die Frau“ als solche drehen... weit gefehlt. Inzwischen. Das war allenfalls noch zu Beginn des modernen Feminismus der Fall, der deshalb auch „*Frauenbewegung*“ genannt wurde, als etwa im Jahr 1973 von Feministinnen sogenannte „Frauenräume“ geschaffen wurden, und autonome Frauenprojekte wie Frauenhäuser, Frauenkneipen und Frauencafés, bis zu den ersten Frauenzeitschriften wie '*Courage*' im Jahr 1976 und die ein Jahr später von *Alice Schwarzer* ins Leben gerufene '*Emma*'. Doch das gilt natürlich so längst nicht mehr, in diesem Zeitgeist und dieser „*Generation Z*“, die uns mit ihrem absoluten, vollkommenen und endgültigen Wissen darüber in Kenntnis gesetzt hat, dass es keineswegs nur lediglich diese zwei Geschlechter gibt. Sondern mindestens noch mehrere. Dem entsprechend folgt der Feminismus heute zeitgemäß-logischerweise der Idee[88], „*dass alle Geschlechter gleichwertig sind und deshalb gleichberechtigt sein sollten*“ (also eben: *alle* Geschlechter), und kämpft dafür, dass das endlich passiert; jetzt, endgültig, nach zwei Millionen Jahren Menschheitsgeschichte.
Denn wie wir heute rundum eines Besseren belehrt werden, so auch in diesem Fall: Das menschliche Geschlecht ist inzwischen – völlig unabhängig von Genetik, DNA und Chromosomen – nichts weiter als nur ein „soziales Konstrukt“! Was sich dem entsprechend natürlich längst u.a. auch auf den Feminismus ausgewirkt hat: „*Zu der feministischen Wissenschaft und ihrer Theoriebildung gehören wissenschaftliche Konzepte, die Geschlecht als sozial konstruiert (gender) und damit als unabhängig vom biologischen Geschlecht (sex) betrachten*“[88] – also sogar: höchstwissenschaftlich! Aus der früheren reinen Frauenbewegung ist damit nur folgerichtig ein Kampf für die Gleichberechtigung *aller* Geschlechter geworden, siehe oben. Hoffentlich verliert diese „*Generation Z*“ nicht irgendwann selbst den Überblick und die Weltrettung gerät noch ernsthaft in Gefahr.

88 Heinrich-Böll-Stiftung 29.06.2018 „Begriffe, Definitionen, Hintergründe: Feminismus im Überblick“

Wenn es um die inzwischen völlig falsche, und nur noch von rückständigen und uneinsichtigen Alten vertretene Theorie geht, es gäbe rein genetisch nur zwei herkömmliche Geschlechter, zeigt sich auch hier jedenfalls, wie nützlich es für eine Bewegung ist, eine Galionsfigur zu haben. Für den aktivistischen Bereich des Feminismus ist das bekannterweise Alice Schwarzer. Wozu der deutsche „Sprach-Papst“ *Wolf Schneider* in einem Interview[89] erklärte: *„Bedenken Sie, dass wir ohne Alice Schwarzer noch heute sagen dürften 'die Bürger', statt 'die Bürgerinnen und Bürger'. Sie hat allein mit einer kleinen Clique von Feministinnen durchgesetzt, dass alle deutschen Beamten, Gewerkschaften, Betriebsräte und viele Journalisten glauben, man müsse nun andauernd von 'Einwohnerinnen und Einwohnern' sprechen. Ich finde das lächerlich und habe dem öffentlich den Krieg erklärt, aber so viel kann eine einzelne Person in der Sprache ausrichten*“. Es zeigt sich also schon einmal, dass ähnlich der Klimawandel-Thematik, wo es Greta Thunberg und (immerhin für Deutschland) Luisa Neubauer sind, welchen Wirkungsgrad Galionsfiguren haben können – gerade dann, wenn etwaige andersmeinende mehrheitliche Gegenströmungen keine solche haben.
Wobei, so Schneider: „*Die Behauptung, das natürliche Geschlecht habe mit dem grammatischen irgendetwas zu tun, ist Unsinn vom ersten Augenblick an. […] Im Übrigen hat das, glaube ich, nichts mit meiner Generation zu tun, sondern es hat etwas damit zu tun, dass ich mich jetzt, nach fünfzig Jahren des Angestelltendaseins, frei fühle, auch unbequeme Meinungen zu äußern. Als angestellter Redakteur hätte ich einen solchen Frontalangriff auf den feministischen Sprach-Unfug nicht zu starten gewagt. Jetzt kann mir keiner mehr an den Karren fahren oder es ist mir egal. Ich frage in sämtlichen Seminaren, also zehn-/zwölfmal im Jahr, wer ist denn eigentlich dieser Meinung, dass wir 'Einwohnerinnen und Einwohner' schreiben müssen; schreibt ihr denn dann auch hoffentlich 'Einwohnerinnen-und-Einwohner-Meldeamt'? Es sind entweder alle meiner Meinung oder es erheben sich*

89 'münchen.tv' 11.06.2015 „Menschen in München“ Interview mit Jörg van Hooven – 'Journalismus-Handbuch.de' 08.01.2014 „Wolf Schneider über geschlechter-gerechte Sprache: Ich habe dieser Sprache öffentlich den Krieg erklärt“

einmal ein oder zwei Damen, die mir widersprechen". Was nicht einmal Wolf Schneider vorhersehen konnte, war die lächerliche Steigerung des Ganzen bis hin zum August 2022, als in einem Regionalmagazin des *WDR Fernsehens*, „*Lokalzeit Südwestfalen*", der Moderator doch tatsächlich ein Interview mit einer „Intensivkrankenschwesterin" führte. In der Tat wurde die Schwester also zusätzlich feminisiert, als gäbe es auch männliche Krankenschwestern. Ein Versprecher konnte nicht nur dadurch ausgeschlossen werden, dass der Moderator das noch wiederholte, sondern weil auch eine Suche im Internet nach dem Beruf „Krankenschwesterin" unter Stellenangeboten erfolgreiche Treffer (übrigens auch noch: „m/w/d"[90]) anzeigte. Man möchte hoffen, dass diese Feststellung noch deutlich lächerlicher wirkt, falls Sie dieses Buch in zehn/zwanzig Jahren noch einmal aus dem Regal geholt haben werden und an dieser Stelle angekommen sind. Es sei denn, die Steigerungsfähigkeit wird uns bis dahin noch zur Krankenbrüderin oder Krankengeschwistern führen.
Einmal abgesehen davon, dass auch der Feminismus inzwischen längst noch weiter darüber hinaus ist, und den von Schneider deklarierten Sprach-Unfug sogar (siehe oben: „für *alle* Geschlechter"!) noch *neutralisiert* haben möchte, quasi als Weder/Noch, was eigentlich ein „Einwohnenden-Meldeamt" zur Folge haben müsste – ob aus dem Bürgermeister dem entsprechend noch ein Bürgerinnen-und-Bürger-Meister werden soll, ist wohl noch nicht geklärt. Jedoch einmal abgesehen davon steckt hinter dem Ganzen die Idee, dass jemand durch eine Nichtnennung zwangsläufig ausgeschlossen, und damit diskriminiert werden würde. Dieser gern spontan beklatschten Idee jedoch liegt, siehe Wolf Schneider, der Irrtum zugrunde, das biologische mit dem grammatikalischen Geschlecht zu verwechseln oder gleichzusetzen, und dadurch wiederum gesellschaftliche Entwicklungen sowohl anprangern als auch verbessern zu können. Das alles in blanker Unkenntnis in einen großen Topf geworfen und mehrfach kräftig darin herumgerührt, offenbart allerdings einen hohen Grad an Willkür und Mutwilligkeit. Erkennbar wird das – wie so oft und wie bis hierhin bereits mehrfach festgestellt – an den zwangsläufigen

90 siehe auch Erläuterung Seite 169

Widersprüchlichkeiten, die daraus resultieren. So kam jedenfalls bisher noch niemand ernsthaft auf die Idee, wenn irgendwo „*der* Mensch“ thematisiert wurde, Frauen dabei als ausgeschlossen zu betrachten. In der Tat jedoch hat der '*Duden*' das Wort „Menschin“ mittlerweile aufgenommen, wenn auch mit der Anmerkung[91] „Gebrauch: selten, meist scherzhaft“. Zuweilen sieht man allerdings – ebenso willkürlich, mutwillig und widersprüchlich – von der eingeforderten vermeintlich richtigeren Korrektheit gnädig ab, etwa wenn ein auf Deutsch „begeisterter Anhänger“ ein verdenglischter „*Fan*“ ist, allerdings noch nirgends niemand auf „Fanin“ bestanden hätte, wenn es sich dabei um eine Frau handelt, geschweige denn auf „Faninnen und Fans“. Im selben Zusammenhang ist erstaunlicherweise und jenseits allen Anprangerns ein „*Star*“ immer noch ein „Star“, der *seine*(!) Fans hat, auch wenn dieser Star eine Frau ist. Meines Wissens war bisher jedenfalls noch von keiner Starin die Rede, die ihre Faninnen und Fans begeistert hätte (recht amüsant übrigens, dass mir die Textverarbeitung, mit der ich dieses Buch schreibe, „Starin“ und „Fanin“ als Fehler anzeigt). Nicht viel anders daneben auch der längst verdenglischt eingedeutschte „*Freak*“, also jemand, der sich sogar „übermäßig begeistert“: eine weibliche „Freakin“ gibt es offenbar trotz aller potenziellen Diskriminierung noch immer nicht, und scheint auch niemanden weder zu empören noch überhaupt zu interessieren. Eher im Gegenteil könnte man sicherlich erhebliche Verwirrung stiften, beim Bäcker eine „Berlinerin“ statt eines „Berliners“ zu bestellen, oder eine „Hamburgerin“ in einem „Fast-Food“-Restaurant. Erst recht: in *Mann*heim.

Zumindest erwähnenswert hierbei außerdem noch ein paar originär englische Begriffe, die – im Gegensatz etwa zum Manager und Trainer, also auch der Managerin und Trainerin – noch nicht eingedeutscht sind. Das sind vor allem *Szene*begriffe, die zwar innerhalb der jeweiligen Szene verwendet werden, jedoch in den Medien keine größere Rolle spielen; und damit auch nicht in

91 Was immer noch nicht jeder weiß: Seit 1971 beinhaltet der 'Duden' keineswegs korrekte Sprache, sondern etablierte übliche. Wenn gern gemeint wird „Das steht so im Duden“ sagt das nichts über die Korrektheit aus. Oder wie 'Die Zeit' meinte: Ein Wort muss nur oft genug falsch verwendet werden, damit es vom 'Duden' genau so falsch übernommen wird, weil es sich so etabliert hat.

der breiten Bevölkerung und im Sprachgebrauch. Da wäre beispielsweise die Szene des *„eSports*“, der „sportliche Wettkampf mit elektronischen Spielen am Computer oder an Spielkonsolen“: Die Spieler werden zwar als „Gamer“ bezeichnet, doch ein verdenglischt eingedeutschtes Wort wie eben etwa der Manager ist das aktuell noch lange nicht. Ebensowenig wie etwa beim sog. *„Cosplay*“, bei dem versucht wird, einzelne Charaktere aus Computer- und Videospielen, aus Trickfilmen und Comics möglichst genau nachzuahmen, sowohl im Aussehen als auch im Verhalten: auch der „Cosplayer“ ist kein eingedeutschter Begriff, sondern wird ausschließlich in der Szene verwendet bzw. wenn aus und über diese Szene berichtet wird. Und gerade weil das so ist, ist es grober Unfug, wenn zwischendurch doch tatsächlich ein weiblicher „Gamer“ als „Gamerin“ bezeichnet wird und ein weiblicher „Cosplayer“ als „Cosplayerin“. In der Szene der „Trekkies“, den Anhängern der Science-Fiction-Serie *„Star Trek*“, werden die weiblichen Fans schließlich auch nicht als „Trekkierinnen“ bezeichnet. Das ist exact dasselbe, als würde man in den deutschen Medien eine englische Polizistin als „Police Officerin“ bezeichnen. Andererseits: wen würde das wirklich noch wundern. Schließlich habe ich kürzlich noch erfahren, wie schwer es „Careleaver und Careleaverinnen“ haben, im Gegensatz übrigens zu (völlig unfeminisierten) „Peers“[92]. Es lebe die deutsche Sprache; oder was man in diesem Zeitgeist dafür hält.

Apropos Medien und Journalismus. Natürlich zeigen sich auch hier Effekte, die dem Otto Normalbürger in aller Regel nicht bewusst sind und ihm daher entgehen: was nicht von Journalisten aufgegriffen wird, was in Medien nicht stattfindet und keine Aufmerksamkeit bekommt, vegetiert unbeachtet von der großen Masse vor sich hin. Daraus resultieren scheinbare Wichtigkeiten, die eben nur lediglich scheinbar wichtig sind, weil sie wichtig *gemacht* werden. Zum anderen zeigt sich: Auch in diesem mächtigen Einflussfaktor Medien

92 'careleaver.de' Juli 2022 „Wer sind Careleaver? 'Careleaver' stammt aus dem Englischen und heißt wortwörtlich übersetzt „Fürsorge-Verlasser“ (Care-Leaver). Careleaver sind Menschen, die einen Teil ihres Lebens in einer Pflegefamilie oder einer Einrichtung der Jugendhilfe verbracht haben und auf dem Weg in ein eigenständiges Leben wieder verlassen. Dieser Übergang ist mit vielfältigen Herausforderungen verbunden, die Careleaver im Gegensatz zu ihren gleichaltrigen Peers oft alleine bewältigen müssen“. Man verdenglischt sich noch um den Verstand.

werden untereinander Sprach*regelungen* vereinbart, die mit den geltenden sprachlichen *Regeln* u.a. der Grammatik nichts zu tun haben. Auch im Falle feministischen Sprach-Unfugs folgt man somit auch in Journalismus und Medien *nicht etwa Regeln*, sondern zeitgeistig und ideologisch bestimmten Regel*ungen*. Das ist ein gewaltiger Unterschied. Denn schließlich ist auch Wortgewalt eben... gewaltsam. In diesem Fall: über die Medien praktizierte Zwangspädagogik, ausgeübt von Journalisten, die sich (immer öfter) auch als Pädagogen verstehen. Ansonsten gäbe es keinen geringsten Grund, eine Sprache anzuwenden, die sich jenseits grammatikalischer Regeln bewegt. Insofern ließe sich (auch) hier die Frage stellen: Was soll das eigentlich?

Zumal, vielleicht ist es Ihnen schon aufgefallen, in den Verkehrsmeldungen der Radiosender noch immer vor ausschließlich männlichen „Geisterfahrern" gewarnt wird. Ich hatte mich deshalb scherzhaft ironisch per eMail an zwei Radiosender gewendet, einen privaten und einen öffentlich-rechtlichen, mit dem Hinweis, ich würde mich dadurch als Mann diskriminiert fühlen, man möge bitte zukünftig entweder vor „Geisterfahrern (m/w/d)" warnen, oder besser noch geschlechtsneutral vor einer „geisterfahrenden Person". Während der private Radiosender gleichermaßen ironisch-amüsant antwortete, nahm der öffentlich-rechtliche das ausgesprochen ernst, und belehrte mich, dass man sich weiterhin auf „Geisterfahrer" beschränken müsse, weil alles andere zu viel Zeit kosten würde, und es bei dieser Gefahrenmeldung schließlich auf jede Sekunde ankäme. Das soll wohl heißen: Wenn man es gerade eilig hat, dann ist auch Diskriminierung ausnahmsweise gerechtfertigt.

Was jedenfalls den „Geschlechterkampf" zwischen den beiden (neuerdings: klassisch-althergebracht-stereotypen) Geschlechtern anbelangt, in dem die Frauen wohl dann als die Siegerinnen feststehen, sobald Gleichberechtigung herrscht, stellt sich fast die Frage, inwieweit das der üblichen aktivistischen Logik folgt. In einer Fernseh-Dokumentation[93] aus dem Jahr 1965 über das Freizeitverhalten der Deutschen (die sich gerade 20 Jahre nach dem Zweiten Weltkrieg an ein Phänomen wie „freie Zeit" erst noch gewöhnen mussten)

93 'BR alpha' 02.04.2022 „Die große Freizeit" TV-Dokumentation, Deutschland (1965)

wird erwähnt, dass 64% der verheirateten Männer „im Haushalt helfen". Das war geradezu sensationell, weil noch eine Generation zuvor völlig undenkbar. Dagegen beklagte Anfang 2022 die Bundesfamilienministerin *Anne Spiegel*, dass die Hausarbeit immer noch überwiegend von Frauen geleistet werde, und sich nur 29% der Männer daran beteiligen würden[94] – gegenüber 64% im Jahr 1965, siehe oben. Das ist mal ein Einbruch. So könnte man dazu etwas neckisch feststellen, dass die seit den 1970er Jahren u.a. mit und durch Alice Schwarzer gesteigerte Feminismusbewegung offenkundig nicht nur ziemlich erfolglos war, sondern im Gegenteil und vielmehr sogar kontraproduktiv. Das soll natürlich keineswegs heißen, dass es hier einen direkten Zusammenhang gäbe. Allerdings ist dieser Zusammenhang mindestens genauso gegeben, wie man uns permanent erklärt, dass mit der Industrialisierung prompt auch die globale Erwärmung eingesetzt hätte. Doch apropos: Eine eiserne Regel im menschlichen (geschlechterunabhängigen) Miteinander, in der Karriere und Management, Marketing und Werbung lautet: Menschen, die man für sich und seine Sache gewinnen will, sollte man nicht unbedingt vor den Kopf stoßen. Nicht, indem „die Jugend" über „die Alten" herzieht und so einen „Generationenkonflikt" befeuert. Und nicht, indem Feministinnen über „die Männer" herziehen und einen „Geschlechterkampf" führen. So etwas wird immer und überall eher abwehrende Gegenreaktionen auslösen. Umso mehr, je weniger Aktivisten das nicht verstehen, und deshalb auch noch meinen, „radikaler" werden zu müssen. Im Falle des Feminismus zum Beispiel: die deutsche Sprache auf links drehen zu wollen – und die Männer, die das nicht bejubeln und beklatschen, sondern womöglich kritisieren oder sogar rigoros ablehnen, als „frauenfeindlich" und „Frauenhasser" hinzustellen. Das soll tatsächlich schon vorgekommen sein; doch das natürlich nur im Sinne einer besseren Welt für uns alle, Männer ganz sicher eingeschlossen.

Wenn in diesem Thema immer wieder gern angeführt wird, das noch bis zum Jahr 1977 Frauen nur mit Erlaubnis des angetrauten Ehemannes überhaupt eine Arbeitsstelle suchen durften (wobei die gesetzliche Vorgabe vielmehr

94 'Die Welt' 14.01.2022 „Familienministerin fordert Männer zu mehr Arbeit im Haushalt auf"

darin bestand, dass die Arbeitsstelle „mit ihren Pflichten in Ehe und Familie vereinbar“ sein musste), hat nie jemand erforscht, wie viele Ehemänner wohl tatsächlich darauf gepocht haben. Immerhin waren „trotzdem“ zwischen 1960 und 1970 fast die Hälfte der Frauen (47,2% bzw. 45,9%) berufstätig, und ist wohl kaum anzunehmen, dass es ohne diese gesetzliche Vorgabe und ohne möglichen Einspruch des Ehemannes bedeutend mehr gewesen wären. Schließlich waren es auch 10 Jahre nach Aufhebung dieses Gesetzes zunächst nicht sonderlich mehr: 48,3% im Jahr 1980. Man darf durchaus in Erwägung ziehen, dass einige Frauen tatsächlich nichts dagegen haben, sich vollständig um die Haushaltsführung und ggf. Kinder zu kümmern, ohne eine berufliche Karriere anzustreben, ohne sich finanziell unabhängig fühlen zu müssen oder sich selbstverwirklichen zu wollen. Vielmehr begann die Zahl berufstätiger Frauen erst ab 1990 rasant zu steigen: von 53,8% auf inzwischen 76,6%(!) im Jahr 2022. Es darf bezweifelt werden, dass es sich dabei um einen leicht verzögerten Erfolg der Feminismusbewegung handelt. Der eigentliche Grund dafür könnte durchaus sein, dass das Einkommen des Ehemannes einfach nicht mehr ausreicht(e) und es zunehmend notwendig wurde, für ein „zweites Gehalt“ zu sorgen. Etwa wie der flotte Spruch, den ich kürzlich gelesen habe: *„Früher reichte das Einkommen eines Alleinverdieners, um eine Familie mit vier Kindern zu versorgen, ein Auto zu kaufen, ein Haus zu bauen, und zweimal im Jahr in Urlaub zu fahren. Heute reichen zwei Einkommen gerade einmal aus, um das Nötigste zu finanzieren*“. In einer Dokumentationsreihe über eine „ganz normale Kölner Arbeiterfamilie“ („Die Fussbroichs“) meinte im Jahr 1991 ein frisch verlobtes Pärchen, sie planen, nur ein einziges Kind zu bekommen, schließlich könne man sich zwei oder mehr Kinder gar nicht leisten: *„Ich weiß gar nicht, wie manche das finanziell mit zwei oder drei Kindern machen, wo sie nicht einmal arbeiten geht*“. Daraus könnte man den Rückschluss ziehen: Frauen waren bzw. sahen sich zunehmend gezwungen, „Geld dazu zu verdienen“. Mit ihrer Arbeitsstelle haben sie ein gestärktes Selbstbewusstsein entwickelt, auch neben ihrer Familie wichtig zu sein und in größerer Verantwortung auch die Lebenskosten mitzutragen. Da das wiederum seit den 1990ern immer mehr Familien betraf, wuchsen so auch

immer mehr Kinder mit Eltern auf, die beide berufstätig waren: Die „*Generation Y*“, die das erstmals als Teil ihrer „Normalität“ erlebte, für die berufstätige, engagierte und selbstbewusste Frauen „normal“ waren, und dem entsprechend auch selbst so geprägt wurden. Damit wäre das also keineswegs ein Erfolg des Feminismus, sondern eher umgekehrt, und als „Erfolg“ etwas fragwürdig, wenn dem Ganzen rein finanzieller Zwang zugrunde liegt.
Dasselbe aus einem anderen Blickwinkel betrachtet offenbart, dass sich die Zahl der Einpersonenhaushalte (also: alleinlebende Singles) von 8 Millionen im Jahr 1970 auf heute knapp 17 Millionen mehr als verdoppelt hat, wovon fast 9 Millionen (52%) Frauen sind; rund drei Millionen mehr als noch 1970, zu Beginn der Feminismuswelle. Allerdings steht wohl außer Frage, dass ein Großteil dieser Frauen keineswegs aus feministischen Gründen berufstätig ist, sondern weil sie schlicht und einfach gezwungen sind, Geld zu verdienen, um ihr Leben als Single zu finanzieren. Und ob es sich dabei um einen Erfolg des Feminismus handelt, dass zunehmend mehr Menschen offenbar unwillig oder unfähig sind, eine dauerhafte Partnerschaft einzugehen oder überhaupt einen Lebenspartner zu finden, dürfte wohl eher fragwürdig sein.
Doch apropos Beruf: Natürlich ist man auf Seiten der Aktivisten nicht bereit, auch nur annähernd in Erwägung zu ziehen, dass man sich lediglich in einem Zeitgeist bewegt, der zwangsläufig nur vorübergehend ist. Und dass deshalb auch die Ideen und Ideologien, die man verfolgt, die Missstände, die man anprangert, und Forderungen, die man stellt, ebenso vom Zeitgeist abhängig sind, wie das, was man als ultimative Lösung betrachtet. Umso schlimmer natürlich, wenn das Ganze dem Motto „*Warum lernen..?*“ folgt, siehe oben.
Nehmen wir beispielsweise den heutigen Beruf der Sekretärin, dann fällt auf, dass es sich hierbei um eine echte „Frauendomäne“ handelt, in der Männer keine wirklich gleichberechtigte Chance haben. Das beinhaltet allerdings für einige Feministinnen eher Empörungspotenzial. Denn schließlich sind es hier doch wieder die Frauen, die dem meist männlichen Chef unterstellt sind, und nur den Papierkram erledigen, den Kaffee kochen und die Donuts für die Besprechungen organisieren dürfen. Ein Kurzschlussdenken solcher Art, das aus reinen Klischées besteht, hatten wir bis hierhin ebenfalls schon mehrfach

feststellen können. In der Realität da draußen jedoch ist jeder Chef ohne seine Sekretärin ziemlich hilflos, die deshalb nicht grundlos auch gern als „rechte Hand“ bezeichnet wird.
Schon bereits mit ein klein wenig geschichtlichem Hintergrundwissen zeigt sich nämlich, wie solche Ansichten, Sichtweisen und Betrachtungen von dem jeweiligen Zeitgeist abhängen. Vom Mittelalter bis ins 17. Jahrhundert gab es „Die Hanse“: einen Städtebund, in dem sich hauptsächlich norddeutsche Kaufleute zusammenschlossen. Mit der Erfindung des Buchdrucks und damit auch der unausweichlichen Ausuferung der Formulare und der Bürokratie, wurde der verwalterische Aufwand des Handels immer größer. So entstand der Beruf des „Sekretärs“, der das Ganze leiten sollte, und diese Bezeichnung bekam, weil ihm bei seiner Arbeit zwangsläufig Geschäftsgeheimnisse (lat. „*secreto*“) bekannt wurden. Dieser Beruf war damals Männern vorbehalten, weil man Frauen doch tatsächlich unterstellte, sie könnten keine Geheimnisse für sich behalten. *Das* könnte man wohl stereotype Diskriminierung nennen. Eine technische Erfindung machte aus der Männer- eine Frauendomäne: die *Schreibmaschine*! Für das Umgehen mit diesem Meisterwerk technischen Fortschritts betrachtete man Frauen als geeigneter, weil sie erstens schmalere Finger hätten, und zweitens damals in der Regel als Töchter aus gutem Hause natürlich Klavierspielen konnten. Das waren für die damalige Zeit offenbar unschlagbare Argumente, ganz ohne feministischen Aktivismus. Man könnte auch sagen „kleine Ursache, große Wirkung“, ohne jeden Radikalismus.
Aufgrund der eigentlich recht einfach erkennbaren Willkür und Mutwilligkeit in aktivistischen Bewegungen ist es auch im Feminismus ziemlich schnurz, ob es um eine deklarierte „Männer“- oder „Frauendomäne“ geht: es wird beides gleichermaßen angeprangert, je nach dem, oder auch weniger oder gar nicht, man findet in allem einen Missstand und potenzielle Diskriminierung, wenn man das unbedingt will. In jedem Fall jedoch angeblich beseelt vom Ideal der allseitigen Gleichstellung und Gleichberechtigung. Oder eben auch nicht. Auch das handhabt man äußerst flexibel. So klagte eine Feministin im August 2020 erfolgreich darauf, dass bei dem alljährlichen „Fischerfest“ im bayerischen Memmingen endlich auch Frauen teilnehmen dürfen: Ein Fest,

bei dem bislang – seit dem Jahr 1465(!) – ausschließlich erwachsene Männer und heranwachsende Jungen in den Stadtbach springen, um darin mit bloßen Händen Fische zu fangen. Eine traditionelle Attraktion, zu der jedes Jahr bis zu 40.000 Menschen strömen. Doch, wie gesagt: Nach über 550 Jahren ist mit dieser sexistischen Tradition nun endlich Schluss, im Namen des Volkes dürfen jetzt auch Frauen in den Stadtbach springen. Und wieder ist die Welt für uns alle deutlich spürbar ein Stückchen besser geworden. Als nächstes ist wahrscheinlich und natürlich völlig zurecht der rheinische Karneval an der Reihe. Schließlich sind es in ebenso sexistischer Tradition ausschließlich Frauen, die sogenannten „Möhnen" oder auch „Altweiber", die die Rathäuser stürmen und wehrlosen Männern ihre Krawatten abschneiden. Im Sinne der Gleichberechtigung und Gleichstellung sollten bitteschön auch Männer aktiv daran teilhaben dürfen und Frauen die Absätze ihrer High-Heels ansägen. Von den ausschließlich weiblichen „Funkenmariechen", die wahrscheinlich ohnehin als solche patriarchalisch diskriminiert werden, ganz zu schweigen, sollte wohl auch endlich Männern erlaubt sein, in kurzen Röcken zu tanzen und zwischendurch einen eleganten Spagat hinzulegen.
Auch Gleichberechtigung muss man also erst einmal... *wollen*. Vor allem natürlich dann, wenn man diese Begriffe als Variationen von „Gleichheit" eindeutig positiv besetzt im Kopf hat. Schließlich hat man schon damals in der Französischen Revolution die Gleichheit aller Menschen eingefordert (*„Liberté, Égalité, Fraternité*", dt: „Freiheit, Gleichheit, Brüderlichkeit"), was man gern für großartig hält. Bis auf diese Brüderlichkeit natürlich, weil sie eben die Schwestern vollständig ausschließt. In Österreich – nur nebenbei angemerkt – hat man das schon vor über 10 Jahren erkannt, und die Nationalhymne politisch-korrekt korrigiert, vormals *„Heimat bist du großer Söhne, Volk, begnadet für das Schöne, vielgerühmtes Österreich*", indem man ab 01.01.2012 die unterdrückten Töchter ergänzte: *„Heimat großer Töchter, Söhne...*". Jedenfalls: zu dem damaligen Zeitpunkt absolut politisch-korrekt. Mittlerweile jedoch, wo der Feminismus schließlich *allen* Geschlechtern die Gleichheit erkämpfen will, dürfte hoffentlich bald mit der nächsten Diskussionsrunde auch die nächste Überarbeitung der Hymne anstehen. Dass

das nicht schon längst passiert ist, ist schon ziemlich erstaunlich. Erst recht: in Deutschland, wo es doch tatsächlich noch immer heißt „*Einigkeit und Recht und Freiheit, für das deutsche Vaterland*“, was im Jahr 2018 die Gleichstellungsbeauftragte des Bundesfamilienministeriums, Kristin Rose-Möhring, selbstverständlich als sexistisch kritisierte, und mindestens das *Vater*land durch *Heimat*land ersetzt haben wollte. Wobei ausgerechnet eine Frau, die damalige stellvertretende Bundesvorsitzende der '*Frauen-Union*' (CDU), Sigrid Isser, widersprach: „*Wir singen die Hymne ja auch in unserer* Mutter*sprache. Ich weiß nicht, ob die Dame das mitbedacht hat*“[95]. Wohl eher nicht, denn siehe mehrfach oben: Widersprüchlichkeiten sind in sämtlichen aktivistischen Bewegungen völlig normal, und gehören zu den Details, die schließlich nur an der Weltrettung hindern. Zumal die ganze Diskussion auch darüber längst schon wieder hinaus ist und Bezeichnungen wie „Mutter“ und „Vater“ ganz grundsätzlich und generell diskriminierend sind! So hat im Februar 2021[96] die *Australian National University* ein Handbuch mit Richtlinien für die dort beschäftigten Dozenten erstellt, wonach im Sinne der Geschlechterneutralität und der sogenannten „gender-integrativen Lehre“ die Begriffe „Mutter“ und „Vater“ durch „austragendes Elternteil“ sowie „nicht-gebärendes Elternteil“ zwar nicht ersetzt, jedoch um diese Bezeichnungen „erweitert“ werden sollten. Welch eine sprachliche Bereicherung. Ob das jedoch nun wirklich korrekt ist, sollte man vielleicht doch noch einmal hinterfragen. Schließlich wird dabei noch immer eine willkürliche Unterscheidung praktiziert; und macht damit genau dasselbe wie vorher, nur anders. Doch das, wie gesagt, nur nebenbei.

Was jedenfalls die angestrebte umfassende Gleichberechtigung angeht, mit der rigorosen Gleichstellung sämtlicher Geschlechter, und einer offenkundig widerspruchsfreien Gleichschaltung, sowie Ausschaltung von Diskussionen, scheint das Gesamtkonzept irgendwie nicht vollständig durchdacht zu sein.

95 Deutschlandfunk 05.03.2018 „Gendergerechte Nationalhymne: Heimatland statt Vaterland?“

96 'Focus' 17.02.2021 „Gender-Vorschlag in Australien: „Austragendes Elternteil“ - Akademiker wollen Begriffe Mutter und Vater abschaffen“

Das beginnt bereits ganz zu Anfang mit dem Begriff „Gleichheit“, wenn man über den wohligen Klang des Wortes einmal kurz hinausdenkt – es sei denn natürlich, die Dehnbarkeit dieses Begriffes, die eine absolute Gleichheit unerreichbar macht, gehört mit zum Konzept. Und falls das der Fall sein sollte, dann kam es der Sache wohl wie gerufen, den „Geschlechterkampf“ zwischen ursprünglich nur zwei Geschlechtern dem Zeitgeist folgend jetzt noch auf mehrere andere („alle“) ausweiten zu können.
Wann genau besteht denn eigentlich *Gleichheit*? Nicht nur in der Mathematik jedenfalls sagt man etwa, dass 1 plus 1 *gleich* 2 ist, sondern das wird genauso gern in Diskussionen gesagt, als müsse über manches gar nicht nachgedacht werden, schließlich weiß das jedes Kind, oder will das allen Ernstes jemand in Zweifel ziehen. Jedoch: das kommt tatsächlich darauf an. Es mag stimmen, solange man eine Anzahl von Äpfeln oder Birnen untereinander addiert, und so lange hat man damit vielleicht sogar Recht. Bei der Addition von genau einem Schaf mit genau einem Kühlschrank wird es allerdings ein wenig kniffliger, und wäre es spannend zu erfahren, was denn bei dieser Addition von 1 + 1 an *Gleichem* herauskommt(?) ...wo das doch jedes Kind weiß. Man würde vielleicht einwenden, ein Schaf und ein Kühlschrank ließen sich doch gar nicht miteinander ver*gleichen*, und käme damit einem Erkenntnissprung schon relativ näher. Und noch ein Stückchen näher bei der Berücksichtigung, dass hierbei *Eigenschaften* und *Merkmale* eine gewisse Rolle spielen. Auch das ist natürlich knifflig. Dann würde man womöglich darauf bestehen, dass sich auch das gar nicht ver*gleichen* lässt, weil Menschen keine Zahlen sind, weder Frauen noch Männer. Eben. Dennoch werden auch in dieser Thematik sowohl vermeintliche Missstände und Probleme als auch die vermeintlichen Lösungen vornehmlich anhand von Zahlen festgemacht, nämlich in Studien und Statistiken, mit etwaigen Erkenntnissen aus verdenglischter „Gender Pay Gap“ und „Gender Time Gap“ und „Gender Work Gap“ und Frauenquoten, etc, und rechnet sich – mit Eigenschaften und Merkmalen – in Rage.
Oder werfen wir einen Seitenblick auf den Bildungsbereich und die ebenfalls gern proklamierte Chancen*gleichheit*: wann haben Schulkinder tatsächlich allesamt die gleichen Chancen? Etwa, wenn allesamt den gleichen Lehrstoff

in gleicher Menge auf gleiche Art und Weise verabreicht bekommen, auch bei unterschiedlichsten persönlichen Voraussetzungen? In den USA forderte im Jahr 1963 der schwarze Schriftsteller *James Baldwin* für benachteiligte schwarze Schulkinder erstmals das genau Umgekehrte: *„Eine Schule, die sich um alle Kinder gleich intensiv kümmert, zementiert die Unterschiede"*. Und das bedeutet: Eine Gleichheit der Chancen erfordert eine Ungleichheit in der Schulbildung, zugunsten der Benachteiligten. Siehe oben: es ist knifflig. Immerhin kann es einen kleinen Eindruck vermitteln, was passiert, wenn man ausnahmsweise vielleicht einen zweiten und dritten Gedanken riskiert, statt nur Schlagworte spontan euphorisch zu beklatschen.

Apropos „Schlagworte". Es war im Jahr 2017, als bekannt wurde, dass der US-amerikanische Filmproduzent *Harvey Weinstein* über Jahrzehnte hinweg Dutzende Frauen sexuell belästigt, genötigt und vergewaltigt hat. Im Verlauf dieses *„Weinstein-Skandals"* forderte die Menschenrechtsaktivistin *Tarana Burke* betroffene Frauen auf, sich zu melden, was über die Schauspielerin Alyssa Milano in Form der Schlagwortphrase *„MeToo"* („Ich auch") durch die „Sozialen Netzwerke" zwangsläufig nicht nur weltweit Aufmerksamkeit erregte, sondern auch, wie es heißt, eine *„breite gesellschaftliche Debatte angestoßen"* hat; und zwar natürlich über Sexismus ganz generell. Wie in diesem Zeitgeist und in dieser *„Generation Z"* nahezu unvermeidlich bildete sich eine *„MeToo-Bewegung"*, um auch diesen Missstand anzuprangern, den es in den letzten zwei Millionen Jahren Menschheitsgeschichte sicherlich schon immer gegeben haben dürfte. Etliche Frauen (und tatsächlich auch der eine oder andere Mann) meldeten sich daraufhin – heutzutage natürlich über die „Sozialen Medien" – mit einem solchen öffentlichen *„MeToo"*, aus den verschiedensten Bereichen, der Film- und Fernsehindustrie, der Medien- und Musikbranche, sogar auch aus der Politik, von nahezu überall her. Wie üblich, wenn solche Wellen durch die „Sozialen Medien" rollen und uns tagelang kaum noch ein anderes Thema präsentiert wird, wurde der Eindruck geweckt und verstärkt, *sexuelle Gewalt* sei ein Massenphänomen in ungeahnt erschreckenden Ausmaßen, natürlich am Rande des Weltuntergangs.

Neben der „angestoßenen Debatte“ hatte das Ganze hauptsächlich den Effekt, dass es sich seit dem inflationär und ungebremst verbreitet hat, lediglich über einen sogenannten „Hashtag“ (das Doppelkreuz: #) mit jeweils angefügtem Schlagwort zu kommunizieren – und nicht gerade selten: genau damit auch die Kommunikation zu beenden und praktischerweise jede etwaig drohende Diskussion schon im Keim zu ersticken. Die „*Generation Z*“ hat durch diese „*MeToo-Bewegung*“ äußerst erfolgreich gelernt, dass das Verwenden eines simplen Schlagwortes (hier in diesem Fall aus gerade einmal fünf Buchstaben bestehend) ausreicht, um einen Standpunkt, eine Sichtweise, Überzeugung und Meinung absolut vollständig und eindeutig ausgedrückt zu haben. Selbst dafür, dass jemand auf dieses Defizit eines „*Warum lernen..?*“ (siehe oben) hinweist, und dezent auf den Sinn oder die Notwendigkeit, sich vielleicht doch noch etwas ausführlicher mitteilen zu sollen oder zu müssen, hat man sich ein passendes Schlagwort zugelegt: „*whataboutism*“ – *w*as den Vorwurf beinhaltet, man wolle mit seinem Einwand doch nur von dem per Schlagwort glasklar kommunizierten Problem auf ein anderes Thema ablenken. In etwa so auf diese Weise wurde dann sowohl der Hashtag „*MeToo*“ verwendet, um sich ohne weitere Erläuterung öffentlich als ein Opfer von sexueller Gewalr zu erklären, ohne dass auch nur annähernd geklärt worden wäre, um welche Art von „Gewalt“ es sich eigentlich gehandelt hätte. Denn schließlich ist auch Wortgewalt eine Form von (eben: verbaler) Gewaltausübung, die sicherlich eine entsprechende Wirkung haben kann, aber keineswegs muss; u.a. davon abhängig, was jemand unter „Gewalt“ versteht und wodurch sich jemand verbal angegriffen fühlt, während manch andere sich über dasselbe eher nur köstlich amüsieren können – ganz im Gegensatz zu einer körperlich verübten und erfahrenen Gewalt.

So kursierte im Verlauf dieser „angestoßenen Debatte“ über *Sexismus* auch urplötzlich ein zumindest in Deutschland bis dahin unbekannter Begriff: das sog. „*Catcalling*“ (man macht sich in diesem Zeitgeist eben längst nicht mehr die enorme Mühe, englische Begriffe zu übersetzen): gemeint ist mit diesem „Katzen rufen“ erstaunlicherweise „Anzüglichkeit im öffentlichen Raum“, zum Beispiel das „Nachpfeifen“ von Männern gegenüber einer Frau, was als

„verbale Belästigung“ und somit als „sexuelle Gewalt“ interpretiert werden kann. Jedoch eben: nicht unbedingt muss. Angesichts dessen, dass ein solches „Nachpfeifen“ wohl nur beim Anblick einer als attraktiv empfundenen Frau ausgeübt wird, soll es tatsächlich immer noch Frauen geben, die sich dadurch vielmehr geschmeichelt fühlen. So munkelt man, dass *„Catcalling*“ vor allem solche Aktivistinnen empört anprangern, die selbst nicht zu fürchten haben, dass ihnen jemals ein Mann nachpfeifen wird.

Ein exzellentes Beispiel für die mitunter nützliche Dehnbarkeit von Begriffen wie u.a. „sexuelle Gewalt“, „verbale Belästigung“ und „Sexismus“ war Mitte Dezember 2020 beim Pay-TV-Sender *'Sky'* zu erleben: Der Sportreporter Jörg Dahlmann kommentierte ein Fußballspiel und meinte nebenbei, dass einer der Torhüter zwar nur auf der Ersatzbank sitzen würde, das hätte jedoch *„den Vorteil, dass er zu Hause kuscheln kann mit seiner Sophia Thomalla. Aber für so eine Kuschelnacht mit Sophia würde ich mich auch auf die Bank setzen*“. Auch eine öffentliche Entschuldigung nützte Dahlmann nichts, er wurde für diesen (wie er dachte: nur flapsigen) Spruch fristlos entlassen. Es hatten sich einfach zu viele Menschen (vor allem natürlich in den „Sozialen Netzwerken“) über diese eindeutig sexistische Anmerkung beschwert. Zumal diese Zuschauer vor lauter Empörung sicher den Rest der Fußballspiels glatt verpasst haben werden. Erstaunlicherweise sah die Frau, die als einzige direkt von diesem Spruch betroffen war, nämlich Sophia Thomalla, das Tammtamm völlig anders[97]: *„Ich habe mich über den Kuschelspruch einfach amüsiert, und nicht als Kränkung aufgefasst, sondern als Kompliment. Ich habe mir den Ausschnitt immer und immer wieder angeschaut und bis heute nicht begreifen können, warum diese Sätze Grund genug waren, Jörg Dahlmann von seinem Job zu befreien. Weil er jetzt gern mit mir gekuschelt hätte? Oder weil er privat mit beruflich vermischte? Oder wollte man ihn so oder so loswerden und hatte nur auf den entscheidenden Moment gewartet, ihn abzusägen? Alle drei Erklärungen sind für mich absurd*“. Eine andere wäre:

97 'news.de' 01.03.2022 „Jörg Dahlmann: Rausschmiss nach Kuschelspruch! DAS war Sophia Thomallas Reaktion“

feministische Aktivistinnen und selbsternannte Blockwarte fühlen sich jetzt deutlich besser. Wie wir bereits mehrfach feststellen konnten, kann bei der Weltrettung auf Details genauso wenig Rücksicht genommen werden, wie auf Einzelschicksale. Mitunter müssen auch Betroffene gerettet werden, die gar nicht wissen, dass sie betroffen sind, wie etwa Sophia Thomalla.
Ein anderes wunderbar geeignetes Beispiel war die Werbekampagne eines Sportartikelherstellers im Februar 2022[98]: Auf über 120 unterschiedlichen Plakaten und in Anzeigen wurden schachbrettartig Fotos nackter Oberkörper von Frauen dargestellt, also zwangsläufig mit bestens sichtbaren Busen, als Werbung für Sport-BHs. Darin hieß es „*Wir glauben, dass weibliche Brüste in allen Formen und Größen Halt und Komfort verdienen*". Und das, obwohl doch blanke Brüste ebenso blanker Sexismus und damit ein Skandal sind; was der Sportartikelhersteller wohl zugunsten der Aufmerksamkeit nicht nur in Kauf genommen, sondern eher provoziert haben dürfte. Mit Erfolg: Die britische Werbeaufsicht *Advertising Standards Authority* (ASA) erhielt prompt 24 empörte Beschwerden, unter anderem mit der Begründung, diese ganzen nackten Frauen-Brüste könnten schließlich auch von Kindern gesehen werden! Das scheint selbst noch heutzutage, wo wir doch alle so wahnsinnig aufgeklärt und offen und regenbogenbunt sind, ein Problem zu sein. Auch die *ASA* sah das ähnlich und forderte den Sportartikelkonzern auf, die Motive zu überarbeiten, „*um zu vermeiden, dass bei den Menschen, die sie sehen, ein Ärgernis hervorgerufen wird*", denn schließlich „*besonders für Kinderaugen sind die nackten Frauenbrüste nicht geeignet*". Nackte männliche Bierbäuche in jedem Schwimmbad können ganz sicher ein optisches Ärgernis darstellen, doch lassen sich nun einmal nicht so einfach verbieten, wie etwas, das man als Sexismus anprangern kann, wenn man das unbedingt will. Notfalls mit dem Argument, dass Kinder wohl potenziell lebenslang traumatisiert werden, beim Anblick nackter Frauenbrüste. Dass Kinder in Medien und Werbung immer öfter mit weiblich aufgemachten Transmännern konfrontiert werden,

98 'Die Welt' 11.05.2022 „Britische Werbeaufsicht kritisiert Adidas-Werbung mit nackten Brüsten" - 'Der Spiegel" 12.05.2022 „Freiheit den Brüsten" - 'watson.de' 12.02.2022 „Warum man die Busen-Kampagne von Adidas feiern sollte" u.v.a.

ist dagegen für Kinderaugen völlig unproblematisch, weil wir uns schließlich heute in einem regenbogenbunten offenen Zeitgeist befinden, in dem alles krampfhaft versucht wird, um das zu normalisieren. Aber natürlich. Doch diese aktivistische Willkür, Beliebigkeit und Mutwilligkeit mitsamt daraus resultierender Widersprüchlichkeiten.. siehe mehrfach oben.
Recht ähnlich wie im Falle des Sportreporters Jörg Dahlmann mit seinem empörend sexistischen Spruch über das Model Sophia Thomalla folgten auch auf dieses Tammtamm jedoch völlig andere Reaktionen, wie etwa „*Hurra! Endlich wird mit Brüsten für Brüste geworben!*“, „*Ganz schön normal*“ und „*Freiheit den Brüsten!*“. Denn schließlich zeige die kritisierte Werbung doch nur, „*wie normal und individuell weibliche Körper abseits von sexualisierter Inszenierung aussehen*“. Dafür wiederum hat man in diesem Zeitgeist das (natürlich: aus dem Englischen übernommene) Schlagwort „*Body Positivity*“ creiert (im Gegensatz zum - natürlich aus dem Englischen übernommenen - „*Body Shaming*“). Gerade deshalb sei es deutlich schlimmer, Frauenbrüste als Ärgernis zu betrachten. Anders gesagt: nicht etwa die Werbung ist sexistisch, sondern sexistisch ist vielmehr, diese Werbung als sexistisch zu betrachten. Aha. Wenn man sich wiederum der Popmusik dieses Zeitgeistes widmet, sieht man unter den zumeist ziemlich jungen Sängerinnen zumeist ziemlich stereotyp halbnackt auftretende Künstlerinnen, die die Parole „*Freiheit den Brüsten*“ ebenso beherzigen, wie die Beinfreiheit; zudem in Verbindung mit lasziven Gesten und Bewegungen, die in ihrer Eindeutigkeit vor zwanzig Jahren noch einen empörten Skandal nach dem anderen provoziert hätten. Doch: heute? Das ist ganz offenkundig vollständig losgelöst von jeglichem Hauch einer Kritik, geschweige denn: laut getrötetem Sexismus. In ganz erstaunlicher Weise werden diese Stars von ihren zumeist weiblichen Fans nicht nur angehimmelt, sondern äußerlich weitgehend imitiert. In einer Form, die eine Mutter kürzlich in einem „Sozialen Netzwerk“ anmerken ließ: „*Wenn ich unseren Sohn von der Schule abhole, sehe ich viele Mädchen herauskommen, denen der halbe Busen aus dem Top fällt, und mit Miniröcken, dass man die Pobacken sehen kann*“. Auch das widerspricht – wieder einmal – allem, was uns ansonsten feministisch-radikal erklärt wird,

in diesem Zeitgeist, von dieser Generation. Und das Ganze soll man nun als „alter, weißer Mann“ tatsächlich noch irgendwie ernst nehmen(?).
Man hat sich vielmehr auch in dieser Thematik mit Begriffen eingedeckt, die dehnbar wie ein Kaugummi und dadurch bei etwaigem Bedarf anwendbar sind oder auch nicht, je nach dem. Das ist inzwischen so weit gediehen, dass man früher, wenn man als Mann einer Frau die Türe aufhielt, oder dabei half, ein schweres Paket zu tragen, als Gentleman galt; heute dagegen muss man damit rechnen, als Sexist beschimpft zu werden. Es könnte sein, dass sich so einige Männer inzwischen sicherheitshalber lieber gleich zurückhalten. Ob das im Miteinander einen zivilisatorischen Fortschritt darstellen soll, stelle ich ernsthaft infrage. Wenn es etwa um anzügliche Bemerkungen geht, oder auch um schmutzige Witze, die vornehmlich von Männern in Anwesenheit einer Frau oder gar direkt in ihre Richtung gemacht werden, kann man das natürlich so hoch hängen, dass es als eindeutig sexistisch durchgeht. Wenn man das will. Man kann auch einfach feststellen, dass man es in solch einem Fall entweder mit einem Idioten zu tun hat und/oder mit jemandem, der sich nicht zu benehmen weiß, worauf man entweder mit Humor und einer Retourkutsche oder auch mit Mitleid für den armen Tropf reagieren kann. Das ist hier wie dort, sowohl auf Seiten der Frauen, wie auch der Männer, jeweils auch(!) ein *persönliches* Problem: eine Frage von u.a. Weltbild, Erziehung, Bildung, Charakter und Persönlichkeit, und damit auch(!) ein Problem, das seine Wurzeln weitaus tiefer liegen hat, als in einem Sexismus, der nur ein sichtbares Symptom von vielen ist.
Apropos: In Auswirkung und im Anschluss an die berüchtigte Generation der „68er“ – die Zeit der Studentenrevolte mit radikaler Rebellion und Protesten gegen „die Zustände“ und den „Muff in der Gesellschaft“, Spießbürgertum und Kleinbürgerlichkeit, gegen vermeintlich überholte Moralvorstellungen, insbesondere die Sexualmoral, und Scheinheiligkeiten aller Art, etc – sind die Teilerfolge daraus mit der Medienlandschaft ab den 1980er Jahren noch um einiges angereichert und überdreht worden. Die sogenannte „*Generation Y*“ war deren erstes vollständiges Opfer, die aktuelle „*Generation Z*“ sowieso, weil das Resultat aus dem Ganzen eben die „Normalität“ ist, in die sie schon

hineingeboren wurde und nichts anderes mehr kennt. Etliche Missstände, die heute in diesem Zeitgeist von genau dieser Generation angeprangert werden, der heutige Sexismus inklusive, lassen sich darauf zurückführen, ohne dafür in ideologische Sphären abdriften zu müssen, in denen man die Ursachen überall sucht (und deshalb auch: findet), nur nicht bei sich selbst. Dass man diese Möglichkeit gänzlich abstreitet und vehement abwehrt, ist zwar eine völlig normale Reaktion, ändert aber nichts an der Tatsache.
Nur beispielsweise: Wenn noch in meiner Jugend in den 1980er Jahren der berüchtigte „*Knigge*" mit seinem „Benimmregelwerk" immerhin noch einen gewissen Restwert hatte, kann man heute nicht einmal mehr erwarten, dass überhaupt bekannt ist, worum es darin geht: „*Der Knigge*" wurde zu einer geflügelten Bezeichnung des Hauptwerkes von Adolph Knigge „*Über den Umgang mit Menschen*" aus dem Jahr 1788. Knigges Absicht war, damit Aufklärungsarbeit zu leisten für „Taktgefühl und Höflichkeit", verbreitet u.a. in Form eines „*Das macht man nicht*". Dass davon in diesem Zeitgeist und dieser „*Generation Z*" nur in seltensten Ausnahmefällen etwas zu bemerken ist, muss hier wohl kaum weiter ausgeführt werden. Die Polizei jedenfalls nennt *fehlende Empathie* als Hauptursache für ausartende Gewalt unter Jugendlichen, die früher in dieser Form völlig undenkbar war. Das wiederum findet in einem (sozial)-medialen Umfeld statt, in dem die *Selbst*inszenierung über allem steht, notfalls auf Kosten anderer, wenn (nur beispielsweise) im Sterben liegende Unfallopfer mit dem Smartphone gefilmt werden, weil man mit einem solchen Video schön viele Klicks in den „Sozialen Netzwerken" bekommt. Das Ganze wiederum unter dem Aspekt der etlichen Tabubrüche der letzten paar Jahrzehnte, im Speziellen wenn es um (mediale) Sexualität und Gewalt geht, wird es eigentlich höchste Zeit, dass man sich fragt, ob es da eventuell den einen oder anderen Zusammenhang geben könnte zu einigen zeitgeistigen Missständen, u.v.a. zu Sexismus und sexueller Gewalt.
So ließen sich problemlos durchaus auch ziemlich ungünstige Effekte dieser „*MeToo-Bewegung*" auf das Untereinander und Miteinander aufzählen. Einer davon ist der sogenannte „*Pence-Effekt*", zurückgehend auf den ehemaligen US-Vizepräsidenten *Mike Pence*, der im Jahr 2018 meinte, wegen „*MeToo*"

würde er inzwischen mit keiner anderen Frau mehr auch nur essen gehen, als mit seiner Ehefrau. In einer daraufhin erfolgten Umfrage erklärten zahlreiche Männer, sie würden diesen „*Pence-Effekt*" teilen, und sich jetzt unbehaglich dabei fühlen, mit weiblichen, insbesondere mit jungen und attraktiven, Kolleginnen alleine zu sein, aus Angst vor Gerüchten oder einer potenziellen Anschuldigung. In einer *Harvard*-Studie[99] ('*The #MeToo-Backlash*') wurde im Folgejahr 2019 ermittelt, dass es 27% der männlichen Angestellten jetzt vermeiden, mit einer Arbeitskollegin allein in einem Raum zu sein. Unter männlichen Unternehmern wollen 21% keine Frau mehr für Jobs einstellen, die eine enge Zusammenarbeit mit männlichen Kollegen erfordern, 19% wollen ganz grundsätzlich keine attraktive Frau mehr einstellen, selbst wenn es nur der Job einer Reinigungskraft ist. Im selben Zusammenhang sickerte ein „Verhaltenscode" durch[100], der angeblich an der New Yorker '*Wall Street*' unter Männern durchgereicht wurde, darin u.a.: „*Kein Abendessen mehr mit weiblichen Kollegen / Sitzen Sie auf Flügen nicht neben ihnen / Buchen Sie Hotelzimmer auf verschiedenen Etagen / Vermeiden Sie Einzelgespräche*". Ein dortiger Vermögensberater wurde folgendermaßen zitiert: „*Eine Frau einzustellen, ist heutzutage schon ein unbekanntes Risiko. Was ist, wenn sie etwas, was er sagt, falsch aufnehmen würde, oder umgekehrt?*". Darauf soll der New Yorker Arbeitsrechtler Stephen Zweig festgestellt haben, wenn sie auf diese Weise reagieren, „*werden diese Männer zwar eine Beschwerde wegen sexueller Belästigung vermeiden, aber eine andere wegen sexueller Diskriminierung erhalten*". Und wie es daraufhin in deutschen Medien hieß[99]: „*Nach #MeToo: Männer meiden Frauen am Arbeitsplatz*", was eine neue Art des „*Victim Blaming*" sei (schon wieder eines dieser englischen Schlagworte, die man sich spart zu übersetzen, und sich wieder wunderbar eignet, genauso gedankenlos angewendet zu werden. Man merkt es offenbar einfach nicht), also das, was man im Deutschen als „Täter-Opfer-Umkehr" kennt, also die

99 'Harvard Business Review' Oktober 2019 „Sexual Harassment: The #MeToo Backlash" - 'Wienerin' 11.09.2019 „Feminismus - Nach #MeToo: Männer meiden Frauen am Arbeitsplatz"

100'Die Welt' 04.12.2018 „Wall-Street-Regel für #MeToo-Ära: Meiden Sie unbedingt Frauen"

Schuld und Verantwortung für eine Tat auf das Opfer abzuwälzen. Sowie *„#MeToo hat reale Auswirkungen, auch auf künftige Zusammenarbeit im Joballtag, wie eine neue Studie beweist. Die Leidtragenden sind aber erneut: Frauen*", womit man (siehe oben) die Frage aufwerfen könnte, ob man solche Folgen auf das gemeinsame Miteinander tatsächlich in Kauf nehmen will, um sich weiterhin im Kampf um die Weltrettung wähnen zu können, oder sich in der Radikalität nicht vielleicht doch einmal ein wenig bremsen sollte. Doch tatsächlich wurde diese Frage bereits beantwortet[99]: *„Männer bestrafen Frauen für #MeToo*" ...und gießt damit noch ein bisschen mehr Öl in das ohnehin schon lodernde Feuer. Dass „die Männer" eine eventuell irgendwo auch verständliche Reaktion zeigen, ist keine Option – sie nutzen nur jede einzelne sich bietende Möglichkeit, um Frauen zu unterdrücken. Das gilt wahrscheinlich auch für den Moral-Kodex *„Frauen und Kinder zuerst!*" bei Rettungsaktionen in Katastrophenfällen, und sollte in aller feministischer Konsequenz abgeschafft werden. Nein, man merkt es nicht. Wie auch, wenn man sich in diesem Zeitgeist und dieser Generation im absoluten, endgültigen Wissen wähnt, und sich berufen fühlt, alles und jeden radikal zu retten, sei es auch gegen deren Willen, um sich selbst dabei besser zu fühlen.
Andererseits verwundert diese ganze Diskussion doch schon ein wenig, wo doch das Geschlecht neuerdings nichts weiter ist als ein *„soziales Konstrukt*", völlig jenseits von Genetik, DNA und Chromosomen. Und damit ist mir eine wirklich elegante Überleitung gelungen zu einem ***der*** zeitgeistigen Themen Anfang der 2020er überhaupt...

VIELFALT, GENDER UND IDENTITÄTEN

„Einfach toll, wie angesagt 'Vielfalt' momentan ist.
Mit Ausnahme der Meinungsvielfalt natürlich."
(Cerny)

Ziemlich ähnlich, wie im Falle von Rassismus, Kolonialismus und kultureller Aneignung nun von dieser *„Generation Z"* Weltgeschichte neu geschrieben wird – beginnend mit der Enttarnung von Christoph Kolumbus als Rassisten, Eroberer und Unterdrücker (siehe oben), und uns offenbart, dass sogar der Klimawandel letztlich durch Kolumbus verursacht wurde – dürfen wir nun dazulernen und neu lernen, dass man auch mit der *Genetik* in den letzten rund 120 Jahren komplett daneben lag. Welch revolutionärer Zeitgeist!
Während nämlich noch im Jahr 1888 der Anatom *Wilhelm von Waldeyer-Hartz* in menschlichen Zellen die *Chromosomen* entdeckte, machte im Jahr 1905 die Biologin *Nettie Maria Stevens* die Entdeckung[101] der *chromosomen-gebundenen Vererbung* des Geschlechts. Also die – noch! – in den Lehr- und Schulbüchern geschriebene Entdeckung, dass das Geschlecht genetisch durch die DNA festgelegt ist: das weibliche durch ein doppeltes „X"-Chromosom, das männliche dagegen durch ein „X" und „Y"-Chromosom. Es gilt als wahrscheinlich, dass Nettie Stevens für diese Entdeckung den Nobelpreis für Medizin erhalten hätte, wäre sie nicht bereits im Jahr 1912 im Alter von nur 50 Jahren an Brustkrebs gestorben. Stattdessen ging der Nobelpreis im Jahr 1933 an den Zoologen und Genetiker *Edmund Beecher Wilson*, der parallel zu Nettie Stevens eigene Forschungen zu dieser Entdeckung betrieb, und statt Stevens heute in jedem Fachbuch über Genetik auftaucht. Doch wie gesagt: noch! Schließlich wird Dank dieses Zeitgeistes und dieser Generation nun auch diese Geschichte ideologisch neu- und umgeschrieben:
Das menschliche Geschlecht ist – völlig unabhängig von Genetik, DNA und Chromosomen – mitnichten abhängig von einer chromosomen-gebundenen

101 Deutschlandfunk 07.07.2016 „Genetik: XY gelöst- Wie Nettie Stevens die Geschlechter entdeckte"

Vererbung, wie *Nettie Maria Stevens* glaubte entdeckt zu haben, und wie es seit dem und bis kürzlich noch Lehrmeinung war! Sondern das menschliche Geschlecht ist nichts weiter als ein bloßes „*soziales Konstrukt*“! Ist das zu fassen. Gut, dass das in diesem Zeitgeist von dieser „*Generation Z*“ mit ihrem absoluten, vollkommenen und endgültigen Wissen endlich aufgedeckt wurde! Obwohl auch andererseits... doch! Es muss jetzt – insbesondere natürlich wieder von „den Alten“ – unbedingt verstanden werden, dass beides sowohl gilt als auch nicht-gilt; also ein nicht-binäres Weder/Noch in aller Konsequenz. Soll irgendwie heißen: Niemand bezweifelt die biologisch und genetisch und physiologisch bedingte Vererbung von Geschlechtsmerkmalen, die jedoch (und das ist die atemberaubend neue Erkenntnis) mitnichten unvermeidlich festlegen würde, welches Geschlecht ein Mensch *tatsächlich* hat, beziehungsweise sogar: ob er überhaupt eines hat. Faszinierend. Bleibt zu hoffen, dass diese „*Generation Z*“ nicht irgendwann selbst den Überblick verliert und die Weltrettung noch ernsthaft in Gefahr gerät.
Doch gerade natürlich ganz speziell für die ältere Generation, die mit diesem Thema das eine oder andere kleine Problemchen hat, einmal ganz vorsichtig herangetastet: In meiner Jugend in den 1980er Jahren gab es eine Szene[102], die noch relativ schlicht „Transvestiten“ genannt wurde. Also Männer, die sich äußerlich als Frau aufmachen, in typischer Frauenkleidung, geschminkt und mit Perücke. Das war damals ein eher klassisches Tabuthema, das nicht besonders groß aufgehangen wurde, und man gedanklich in erster Linie mit Varieté-Theatern und der Hamburger Reeperbahn in Verbindung brachte. Dabei lag der Gedanke ziemlich nahe, dass es sich wohl vornehmlich um homosexuelle Männer handeln dürfte, und damit war die Sache schon erledigt. Rückblickend stellt man eher fest, wie problemlos damals mit diesem Gesamtthema umgegangen wurde, dass Persönlichkeiten wie u.a. Andy Warhol, Rudolph Moshammer, Karl Lagerfeld, Siegfried & Roy, David Bowie, Elton John oder Freddy Mercury als mindestens homosexuell

102Ich verwende den Begriff „Szene“ hier und an allen sonstigen Stellen in völlig neutraler Form für eine soziale Gruppe, die ihre speziellen eigenen Charakteristika hat.

galten, was jedoch überhaupt niemand auch nur im Geringsten interessierte. Warum auch. Speziell der Sänger *Boy George*, der heute noch gern als *„der* Paradiesvogel der 80er Jahre“ gilt, wurde u.a. in Jugendzeitschriften gerade dadurch interessant, dass nicht klar war, ob das nun ein Mann oder vielleicht doch eine Frau war. Ansonsten war man jedoch Lichtjahre davon entfernt, aus der *„sexuellen Orientierung*“ eines Menschen ein Problem zu machen. Das betraf auch eine der Ausnahmen, nämlich die damals sog. *„Kießling-Affäre*“ im Jahr 1984: Dem Vier-Sterne-General der Bundeswehr und stellvertretenden Oberbefehlshaber der NATO, *Günter Kießling*, geriet aufgrund bloßer Gerüchte in den „Verdacht“, homosexuelle Neigungen zu haben. Allerdings führte das auch bereits schon in unserer Generation zu verständnislosem Kopfschütteln und konnten es schließlich nur „die Alten“ der Nachkriegsgeneration sein, die damit wohl ein Problem hatten. Ähnlich übrigens auch zehn Jahre später noch, also im Jahr 1994, als der Spielfilm *„Philadelphia*“ in die Kinos kam, in dem *Tom Hanks* einen schwulen Anwalt spielt, der an *'AIDS'* erkrankt ist, und deshalb gefeuert wird. Zwar war die Botschaft des Films, die damals verbreitete Angst vor 'AIDS' mitsamt der Stigmatisierung von Homosexuellen aufklärerisch zu überwinden, doch gab es im Vorfeld (natürlich, wie immer und in jedem Thema) auch Kritik: So wetterten damals christliche Gruppierungen gegen *„die positive Darstellung der homonsexuellen Lebensweise*“, andere kritisierten dagegen umgekehrt, der Film würde Vorurteile nicht abbauen, sondern verstärken. Der Erfolg des Films dagegen zeigt, dass das schon damals überholte Ansichten waren. Auf dem Weg zu einer neuartigen, zeitgeistigen Prüderie wähnt man sich jedoch, wenn *Tom Hanks* kürzlich in einem Interview meinte, als heterosexueller Mann würde er diese Rolle heute nicht mehr annehmen: ein schwuler Anwalt müsse auch von einem schwulen Schauspieler dargestellt werden. Allerdings erklärte Hanks nicht, ob das etwa auch für einen Film wie *„Apollo 13*“ gilt, in dem er ein Jahr später einen Astronauten spielte, und auch sonst zukünftig die Rollen von z.B. Terroristen und Serienmördern nur von Terroristen und Serienmördern gespielt werden sollten, aus Gründen der Authentizität.

Jedenfalls war es auch Anfang der 1980er, als mit „*Mary & Gordy*" erstmals eine Fernsehshow ausgestrahlt wurde, die von einem Transvestitenpärchen moderiert wurde, ganz im Stil des Varieté. Gerade auch durch den Titel „*Spaß an der Verwandlung*" wurde diese Szene so aus der Tabu-Ecke herausgeholt. Und auch das damals: kein sonderliches Problem für unsere Generation. Der heutigen würde man fast wünschen, sich das einmal zu Herzen zu nehmen, insbesondere wenn es um die Grundmentalität geht, mit der das angegangen wurde: als „Spaß an der Verwandlung" deklariert, statt als Missstand und Problem. Im Gegenteil jedoch dürfte man das heute so verbissen sehen, dass das alles natürlich so rein gar nichts weder mit Spaß noch Verwandlung zu tun hätte.
Am 01. Juli 1989 wiederum fand in Berlin die erste sog. „*Love Parade*" unter dem Motto „*Friede, Freude, Eierkuchen*" statt, angemeldet als „politische Demonstration", mit Veranstaltern aus der Szene der Techno-Musik. Über die Jahre hinweg mauserte sich das Ganze zu einem Massenspektakel mit bis zu 1,5 Millionen Teilnehmern, zum Großteil äußerst freizügig gekleidet, mit ebenso offen(-)sichtlich teilnehmenden Schwulen und Lesben. Gleichfalls in den 1980er Jahren kam auch der jährliche „*Christopher Street Day*" als sog. „*Schwulen-und-Lesben-Parade*" in Fahrt. Sowohl hier wie dort war jedoch von irgendwelchen „sonstigen" sexuellen Orientierungen noch keine Rede. Selbst die *Regenbogen-Fahne*, die im heutigen Zeitgeist mittlerweile als das Symbol für eine erheblich umfangreiche „*Vielfalt*" geschwenkt wird, wurde von dem amerikanischen Künstler *Gilbert Baker* für den „*Gay Freedom Day*" im Jahr 1978 entworfen, explizit als ein Symbol für die Toleranz gegenüber der Lebensweise von Schwulen und Lesben; und noch niemanden sonst.
Insofern kann die gesellschaftliche Entwicklung ab den 1980er Jahren sicher als durchaus zunehmende Entspanntheit, Offenheit und Toleranz gegenüber „alternativen Lebensweisen" gedeutet werden. Wie es heißt, war die Jugend in den 90er Jahren die „positivste Generation" überhaupt. Dazu beigetragen hat wohl auch die weltpolitische Entwicklung seit dem „Mauerfall" im Jahr 1989, als eine Zeitenwende sich auflösender Grenzen, in der zunächst erst einmal alles möglich schien und die Grundstimmung extrem positiv war.

Nicht zuletzt angesichts dessen kann es leicht verwundern, dass dieses Thema seit ein paar Jahren plötzlich zu einem eklatanten Missstand problematisiert wird, über den Sexismus und Diskriminierung angeprangert werden. Man könnte fast meinen, in diesem Zeitgeist hat man sich zurückentwickelt in eine gesteigerte Prüderie, die man versucht zu kompensieren, indem man umso heftiger darauf reagiert, und umso mehr „*Vielfalt*" einfordert. Damit läge das eigentliche Problem bei denen, die daraus ein Problem konstruieren, indem sie alle anderen für ihr eigenes verantwortlich machen. Das wäre wohl ein klarer Fall von soziopsychologischer „*kognitiver Dissonanz*", wie bis hierhin schon mehrfach attestiert werden konnte. Das ist ungefähr vergleichbar mit den 1980er Jahren, die noch geprägt waren vom „Kalten Krieg", von Smog in Großstädten, toten Flüssen und Tschernobyl, wo man die musikalische „Neue Deutsche Welle", die knallbunte Mode und die „*Spaßgesellschaft*" als den Versuch einer Kompensation betrachten kann, den widrigen Zuständen etwas entgegen zu setzen. Das wäre eine Möglichkeit der Erklärung für das, was in diesem heutigen Zeitgeist und in dieser „*Generation Z*" passiert: Wo die berüchtigte „*Spaltung der Gesellschaft*" scheinbar immer dramatischer wird, wird der komplementäre Wunsch nach Gemeinsamkeit immer größer. Genau das ist bestens daran zu erkennen, dass gerade in Politik und Werbung immer öfter davon gesprochen und darauf abgezielt wird, sowie an der Tendenz, für alles und gegen alles eine „Bewegung" auszurufen, in der man sich ebenso gemeinsam engagieren kann. Das ist schon mit wenig Hintergrundkenntnis ebenso leicht zu durchschauen, wie der Effekt, dass genau das eher noch zur „*Spaltung der Gesellschaft*" beiträgt. Doch das nur nebenbei.

Allerdings haben wir es schließlich hier mit einem gehörigen ideologischen Sprung zu tun, der sich in den letzten Jahren von der gerade beschriebenen zunehmend entspannten Situation in eine völlig andere Richtung entwickelt hat – bis hin zu einer radikal aufgezwungenen „*Vielfalt*", in der jenseits aller Genetik das menschliche Geschlecht als bloßes „*soziales Konstrukt*" erklärt wird. Dieser Sprung ist schon ziemlich gewaltig. Was ist da passiert?

Den Ausgangspunkt dafür haben die meisten glatt verpasst: Im Oktober 2017 hat das Bundesverfassungsgericht dem Gesetzgeber (also: unserer Regierung) auferlegt, das Personenstandsrecht zu überarbeiten und Verstöße gegen das Allgemeine Persönlichkeitsrecht zu korrigieren. Eine der Vorgaben war die zügige Einführung eines *bürokratisch*(!) dritten Geschlechts zusätzlich zu „männlich“ und „weiblich“, was im Dezember 2018 mit der neuen Kategorie „*divers*“ umgesetzt wurde. Durchgesetzt hatte das damals eine „intersexuelle“ Person, die darauf geklagt hatte, im Geburtenregister als „inter“ oder „divers“ geführt zu werden, weil sie den behördlichen Zwang, sich als entweder „männlich“ oder „weiblich“ erklären und sich dazwischen entscheiden zu müssen, als diskriminierend empfand[103].

Das ist bei unvoreingenommener Betrachtung durchaus verständlich. Dazu sollte man wissen, dass sich laut Ärzteschaft in Deutschland bei einem von zehntausend Menschen das Geschlecht rein biologisch-physiologisch nicht eindeutig festlegen lässt, was genetische oder hormonelle Gründe hat. Davon sollen ungefähr[104] 80.000 „intersexuelle“ Menschen in Deutschland betroffen sein, also etwa 0,1% der Gesamtbevölkerung, die ganz sicher kein einfaches Leben haben werden. Das steht völlig außer Frage. Mit etwas Empathie darf man diesen Menschen durchaus zugestehen, wenn sie ein *echtes* Problem damit haben, zu einer rein bürokratischen Geschlechtsangabe gezwungen zu werden. Wohlgemerkt: das war damals in der Tat die Grundmotivation für die Klage, es ging dieser Person nicht um ideologische Weltverbesserung – zumal zu diesem Zeitpunkt solche „Intersexualität“ noch eines der letzten Tabus war, und sich Betroffene generell eher schamhaft zurückhielten, was auch noch heute eher der Fall ist. Diejenigen, die sich mit ihrer „sexuellen Orientierung“ öffentlich darstellen, und nun aufgrund dieses Gerichtsurteils ziemlich überdrehte Forderungen stellen, sind ganz andere.

Der Domino-Effekt dieser Gerichtsentscheidung war zwangsläufig so enorm, dass es ein Paradebeispiel dafür ist, wie man sich darin verstrickt, unzählige

---

103 'Die Zeit' 08.11.2017 „Bundesverfassungsgericht: Männlich oder weiblich? Divers!“

104 'Ärzteblatt' 09.05.2019 „Zahl der Menschen mit drittem Geschlecht geringer als angenommen“ - Anm.: Das Bundesverfassungsgericht ging bei seiner Entscheidung von 160.000 Betroffenen aus, also doppelt so vielen, wie von der Ärzteschaft angegeben.

(Folge-)Probleme zu lösen, die man gar nicht haben müsste. Schließlich war das mediale Tammtamm wunderbar geeignet, um die mehrheitlich „normale“ Bevölkerung in gesteigerte Aufregung zu versetzen, sich nach einer maximal 0,1%-igen Minderheit richten zu sollen und zu müssen. Und so wurde einmal mehr fröhlich gesellschaftlich gespalten, für eine bessere Welt.

Das Ganze hatte beispielsweise nun die konkrete arbeitsrechtliche Folge, in Stellenbeschreibungen und Bewerbungsverfahren neue „geschlechtsneutrale“ Formulierungen verwenden zu müssen, um Menschen nicht auszuschließen, die sich als „divers“ bezeichnen. Wo ein paar Jahre vorher aus feministischen Gründen schon vorgeschrieben wurde, dass jede Stellenanzeige grundsätzlich auf sowohl männliche wie auch weibliche Bewerber ausgerichtet und mit einem zusätzlichen „(m/w)“ versehen werden musste, kam nun auch noch ein „d“ dazu: „(m/w/d)“ – was einigermaßen seltsam anmuten kann, weil damit also definitiv *jeder* gemeint wird, und darauf auch noch explizit hingewiesen werden muss, statt das alles einfach wegzulassen.

Ein etwas kniffligeres Folgeproblem bestand ab sofort in der Frage etwaiger Arbeitskleidung, gerade eben dort, wo die bisherige Kleiderordnung lediglich auf männliche und weibliche Menschen ausgerichtet war, also etwa Hosen für Männer und Röcke für Frauen, oder auch das bislang typische Halstuch für Stewardessen. Da konnte man sich nun genauso etwas einfallen lassen, wie für persönliche Anreden in jedem Schriftverkehr: „Sehr geehrte Damen und Herren“ war jetzt strikt zu vermeiden, weil diskriminierend. Ob es nun besser ist, stattdessen „Sehr geehrte Damen, Herren und Diverse“ zu sagen und zu schreiben, oder noch besser, Menschen maximal unpersönlich einfach zu neutralisieren, indem man „Sehr geehrte Angesprochene“ formuliert, ist wohl noch nicht abschließend geklärt. Doch schließlich hat man auch schon aus klassischen Fahrradfahrern längst zeitgeistig Radfahrende gemacht, und aus früheren Fußgängern neutralisierte zu-Fuß-Gehende; und zwar schon im Jahr 2013 in der deutschen Straßenverkehrsordnung. Also: bitte!

Noch um einiges kniffliger: sanitäre Angelegenheiten und Einrichtungen, wie etwa Toiletten, Dusch- und Umkleideräume. Selbst auf dem mittlerweile vom

Bundesfamilienministerium ins Internet gestellten „*Regenbogenportal*“[105] hat man offenbar keine Patentlösung anzubieten und steht damit als Arbeitgeber oder auch als Veranstalter quasi mit einem halben Bein vor Gericht. So wird seitens des Bundesministeriums lediglich vorgeschlagen, „All-Gender-WCs“ einzurichten: „*Bei bereits bestehenden Toiletten können ganz einfach einige neu beschriftet werden, beispielsweise als 'All-Gender-Toilette' oder als 'Toilette für alle Geschlechter'*“. Wortwörtlich also: „ganz einfach“. Obwohl bisher sogenannte „Unisex“-Toiletten streng verboten waren und damit jetzt keineswegs erlaubt sind. Und ansonsten: „*Prinzipiell gelten für All-Gender-Umkleiden und -Duschen dieselben Grundsätze wie für Toiletten*“. Damit hat also – prinzipiell(!) – nun jeder Zugang zu allem und können sich Männer mit voller rechtlicher Deckung unter duschende Frauen mischen; und natürlich auch umgekehrt. Eine Form von „*Gleichberechtigung für alle Geschlechter*“, die sich der Feminismus schließlich auf seine Fahnen geschrieben hat. Wie man sieht, hat dieser Richterspruch einen Rattenschwanz an Folgen, die nicht nur einen immensen Aufwand mit sich bringen, sondern damit auch nahezu unlösbare (Folge-)Probleme. Und das unter der Berücksichtigung, dass das Ganze für 80.000 „intersexuelle“ Menschen, 0,1% der Gesamtbevölkerung, praktiziert wird. Eben deshalb jedoch, wird manch einer spontan anmerken, sei es schließlich eben auch keineswegs der Fall, dass sich nun Männer mit voller rechtlicher Deckung in Frauenduschräumen aufhalten dürften, sondern das beziehe sich schließlich nur auf „intersexuelle“ Menschen. Von wegen. Gerade weil in diesem Zeitgeist nicht einmal mehr bis zur nächsten Ecke gedacht wird, hat man auch diese Schraube inzwischen längst so überdreht, dass man noch ein paar zusätzliche (Folge-)Probleme lösen darf, die aus den Folgen der Folgen resultieren. So hat man als „alter, weißer Mann“ und/oder als gesellschaftskritischer Beobachter mitunter und zunehmend den Eindruck, man befindet sich in der Dauerschleife einer Realsatire.

---

105 'regenbogenportal.de' (Bundesministerium für Familie, Senioren, Frauen und Jugend) Juli 2022 - „Toiletten und Umkleiden für alle Geschlechter“

Womöglich hätte sich die erste Aufregung der mehrheitlich „Normalen“ recht schnell wieder gelegt und sich auch sonst einiges noch geradebiegen lassen, was gewaltsam verbogen wurde, wenn sich die neue gesetzliche Regelung eindeutig ausschließlich auf „intersexuelle“ Menschen bezogen hätte, und man nicht auf ein schwammig-mehrdeutiges „divers“ ausgewichen wäre. So jedoch war plötzlich die Frage: „Wer oder was genau ist eigentlich divers?“, nicht zuletzt aus potenziell gefährlich rechtlichen Gründen, siehe oben.
Daraufhin machten als erste „*Transsexuelle*“ auf sich aufmerksam, die sich von „intersexuellen“ Menschen allerdings dadurch unterscheiden, dass ihr Geschlecht eindeutig feststellbar ist, dass es sich also de facto um Männer und Frauen handelt, die sich lediglich *rein psychisch* „im falschen Körper fühlen“. In dem Urteil des Bundesverfassungsgerichts waren „Transsexuelle“ zwar nicht explizit mitgemeint, doch beanspruchten das „divers“ nun auch für sich. Damit wurde es erneut knifflig: Was ist nun mit solchen Menschen, die lediglich *rein psychisch* zwischen Mann und Frau pendeln? Die Rede ist hier übrigens von nochmals geschätzten 80.000 Menschen. Bereits seit 1981 gab es zwar das *Transsexuellengesetz* als Teil des Personenstandsrechts, das die Wahrung der Menschenwürde und eine „freie Entfaltung der Persönlichkeit“ gewährleisten soll. Doch bei „Transsexuellen“ handelt es sich eben nicht um Menschen, die quasi Weder/Noch bzw. Sowohl-als-auch sind, sondern de facto entweder Mann oder Frau, und nach einem operativen Eingriff eben umgekehrt – jedoch in keinem Fall: „divers“. Eigentlich wäre diese Frage damit schon längst geklärt. Doch im Mai 2019 legten '*Die Grünen*' einen Gesetzentwurf vor, wonach „transsexuelle“ Menschen mit „intersexuellen“ gleichzusetzen seien; immerhin: rechtlich. Die Begründung: Nachdem schon das *Europaparlament* im Jahr 2011 forderte, „Transsexualität“ nicht mehr als „psychische Störung“ zu betrachten, wurde das Mitte des Jahres 2018 durch die *Weltgesundheitsorganisation* (WHO) auch in die Tat umgesetzt[106], und die internationale Standard-Krankheitsklassifikation überarbeitet: Das Zwei-

106'Der Spiegel' 19.06.2018 „Weltgesundheitsorganisation: Transgender gilt nicht mehr als psychische Störung“

Geschlechter-Modell wurde ad acta gelegt, „Transsexualität" in der Kategorie „sexueller Gesundheitszustand" als „*Geschlechtsinkongruenz*" neu definiert, und damit von der Liste „psychischer Störungen" gestrichen. Das hatten übrigens u.a. Dänemark und Frankreich vorher schon in ihrer nationalen Gesetzgebung umgesetzt. Damit ist Deutschland also keineswegs nur ein abgedrehter Sonderfall, wie oftmals leicht aufgeregt gemeint wird. Vielmehr ist umso interessanter, dass inzwischen um die höchstpersönliche „*sexuelle Orientierung*" weltweit ein solches Tammtamm gemacht wird, das offenbar „uns alle angeht"; ob wir das wollen oder nicht. Innerhalb weniger Jahre von einer reinen „Privatangelegenheit, die niemanden etwas angeht" übergeleitet zu einer „Angelegenheit öffentlichen Interesses". Wo sich Betroffene früher allenfalls in anonymen Selbsthilfegruppen trafen, stellen jetzt „*Communities*" (Bewegungen) und Aktivisten nachdrücklich Forderungen an Gesetzgeber und den deutlich mehrheitlichen Rest der Gesellschaft. Und das natürlich: im ehrenwerten Kampf für eine bessere Welt für uns alle. Da muss schon eine erheblich einflussreiche Lobby im Hintergrund wirken.

Dadurch öffneten sich jedenfalls Tür und Tor sperrangelweit, dass auch noch zahlreiche sonstige „*sexuelle Orientierungen*" in die Diskussion kamen, von denen man (zumindest: außerhalb dieser Szene) nie zuvor etwas gehört hat, die sich nun gleichfalls in der Kategorie „divers" mitgemeint sehen wollten, und allesamt ihrerseits Forderungen stell(t)en. Mit dem Verweis darauf, von der gesellschaftlichen Mehrheit sexistisch diskriminiert zu werden, weil man sich selbst schließlich in der extrem deutlichen Minderheit befindet. Das ist die bekannt aktivistische Logik, siehe mehrfach oben. Wobei man jedoch als außenstehender Beobachter geneigt ist zu hinterfragen, ob die inzwischen Dutzende sogenannter „*Geschlechtsidentitäten*" in dieser Masse tatsächlich schon länger in ihren jeweiligen Szenen existierten, oder man aufgrund des ganzen Tammtamms jetzt nur ungebremst kreativ geworden ist und einen zeitgeistigen „Lifestyle" daraus gemacht hat. So haben wir mittlerweile statt der klassisch-traditionellen Geschlechter Mann und Frau sowie „Inter"- und „Transsexuelle", die irgendwo dazwischen pendeln, völlig neue, auf dem besten Weg zur allmählichen Normalisierung: Darunter etwa „*bigender*", die

sich als beides, als Mann *und* als Frau empfinden, entweder gleichzeitig oder abwechselnd, oder auch „*fluid*“, die ihr Geschlecht als permanent fließend vorübergehend empfinden, sowie „*demi*“ als halb Mann und halb Frau in einer Person, oder auch „*agender*“, die sich gar keinem Geschlecht zugehörig fühlen, oder „*neutrois*“, die sich als neutrales Geschlecht betrachten (wobei zwischendurch gern erklärt werden könnte, was genau die beiden letzteren eigentlich voneinander unterscheidet). Und das: ist nur eine Auswahl. Auf diese Weise wird es natürlich schwierig bis unmöglich, überhaupt noch wem aus diesem ganzen Spektrum annähernd gerecht zu werden (u.a. Stichwort: „Gleichberechtigung“), und könnte sich fragen, ob genau das eventuell Teil der Idee, Ideologie und des Gesamtkonzeptes ist.
Bis hierhin in jedem Fall festzuhalten: Zunächst einmal wurde dadurch der Begriff „Trans“ abgekoppelt von ursprünglich gemeinten „Transsexuellen“, und als „Transgender“ ausgedehnt auf alle möglichen ideellen Variationen einer neuen zeitgeistigen Geschlechts*identität*, jenseits von chromosomaler Genetik. Überschrieben wird das Ganze gern als „nicht-binär“ (damit kann man auch als „alter, weißer Mann“ nicht viel falsch machen) und vor allem medial proklamiert als (sicherlich: unbestreitbare) „*Vielfalt*“ gern auch mit einem (regenbogen-) „bunt“ ergänzt; was natürlich äußerst positiv klingt, wer kann denn schon tatsächlich etwas dagegen haben. Dem entsprechend wird jeder leiseste Hauch einer (u.a. Gesellschafts-)Kritik an dem Ganzen auf die inzwischen bekannte Art und Weise als (wieder einmal mit zeitgeistig neuen Wortkreationen) „homophob“ oder „transphob“, und somit als „feindlich“ abqualifiziert, damit gleichzeitig disqualifiziert, und drohende Diskussionen sehr clever schon im Keim erstickt, bevor sie angefangen haben.
Gerade die äußerst erstaunliche mediale Aufmerksamkeit, die dieses Thema bekommt, ist der Versuch, der „*Generation Z*“ das Ganze als „normal“ zu erklären, und den älteren Generationen zu demonstrieren, dass sie sich bitte umzugewöhnen haben, jeder Widerstand ist zwecklos.
Damit sind wir nun letztlich bei der (zumindest: zurzeit aktuellen) vielfältig-bunten „*Regenbogen-Community*“ angelangt, die quasi als Gesamtbewegung sämtlicher möglicher Geschlechter gilt, die es neuerdings außer, neben und

zwischen Frau und Mann so gibt; jedenfalls als Idee und Ideologie in den Köpfen. Dabei bezeichnet sich diese Sammelbewegung selbst vielmehr als „*queer*“ (natürlich, wie gewohnt, schlicht aus dem Englischen übernommen, und soll „kuier“ ausgesprochen werden), was laut deren eigener Angabe ein Oberbegriff sein soll „*für Personen, Handlungen oder Dinge, die durch den Ausdruck ihrer sexuellen Orientierung oder geschlechtlichen Identität eine Abgrenzung zur gesellschaftlichen Cisgender-Heteronormativität vollziehen*“. Das kann ganz sicher nur problemlos auf Anhieb verarbeiten, wer Derartiges und Ähnliches als Teil der „*Generation Z*“ in aller Normalität gewohnt ist. Je höher jedoch das Lebensalter, desto länger wird man das auf sich wirken lassen müssen, um zumindest annähernd zu verstehen, was das eigentlich soll. Etwa wie, siehe weiter oben, für diese Generation die „*Selbstdefinition über das Essen ein wichtiger Bestandteil des eigenen Ich-Narratives*“ ist. Wobei mit „*cisgender*“ (-„Heteronormativität“) übrigens Menschen gemeint sind, „*die sich dem Geschlecht zugehörig fühlen, das ihnen bei der Geburt zugewiesen wurde*“. Also: Männer, die sich tatsächlich als Mann betrachten, und Frauen, die sich als Frau betrachten. Also das, was 99% der Bevölkerung für „normal“ halten, bedarf offenbar einer ganz neuen Bezeichnung.
Mindestens die Angehörigen meiner Generation können allerdings leicht der Versuchung erliegen, so etwas als Phrasendrescherei, als bloßes Geblubber, Geschwafel und Gesülze zu identifizieren, das lediglich hochtrabend wichtig klingen und dadurch beeindrucken soll. Nicht zuletzt auch für diejenigen, die die jeweilige Idee und Ideologie teilen, als hilfreicher Verweis für sich selbst und andere, es mit einer absolut ernstzunehmenden Angelegenheit zu tun zu haben. Sprache dient eben äußerst gern auch denen, die sich für überlegen halten, als Mittel der Distanzierung, um all die vermeintlich Ahnungslosen als Unwissende zu brandmarken, die einfach nicht mitreden können – und sich folgerichtig deshalb bitteschön zurückzuhalten haben. Und hier haben wir außer der begrifflichen Distanzierung der „*queer*“-Gemeinde dazu noch die wortwörtlich gewollte „Abgrenzung“ erklärt – während man gleichzeitig beklagt, vom Rest der Gesellschaft ausgegrenzt zu sein.

Allerdings gehen solche Feststellungen am Großteil der „*Generation Z*“ glatt vorbei. Zum einen handelt es sich um Kenntnisse über die Sprache als solche, zum anderen über sprachliche Entwicklungen der letzten zehn/zwanzig Jahre: Sowohl das eine wie auch das andere kann getrost als Defizit attestiert werden, das sich diese Generation gefallen lassen muss. Doch weder das eine noch das andere darf tatsächlich als Kenntnis erwartet oder sogar verlangt werden. Wenn es etwa um sprachliche Distanzierung geht, folgt das aus dem Bereich Kommunikation, was vielen vielleicht gerade noch als rudimentäres Schulwissen über „elaborierten“ und „restringierten Code“ im Hinterkopf übrig geblieben ist. Zum Beispiel als sogenanntes „Fachchinesisch“, mit dem wissende Experten dem ahnungslosen Laien genüsslich demonstrieren, dass er noch ahnungsloser ist, als er dachte. Etwa wie der Experte der kürzlich irgendwo erklären wollte, wie ein bestimmter Teil des Algorithmus von '*Google*' funktioniert: „*Beim Word Co-occurrence Clustering spielen sog. Lift Scores eine zentrale Rolle*“, und netterweise anbot: „*Mehr Insights zum Search Query Processing finden Sie in meinem Guide*“. Solche Experten, die allerdings auch nicht willens oder nicht fähig sind, sich zurückzunehmen und sich für den Laien verständlich auszudrücken, sind wiederum, was man „Fach-Idioten“ nennt. Ansonsten gibt es da noch die sog. „Schaumschläger“, die nur so tun als ob, und sich deshalb auf Phrasendrescherei beschränken müssen, in der Hoffnung, es mit recht naiven oder einfach nur ungeübten Mitmenschen zu tun zu haben. Diese Zeitgenossen erkennt der Erfahrenere und Geübte etwa an solchen Phrasen wie „*Selbstdefinition als wichtigem Bestandteil des Ich-Narratives*“ oder auch „*als Abgrenzung zur Cisgender-Heteronormativität*“. Und das, was solche Leute in aller Regel wollen, ist entweder Geld oder Einfluss oder beides.

Ein ebensolcher Vorteil der älteren gegenüber der jüngeren Generation ist das weiter zurückreichende Erinnerungsvermögen daran, dass man sich – sogar: vor nicht allzu langer Zeit – noch anders auszudrücken pflegte, als es heute der Fall ist. Einmal abgesehen von der völlig gedanken- und bedenkenlos ungebremsten Verdenglischung unserer Sprache, ist die „*Generation Z*“ in einen Zeitgeist hineingeboren worden, in dem sie auch Phrasendrescherei von

Kleinauf als Normalität kennengelernt hat: praktiziert und mittlerweile fast perfektioniert mit Vorliebe von Politikern und Konzernlenkern, inzwischen sogar von Sportlern, die sich allesamt bloß nicht festlegen wollen, und mit ihren Floskeln und Worthülsen an der Oberfläche entlang wabern. Und wo so etwas für normal gehalten wird, stellt man es eben auch nicht infrage und kann sich nicht erklären, was es daran eigentlich zu kritisieren geben soll. Ungefähr so, wie ich nachdrücklich überwältigt war, als ich in dem Kinofilm *„Matrix Ressurrections“* aus dem Jahr 2021 bereits in einem der ersten Dialoge mit anhören musste: *„Meinst Du, dieses Modal ist ein Loop oder ein Treadmill, oder ein Sequenzer für Programme?“* – und so erfährt man gleich zu Beginn, wer ganz offenkundig die Zielgruppe dieses Films ist. Ein paar Sätze später ebenso: *„Fühlen Sie sich getriggert?“*. Natürlich hätte man bei der Synchronisation des Films ebenso gut etwa auch „gereizt“ übersetzen können, hat man aber nicht. Bei freier Wahl entscheidet man sich lieber für das denglisch Zeitgeistige, das in 10 Jahren keiner mehr verstehen wird.
Apropos: Was rein biologisch bekannterweise die Ausnahme ist, lässt sich immerhin sprachlich kurzerhand zur Regel machen, indem man sich auf neue Regel*ungen* verständigt: Wo aus dem Urteil des Bundesverfassungsgerichts u.v.a. folgte, dass Ansprachen nicht mehr diskriminieren dürften, indem man „Intersexuelle“ *aus*schließt („Sehr geehrte Damen und Herren“), hat man das nun so geregelt, alle möglichen sonstigen *ein*schließen müssen zu sollen, um nur bloß niemanden zu diskriminieren. Die Rede ist hier vom sogenannten *„Gendern“*, dem zeitgeistig gewaltsamen Verbiegen der deutschen Sprache mittels Wortgewalt. Was sich bis vor wenigen Jahren noch auf die klassisch beiden Geschlechter beschränkte (siehe oben, „Bürgerinnen und Bürger“, u.a. Wolf Schneider, siehe oben), wird jetzt umfassend gnadenlos neutralisiert.
Es sollte vorweg einmal grundsätzlich festgehalten werden: Schon als es um den ursprünglichen *Feminismus* als reine *Frauen*bewegung ging, kritisierte der deutsche Sprach-Papst Wolf Schneider das Verbiegen unserer Sprache mit dem dezenten Hinweis, dass das grammatikalische mit dem biologischen Geschlecht nicht das Geringste zu tun hat. Allein schon per Definition ist das generische Maskulinum *„das geschlechts*neutrale(**!**) *Verwenden maskuliner*

Substantive oder Pronomen". Mit dem rein grammatikalischen, generischen Maskulinum (z.B. *der* Mensch, *der* Bahnhof) ist eben kein Mann gemeint, und mit dem generischen Femininum (z.B. *die* Jacke, *die* Hose) ist keine Frau gemeint – weshalb das jeweils andere *biologische* Geschlecht zwangsläufig dadurch weder ausgeschlossen noch diskriminiert wird. Wenn das jedoch ganz offenkundig konsequent ignoriert wird, kann es dafür eigentlich nur drei Gründe geben: Entweder man unterliegt einem eklatanten Bildungsdefizit, oder einer ideologischen Verblendung, oder beidem.

Und das nun auch noch in der völlig überdrehten Form des sog. „*Genderns*", in konsequenter Ignoranz, nicht nur sprachlich eindeutig daneben. Wenn das nämlich trotz nachdrücklicher Hinweise auf die eklatante Falschheit fröhlich praktiziert wird, um eine sprachliche Diskriminierung abzustellen, die man sich nur einbildet, zudem mit der parallel gleichzeitig ausgeübten Ignoranz gegenüber der Biologie, Genetik und chromosomalen Vererbung von genau zwei Geschlechtern, nur um eine Idee und Ideologie radikal durchzusetzen, sollte spätestens hier erneut gefragt werden: Was soll das eigentlich?

So ist man inzwischen dazu übergegangen, aus „Bürgerinnen und Bürger" (nur, um bei diesem Beispiel zu bleiben) zunächst einmal „BürgerInnen" zu machen, und anschließend freihändig mit einer völlig abstrusen Ergänzung zu versehen, die (eben: zeitgeistig, weil in den 1970ern noch gar nicht möglich gewesen) eine *Tastatur* zur Verfügung stellt, nämlich wahlweise einem Sternchen, einem Doppelpunkt oder Unterstrich, um außer Männern und Frauen nun auch „Diverse" mit unterzubringen. Wie genau, das kann man sich zurzeit wohl noch freimütig und willkürlich aussuchen und zu einem „Bürger*Innen", oder auch „Bürger:Innen" oder auch „Bürger_Innen" zusammenbasteln. Und weil sich das mündlich relativ schlecht mitsprechen lässt, hat man sich höchst kreativ eine kurze Sprechpause einfallen lassen, soll das bitte mittendrin abgehackt „Bürger…innen" aussprechen, und erklärt das Ganze allen Ernstes tatsächlich zu einem „korrekteren" Deutsch; also: *politisch*-korrekter, was mittlerweile jegliche sonstige Korrektheit vollständig außer Kraft setzen darf. Ebenso allen Ernstes verweist man tatsächlich dabei auf das erkenntnistheoretische „*Sprache vermittelt Wirklichkeit*", weshalb man über und durch die Sprache eine andere, bessere Welt meint erschaffen zu können, in der niemand mehr diskriminiert wird und sich alle lieb haben. An diesem „Gendern" ist jedoch vielmehr zu erkennen: Es geht nicht darum, eine erwünschte Wirklichkeit sprachlich etwas wirklicher werden zu lassen, sondern es geht ganz offen(-)sichtlich darum, mittels Basteln, Biegen und Brechen per „Political Correctness"... *Politik zu machen!* Man muss schon äußerst blind auf beiden Augen oder akut ideologisch verblendet sein, um dieses Offensichtliche nicht zu sehen, oder: bloß nicht sehen zu *wollen*.

Auf extremste Weise eindrücklich wurde das in einer TV-Podiumsdiskussion des *Bayerischen Rundfunks*, übrigens einem öffentlich-rechtlichen Sender mit Bildungsauftrag:[107] *„Diversity Talk 2022 - Gendern: Modeerscheinung oder Sprach(r)evolution?"* im Mai 2022, zielgerichtet an wehrlose Schüler, also an Kinder und Jugendliche, auf der Bühne platziert fünf Diskutanten, die sich allesamt für das *„Gendern"* aussprachen, Gegenstimme: Fehlanzeige. Schon die Begrüßung der Moderatorin hatte es sprichwörtlich in sich: *„Herzlich Willkommen ihr Schülerinnen, ihr Schüler, ihr Schülerinnen und Schüler, herzlich Willkommen ihr Schüler...innen* (Anm.: also mit ...-Sprechpause), *ihr Lernende, und natürlich auch die Lehrkräfte, Lehrer, Lehrende"*. Sowohl zu Beginn als auch zum Ende dieser Sendung wurde unter den Jugendlichen im anwesenden Publikum eine anonyme Stimmabgabe erbeten, was sie vom *„Gendern"* halten: Zu Beginn sprach sich eine erheblich deutliche Mehrheit aus für *„Gendern finde ich unnötig"*, die weitaus wenigsten stimmten für *„Gendern finde ich klasse"*. Am Ende der Sendung, nach einer ganzen Stunde einseitig ausgeübter Pädagogik jedoch: dasselbe Ergebnis, die Jugendlichen haben sich nicht eines Besseren belehren lassen, peinliche Ratlosigkeit unter den Diskutanten und der Moderatorin: *„Also in die positive Richtung hat die Diskussion am wenigsten gebracht"*. Was also heißt: *„Gendern"* ist positiv, und wer anderer (also: negativer) Ansicht ist, der hat demnach die falsche Meinung. Und da sich die anwesenden Jugendlichen wider Erwarten nicht

107 BR Fernsehen 30.05.2022 Podiumsdiskussion „Diversity Talk 2022 - Gendern: Modeerscheinung oder Sprach(r)evolution?"

eines Besseren belehren ließen, wurde abschließend unverblümt gedroht: „*Na, dann müssen wir nächstes Jahr doch noch einmal darüber diskutieren*". Eine von Journalisten über den öfffentlich-rechtlichen Rundfunk ausgeübte Zwangspädadogik. Wiederholt die Frage: Was soll das?

Zumal es, nebenbei bemerkt, ansonsten mit der Korrektheit, auf die in diesem Thema vorgeblich gepocht wird, erstaunlich hapert: Wir haben es mit einem Zeitgeist und „*Generation Z*" zu tun, die sich inmitten eines denglischen Sprachbreis bewegt, der das Pochen auf eine sprachliche Korrektheit als plumpe Ausrede entlarvt. Man freut sich nicht mehr über etwas, sondern man ist „happy", man findet etwas „crazy" oder „nice", und wenn man sich etwas sicher ist, dann ist man „safe". Statt altmodischem „Trick 17" hat man einen denglischen „Life Hack", und isst nicht etwa die Überbleibsel einer Mahlzeit, sondern „Leftovers". Manche bekommen einen „Call" statt eines Anrufes, in TV-Shows soll man „voten" statt abzustimmen, und wird von Kandidaten ein „Battle" ausgetragen (man „battelt" sich) statt eines Wettkampfes, während andere eine „Challenge" meistern sollen statt nur einer simplen, schnöden, deutschen Aufgabe. Und während der Olympischen Spiele 2021 in Peking erklärte eine Nachwuchssportlerin über ihr Treffen mit einer früheren Olympiasiegerin, es sei toll gewesen, „*sie in Real Life zu erleben*". Apropos Treffen: In „Dating Apps" für die bequem-digitale Partnersuche werden die Vorschläge des Algorithmus zum „Match" erklärt, mit dem man sich jedoch natürlich weder verabredet noch ein Rendezvous hat, sondern man „datet" sich („Ich habe ein Match gedatet" oder „Heute Abend date ich ein Match"). Kürzlich im Radio musste ich mit anhören: „*Für Google Street View fahren jetzt wieder Autos mit Kameras herum. Ob die auch in eurer Hood unterwegs sind, könnt ihr bei uns im Web checken*". Grandios auch eine Außenreporterin des WDR-Fernsehens, die im Halbdunkel der Abenddämmerung aus einem Flutkatastrophengebiet vor Ort berichtete: „*Die Atmosphäre hier ist schon ein bisschen spooky*"; also eine Journalistin, die mit der deutschen Sprache ihr Geld verdient, und ebenso gut „gespenstisch" hätte sagen können, sagt lieber „spooky". Auf einem anderen Kanal erfuhr ich, dass Berlin wohl „*der Hotspot für Fashion Victims*" ist, und erklärte „*die Must-Haves und No-Gos*"

netterweise gleich mit dazu. Traumhaft war übrigens auch die junge Frau, die sich verzweifelt ratsuchend an einen Experten wandte, weil doch ihr gesamter Freundeskreis sämtliche US-Fernsehserien grundsätzlich im Original ansieht, also: auf Englisch, und nur sie allein als Einzige die deutsch-synchronisierten Fassungen, und was sie denn jetzt bloß machen soll. Tja, die Arme. Nicht auszudenken, ein „Sale" würde wieder „Schlussverkauf" heißen und ein „Cashback" wäre wieder eine simple „Rabattaktion", diese Generation würde komplett den Halt verlieren. Während man aus diesem gequirlten Sprachbrei heraus auf ein „*Gendern*" als „korrekteres" Deutsch pocht. Aber natürlich. Wäre dem so, würde man für „Gendern" erst einmal ein *deutsches* Wort suchen oder creieren. Und wo man sich mit einem anderen Argument auf sog. „*Inklusion*" beruft, also auf das Einbeziehen ansonsten ausgeschlossener Gruppen, wäre es erfreulich, das auch gegenüber der älteren Generation zu praktizieren, die in diesem zeitgeistig verdenglischten Schlagwort-Hashtag-Sprech als sehr viel größere Gruppe ausgeschlossen wird.
Anders formuliert: Eine „*Generation Z*", die in einem solchen Sprachquark aufwächst, und das auch noch für normal hält, weil sie es nicht anders kennt, ist natürlich höchst anfällig dafür, kopfüber in mehrere Eimer voller solchen Quarks eingetaucht zu werden, ohne sich dessen bewusst zu sein. Nebenbei angemerkt wurde in der '*Shell Jugendstudie 2019*' erklärt[108], ein Drittel der Jugend sei „*anfällig für populistische Parolen*", jedoch: „*Warum lernen..?*", siehe mehrfach oben. So hat sich etwa im Jahr 2017 ein Popsänger namens *Sam Smith* als „nicht-binär" erklärt; also gemeint, seine höchstpersönliche „sexuelle Orientierung" und/oder gefühlte „Geschlechtsidentität" sei für die Weltöffentlichkeit von Interesse. In direkter Folge hatten dann zunächst die Veranstalter der '*MTV Music Awards*' getrennte Trophäen für männliche und weibliche Künstler abgeschafft, um allen möglichen „sonstigen" gerecht zu werden, die außer Mr(s) Smith demnächst wohl noch dazukommen. Dasselbe hatten anschließend auch die Veranstalter der '*Brit Awards*' angekündigt. Ende 2020 wiederum erklärte die nicht sonderlich bekannte Schauspielerin

---

108'Shell Jugendstudie 2019' 15.10.2019 „Anfällig für Populismus und Verschwörungstheorien"

Ellen Page, bitte als Mann betrachtet zu werden, ab sofort *Elliot* zu heißen, und bekam dafür prompt größere mediale Beachtung. Aufgrund ihres etwas höheren Bekanntheitsgrades bekam dann die US-amerikanische Sängerin und Schauspielerin *Jennifer Lopez* im Juni 2022 entsprechend noch etwas mehr Aufmerksamkeit, als sie – während einer ihrer Shows vor Tausenden Fans – ihre gerade 14-jährige pubertierende Tochter auf der Bühne als „non-binäre" Emme präsentierte, die bis dahin noch Emma hieß. Hierzu wurde in einem Teil der Medien berichtet, *„Jennifer Lopez' Kind Emme* ist *non-binär*", also: *„ist*", während andere immerhin noch schrieben „empfindet sich als". Dass eine bestimmte Formulierung einen bestimmten Effekt hat, dürfte jedem klar sein, der sich auch nur ansatzweise schon einmal mit Sprache beschäftigt hat. Dass dagegen der jungen Generation sowohl diese Kenntnisse als auch die Erfahrung noch fehlen, um zu erkennen, was hier passiert, und das Ganze genau darauf angelegt ist, ist ebenso klar. Zumal hier ganz nebenbei noch zusätzlich die ergänzende Botschaft mitgeliefert wird, dass sich ein mitten in der Pubertät befindliches 14-jähriges Mädchen ganz selbstverständlich voll darüber im Klaren sein kann, was der eminente Unterschied zwischen „sex" und „gender" mitsamt der Auswirkung auf die „sexuelle Orientierung" und „Geschlechtsidentität" ist – und: für die eigene Persönlichkeit bedeutet. Was natürlich genauso wahnsinnig beeindruckend ist, wie eine Mutter, die ihrer Tochter das in diesem Alter nicht nur zutraut, sondern auch zugesteht; und das auch noch: öffentlich. Das ist jedenfalls, was hierbei 'rüberkommen und allmählich in eine „Normalität" überführt werden soll. Völlig verdrängt wird jedenfalls (natürlich) die Möglichkeit, dass pubertierende Teenager durch das zeitgeistige Tammtamm überhaupt erst auf diese Idee und Ideologie gestoßen werden, und sich entsprechende Gedanken machen, auf die sie ansonsten niemals selbst gekommen wären. Sowie die etwaige Möglichkeit, dass es sich gerade bei der Aktion um Mutter und Tochter Lopez um eine PR-Maßnahme handeln könnte, um gesteigerte Aufmerksamkeit zu erhaschen – woraus auch der kleine Kevin aus Lüneburg und die kleine Chantal aus Castrop-Rauxel lernen, wie man auf einfachste Weise größte Beachtung bekommt. In jedem

Fall wird fast schon plump demonstriert: Die (mediale und politische) Welle rollt unaufhaltsam, jeder Widerstand ist zwecklos, siehe oben.
Zum Beispiel eben, was dieses „*Gendern*“ anbelangt, das nun einmal – und da beißt die Maus keinen Faden ab – aus einer völlig anderen Sprachkultur stammt. Wenn US-Amerikaner etwa von einem „War“ sprechen, ist das auf Deutsch nicht unbedingt mit einem Krieg gleichzusetzen – so wurde in den Monaten nach den Terroranschlägen vom 11. September 2001 von den USA der „War against Terror“ ausgerufen, der hierzulande allerdings ein „*Kampf* gegen den Terrorismus“ war und kein Krieg. Und wenn im Englischen gleich drei Worte, remember, recall und remind, bedeuten, wofür wir auf Deutsch nur das eine Wort „(sich) erinnern“ haben, kann es zwischendurch schon einmal knifflig werden. Umso schlimmer, wenn solche Kniffligkeiten nicht erkannt oder ganz bewusst ignoriert werden, weil gedanken- und bedenkenlos verdenglischt wird, was das Zeug hält. Wenn im Englischen also zwischen „sex“ einerseits und „gender“ andererseits unterschieden wird, haben wir im Deutschen trotzdem nur das eine Wort „Geschlecht“ zur Verfügung, und können daher auch die Probleme gar nicht haben, die aus einer solchen Unterscheidung resultieren. Es sei denn natürlich: Wir machen uns welche, indem wir kurzerhand ganz einfach das englische „gender“ importieren; gedanken- und bedenkenlos, wie alles andere auch. Und prompt können wir wieder etwas problematisieren, was vorher kein Problem war, und einen Missstand anprangern, den es ansonsten nicht geben würde.
Inmitten des völlig ungebremst ausgeuferten Denglisch-Sprachquarks, der seit Mitte der 2010er Jahre mittlerweile gesprochen wird, muss mir jedenfalls niemand erzählen, unsere Sprache jetzt ausgerechnet mit dem „*Gendern*“ auf irgendeine Weise *korrekter* haben und machen zu wollen. Ansonsten dürfte man, wie schon gesagt, gern damit anfangen, für „*Gendern*“ ein deutsches Wort zu suchen und zu verwenden. Das Ganze mutet eher ein wenig an, wie in George Orwells „*1984*“ das „*Neusprech*“ Teil einer düsteren Zukunft ist: über Wörter, die aus der Sprache gestrichen werden, kann gar nicht erst nachgedacht werden; und worüber Menschen gar nicht erst nachdenken, daraus resultieren auch keine Probleme. In diesem Zeitgeist scheint man das

genaue Gegenteil zu praktizieren. So sind und werden wir alle gedanklich rundum vollbeschäftigt mit einem ständig neuen Schwall importierter und konstruierter Schlagwörter, durch die wir uns in einem scheinbaren Wust von Missständen, Krisen und Problemen befinden, sodass uns leider die Zeit fehlt, um noch über anderes und womöglich sogar wichtigeres nachzudenken. Parallel dazu wird gut dafür gesorgt, dass sich die Menschen – vornehmlich (noch) in den „Sozialen Netzwerken" – gegenseitig an den Kragen gehen und aufeinander eindreschen (Stichwort: *„Spaltung der Gesellschaft*"). Oder wie der Kabarettist Volker Pispers meinte (sinngemäß): In den USA schießen sie sich in den Elendsvierteln gegenseitig über den Haufen, mit Pistolen, die ihnen die Waffenlobby verkauft – und diejenigen, die sich daran eine goldene Nase verdienen, ziehen um ihre Villen herum hohe Mauern und lassen sich von privaten Sicherheitsdiensten beschützen.

Man darf sich und sollte sich zwischendurch vor Augen halten: Das alles bis hierhin zu diesem Thema beschriebene findet statt wegen ungefähr 80.000 „intersexuellen" Menschen, dazu noch einmal rund 80.000 „Transsexuellen", insgesamt 160.000 bzw. 0,2% der Gesamtbevölkerung in Deutschland, sowie außerdem noch zwischen geschätzten[109] 200.000 und 700.000 Menschen mit „sonstigen" sog. „Geschlechtsidentitäten" – also wegen einer Zahl von rund einer(!) Million Menschen, etwas mehr als 1%(!) der Gesamtbevölkerung, gegenüber 82 Millionen Menschen, die sich dem ganzen Theater bitteschön zu beugen haben, *nicht obwohl*, sondern *gerade weil* sie in der Mehrheit sind, und zwar für eine bessere Welt für uns alle. Aber natürlich. Dagegen gibt es in Deutschland zurzeit ungefähr 18(!) Millionen Rentner, rund 20%(!) der Gesamtbevölkerung, die allerdings leider keine solch einflussreiche Lobby haben. Dazu müssten sich die Senioren wohl erst als „Community" und zeitgeistige Bewegung organisieren. Schließlich hat schon Ephraim Kishon gemeint: *„Die Lebenseinstellung 'Man ist so alt, wie man sich fühlt' ist ein*

109Laut Ärzteschaft und Bundesregierung liegt die Schätzung bei rund 200.000, dagegen schätzt die *„queer*"-Bewegung natürlich die deutlich höhere Zahl von 700.000 potenziell „Diversen". Dass die Zahl stetig ansteigt darf tatsächlich ohne weiteres angenommen werden, je mehr das Ganze medial zum „Lifestyle" erhoben wird.

gefährlicher Irrtum. Ein einziger Blick in den Personalausweis genügt". Das jedoch schrieb Kishon in einer völlig anderen Zeit. In diesem Zeitgeist und dieser Generation wäre es nicht das geringste Problem, daraus ein Problem zu machen: So, wie die *„queer"-Bewegung* das persönlich gefühlte Geschlecht und die *„Geschlechtsidentität"* über biologische Genetik und Chromosomen gestellt sehen möchte, wird wohl auch jeder Rentner darauf pochen dürfen, dass das tatsächliche Lebensalter nicht etwa von einer Geburtsurkunde und gestempelten Dokumenten abhängt, sondern allein von der ganz persönlich empfundenen Altersidentität. Wer das bestreitet, ist eindeutig gerontophob und macht sich der Altersdiskriminierung schuldig. Gut möglich, dass es (mitsamt Dunkelziffer) sogar weit mehr Fans des FC Bayern München gibt, als „diverse" Menschen in Deutschland, die ebenfalls zu befürchten haben, diskriminiert und angefeindet zu werden, wenn sie sich etwa in Dortmund oder Gelsenkirchen-Schalke offen zeigen. Dennoch hat noch kein Fan-Klub gefordert, Bayerisch müsse deshalb zur zweiten Amtssprache erklärt werden. Und wer das nun sogar als absurd bezeichnet, könnte genau damit gerade bei einem echten Knackpunkt ertappt worden sein.

Auf dieselbe Weise ist man im ideologischen Aktivismus völlig blind für die etlichen Widersprüchlichkeiten. So behauptet man doch glatt, das angeborene Geschlecht (also: die von *Nettie Maria Stevens* entdeckte chromosomale Vererbung, siehe oben) sei zwar existent, doch das „eigentliche Geschlecht" sei nichts weiter als ein „soziales Konstrukt", quasi nur eingeredet durch das soziale Umfeld, in dem man aufwächst, und durch die Gesellschaft. Ungefähr so, wie die junge Frau, die mir über ein „Soziales Netzwerk" mitteilte: *„Ich bin es leid, mir sagen lassen zu müssen, dass ich nur deshalb eine Frau bin, weil ich noch nicht genug darüber nachgedacht habe, oder weil ich dazu erzogen wurde*". Eben. *Genau das*(!) nämlich, diese „Gender"-Ideologie ist ein „soziales Konstrukt": Nämlich aus einer fixen Idee heraus ziemlich waghalsig konstruiert. Im Prinzip sollte es da schon ausreichen zu wissen, dass es sich hier um eine *psycho-soziologische* Theorie handelt, die sich – im Gegensatz zur Genetik – vor allem durch Geschwafel auszeichnet. Und es könnte sich ebenso lohnen zu wissen, dass dieses *„Gender"*-Thema vor allem

auf das Buch „*Gender Trouble*" der US-amerikanischen Feministin und Philosophin(!) *Judith Butler* im Jahr 1990 zurückgeht, die offenbar ihr eigenes feministisch-philosophisches Werk wohl so dermaßen ernst nahm, dass sie dreißig Jahre brauchte, um im Jahr 2019 zu entdecken, selbst „nicht-binär" zu sein. Und es könnte sich lohnen zu wissen, dass der Begriff „*queer*" zurückgeht auf die „Transgender-Aktivistin" *Riki Wilchins* und ihre im Jahr 2017 veröffentlichte Artikelsammlung mit dem ziemlich aussagekräftigen Titel „*Burn The Binary*"; „Verbrennt die Binarität!", was weder friedlich noch sonderlich fundiert-argumentativ klingt. Der Rest, der daraus folgte, scheint in erster Linie entsprechend blinder Fanatismus zu sein.
Eine weitere leichte Widersprüchlichkeit in diesem Thema befindet sich in einem der Ausgangspunkte des aktuellen Aktivismus, nämlich der Streichung der „Transsexualität" aus der Liste der „psychischen Störungen" durch die '*Weltgesundheitsorganisation*' (WHO) Mitte des Jahres 2018. Daraus scheint die *„queer"-Bewegung* eine große Menge Oberwasser geschöpft zu haben, auch ganz offiziell nicht mehr als „gestört" zu gelten, sondern endlich quasi als „eine etwas andere Form von normal". Doch damit ist man leider über seine eigenen Defizite gestolpert, durch die man nicht erkannt hat, dass von der WHO hier nichts komplett gestrichen, sondern lediglich dasselbe anders formuliert wurde. „Transsexualität" wird jetzt als „*Geschlechtsinkongruenz*" geführt, was vielleicht netter klingt als „Störung", bedeutet aber immer noch einen *Mangel* (an Übereinstimmung von Psyche und Körper), ist im Klartext also immer noch etwas, das jemandem *fehlt;* und etwas fehlen kann eben nur dort, wo eigentlich etwas sein müsste oder sollte. Selbst, wem das zu schwer war oder ist, um diesen Trick zu erkennen, dem könnte immerhin auffallen, dass das, was „überarbeitet" wurde, schließlich die *Krankheits*klassifikation der WHO ist, dass „Transsexualität" also offenkundig immer noch in diesem Katalog aufgelistet wird; und solange das der Fall ist: *als Krankheit gilt*. Das hat immerhin den recht praktischen Vorteil, dass „geschlechtsangleichende Operationen" weiterhin von den Krankenkassen bezahlt werden müssen. Was das jedenfalls betrifft, sind sicherlich auch „Transsexuelle" zum krankhaften Zugeständnis durchaus bereit.

Leider kann ich dem geneigten Leser die nächste Kniffligkeit nicht ersparen, die sich daraus wieder zwangsläufig ergeben hat: Ähnlich wie bei dem Urteil des Bundesverfassungsgerichts, siehe oben, war nun auch in dieser Frage einer tatsächlichen oder vermeintlichen „psychischen Störung" und/oder auch Krankhaftigkeit nur eine ganz bestimmte Gruppe gemeint, nämlich hier: die „Transsexuellen". Bis noch vor ein paar Jahren wäre damit zwar endlich das Wesentliche geklärt gewesen, sowohl für „Inter"- als auch „Transsexuelle", doch schließlich haben wir es inzwischen auch mit „Geschlechts*identitäten*" zu tun, deren Problem sich auf das rein Psychische beschränkt, die nicht den Hauch eines Gedankens an eine Operation haben, und mitsamt der Kategorie „divers" eben auch das Recht für sich in Anspruch nehmen, von der Mehrheit sexistisch diskriminiert zu werden; mindestens: potenziell. Das betrifft also den mittlerweile extrem ausgedehnten Kreis der „*Transgender*", von denen einige eher als Transvestiten u.a. Kleidungsweise und Habitus des jeweils anderen Geschlechts zeitweise oder dauerhaft übernehmen, und in der Regel auch als solche noch erkennbar sind. Bis hin zu „nicht-binären Identitäten" (u.v.a. „agender" oder „neutrois"), die mit einem „anderen Geschlecht" gar nichts am Hut haben, weil sie sich als Beides verstehen oder als nichts von Beidem, kurz: Menschen, die das „zweigeteilte Geschlechtersystem" an sich ablehnen. Das wiederum sieht man diesen Menschen nun einmal nicht an. Es würde mich persönlich auch etwas wundern, wenn mir jemand gegenüber steht, der mich ungefragt und notlos über seine „sexuelle Orientierung" und/oder „Geschlechtsidentität" informiert. Dass wir es hier mit einem lediglich *psychischen* Phänomen zu tun haben, allenfalls noch mit einer Art Fetisch, ist allen Beteiligten klar. Stellt sich umso mehr die Frage, warum es nicht dabei belassen wird, sondern aktivistische Forderungen nicht nur erhoben werden, sondern Medien und Politik dem auch noch folgen.

So meinte etwa der Kabarettist Vince Ebert: *„Wenn sich eine Frau wünscht, ein Mann zu sein (oder irgendetwas dazwischen), dann ist das natürlich legitim. Aber sie ist trotzdem noch eine Frau. Wenn Forscher in 500 Jahren ihre Überreste finden und wissenschaftlich analysieren, dann geben die Messgeräte nicht darüber Auskunft, als was sie sich zeitlebens gefühlt hat,* *sie zeigen an: Das sind die Überreste einer Frau, die vor 500 Jahren gelebt hat. Oder salopp formuliert: Wenn ich mir wünsche, eine Topfpflanze zu sein, werde ich nicht zu einer Topfpflanze, auch wenn ich mir Blätter anklebe, und versuche, meinen Energiehaushalt durch Photosynthese zu bestreiten. Ich bleibe ein Mann, der sich für eine Topfpflanze hält*". Damit trifft Ebert zwar den amüsanten Kern der Angelegenheit, der in den Köpfen jeder älteren Generation steckt. Gleichzeitig geht es haarscharf an dem Kern der Angelegenheit vorbei, der für diese „*Generation Z*" in diesem Zeitgeist relevant ist: Demnach nämlich ist jenseits des biologischen Geschlechts die Geschlechts*identität* das entscheidende Kriterium und der Maßstab. Oder Eberts Überspitzung folgend: Wenn sich jemand als Topfpflanze betrachtet, dann ist genau das auch maßgeblich und vorrangig und muss dieser Mann vom gesamten Rest der Gesellschaft bitte auch als Topfpflanze akzeptiert werden. Das ist in der Tat, was sowohl medial als auch politisch seit ein paar Jahren längst auf dem besten Weg zur Normalisierung gebracht wurde, jeder mehrheitliche Widerstand ist zwecklos, siehe oben.

Das war demonstrativ im Juli 2022 zu erleben, als die Biologin Marie-Luise Vollbrecht an der Humboldt-Universität Berlin ihren Vortrag „*Geschlecht ist nicht gleich Geschlecht. Sex, Gender und warum es in der Biologie nur zwei Geschlechter gibt*" leider nicht halten durfte[110]. Ihre Erklärungen „*warum es aus biologischer Sicht nur zwei Geschlechter gibt und dass das biologische Geschlecht (Sex) und Geschlechterrollen (Gender) unterschiedlichen Dinge sind*" wurde „aus Sicherheitsgründen" abgesagt, wie es hieß. Die offizielle Begründung lautete, „*der selbsternannte 'Arbeitskreis kritischer Jurist*innen an der Humboldt Universität Berlin' (AKJ) hat zu einer Demonstration vor dem Hauptgebäude der Humboldt-Universität aufgerufen. Die Aktivisten werfen Vollbrecht Transfeindlichkeit vor*". Im genauen Wortlaut dieser Aktivisten: „*An unserer Uni gibt es keinen Platz für Queerfeindlichkeit. Wir sehen uns auf der Straße!*". Nicht nur für solch ideologische Verblendung fehlen einem die Worte, sondern auch dafür, dass so etwas zugestanden wird

110'Berliner Zeitung' 02.07.2022 „Biologin darf Vortrag über Geschlechter nicht an der HU halten"

und dadurch auch noch erfolgreich ist. In diesem Zeitgeist hat man dafür den Begriff (Achtung: englisches Schlagwort) „*Cancel Culture*“[111] erfunden. In anderen Bereichen würde man das sicherlich „Extremismus“ oder „radikalen Fundamentalismus“ nennen. Zumal dieselben Aktivisten, die hier die Genetik leugnen, zwei Tage später auf einer Klimademo lauthals grölen „Hört auf die Wissenschaft!“ und gegen „Klimaleugner“ hetzen. Quo vadis. Oder siehe den Titel dieses Buches: „*Es wird noch früh genug zu spät*“.

Was mich übrigens ganz erheblich verwundert (und auch wiederum nicht), ist eben diese Tatsache, dass laut mehrerer Umfragen etwa das „*Gendern*“, also das sprachliche Biegen und Brechen mittels Sternchen, Doppelpunkten und Sprechpausen, ebenso mehrheitlich, zu jeweils etwa mindestens 75%, rigoros abgelehnt wird – dass jedoch die Medien zunehmend darauf pfeifen. Was deshalb wundersam ist, weil Massenmedien vom Zuspruch der Masse leben, und sich im Prinzip gar nicht leisten können, etwas zu praktizieren, was diese Masse nicht sehen, nicht hören und nicht haben will. Jedoch: es wird eben zunehmend trotzdem gemacht und sehr clever argumentativ umgekehrt: Dass das „*Gendern*“ auf solch große Ablehnung stößt, zeige schließlich nur, wie wichtig es ist, das konsequent zu praktizieren. Wie bereits gesagt: Irgendwo im Hintergrund muss eine ziemlich einflussreiche Lobby wirken.

So hatte die Bundesregierung auf Anweisung des Bundesverfassungsgerichts im Dezember 2018 also die Gesetzeslage so überarbeitet, dass auf Antrag der Geschlechtseintrag „divers“ im Personenstandsregister möglich wurde. Laut Recherchen der '*Welt*' hatten davon bis Ende 2020 bundesweit genau 394(**!**) Personen auch Gebrauch gemacht[112]. In Berlin beispielsweise haben sich im gesamten Jahr 2019 genau 14 Personen als „divers“ eintragen lassen, im Jahr 2020 gerade einmal 6 Menschen – unter 3,8 Millionen Berlinern. Anhand der bundesweiten Gesamtzahl ist zu erahnen: auch in anderen Großstädten war

---

111„Cancel Culture ist ein politisches Schlagwort, mit dem systematische Bestrebungen zum sozialen Ausschluss von Personen oder Organisationen bezeichnet werden“ - Anm.: Der Vortrag der Biologin wurde aufgrund „öffentlichen Drucks“ nachgeholt – unter Polizeischutz.

112'Die Welt' 02.02.2021 „So viele Menschen haben die dritte Geschlechtsoption genutzt“

das recht ähnlich. Man möchte das – beurteilt an dem gehörigen Trara – fast schon als etwas peinlich für diese Szene betrachten. Deren Erklärungsversuch prangerte die Gesetzesvorgabe an, dass bei der Antragstellung ein ärztliches Attest vorzulegen ist, was man natürlich generell ablehnt, weil man sich nun einmal nicht für „krank" hält. Und außerdem würde „divers" den etlichen „Geschlechtsidentitäten" als Sammelbezeichnung nicht gerecht werden. Ganz im Gegensatz anscheinend zu *„queer"*, was als Sammelbezeichnung für die Gesamtbewegung offenbar völlig in Ordnung ist.

Wenn man das jedenfalls – ungeachtet des sonstigen Tammtamms um dieses Thema – als Fakten und Tatsachen betrachtet, könnte es umso erstaunlicher sein, dass unsere Bundesregierung – genauer: das *Bundesministerium für Familie, Senioren, Frauen und Jugend* – im Januar 2022 erstmals einen „queer-Beauftragten" ernannt hat, der sich ganz exklusiv für die speziellen Belange von *„LGBTIQ*"* einsetzen soll. Auch das sollte sicherheitshalber erklärt sein (frei nach Konfuzius: „Setze niemals etwas voraus"): Mit diesen einzeln aneinander gefügten Buchstaben, sollen *L*esbian, *G*ay, *B*i-, *T*rans-, *I*ntersexual und *Q*ueer-orientierte Menschen zusammenfassend gemeint sein, sowie alle möglichen sonstigen Orientierungen, für die offenbar wahlweise ein Sternchen oder ein Plus-Zeichen zusätzlich angefügt wird, man ist sich da noch nicht wirklich einig. Uneingeschränkte Einigkeit besteht dagegen darin, auch dieses Kürzel-Ungetüm problemlos aus dem Englischen übernehmen zu können und dem entsprechend auszusprechen: „El-Dschi-Bi-Ti-Ei-Kju-Plas", ganz selbstverständlich. Wie bereits mehrfach festgestellt, macht man sich in diesem Zeitgeist längst auch solche Mühe nicht mehr, irgendetwas aufwendig zu übersetzen, geschweige denn, sich über den Begriff hinaus noch ein/zwei Gedanken zu machen. Offenbar nicht einmal die Bundesregierung.

Dazu hat das zuständige *Bundesministerium für Familie, Senioren, Frauen und Jugend* (das sich also offenbar um wirklich alle kümmert, explizit außer um Haustiere und Männer) im Rahmen der Beauftragung des Beauftragten eigens sogar ein umfangreiches *„Regenbogen-Portal"* ins Internet gestellt, wo sich die Mehrheit von 99% der Bevölkerung über die „sexuelle Orientierung" der restlichen 1% ausgiebig informieren und „aufklären" lassen darf. Mit der

Frage, warum eigentlich, und was das eigentlich soll, könnte man doch tatsächlich fast dem Eindruck erliegen, es handelt sich dabei um eine groß angelegte Image- und Werbekampagne. Vielleicht auch deshalb, weil dieses Portal offenbar zum strategischen Vorlauf einer Gesetzesvorlage gehörte, die im Juni 2022 etwas Aufmerksamkeit erregte:
Demnach soll es ab dem Jahr 2023 möglich werden, dass jeder (also: jeder!) sein Geschlecht (mitsamt dem passenden Vornamen) einmal pro Jahr sowohl bedingungs- als auch problemlos wechseln darf, per einfacher schriftlicher Erklärung im Rathaus. Und zwar möglich bereits für Kinder ab 14 Jahren – und das, obwohl doch schon „*nackte Frauenbusen für Kinderaugen nicht geeignet*" sind. Ist das nicht erstaunlich. Damit wird jedenfalls das bisherige Transsexuellengesetz in ein „*Selbstbestimmungsgesetz*" überführt, wie es bereits mehrere europäische Länder längst auch haben, siehe weiter oben. Die Bundesfamilienministerin Lisa Paus erläuterte[113] „*Das Transsexuellengesetz stammt aus dem Jahr 1980 und ist für die Betroffenen entwürdigend. Es ist fundamental für alle Menschen, selbstbestimmt leben zu können*" und der Bundesjustizminister Marco Buschmann ergänzte noch „*Das geltende Recht behandelt die betreffenden Personen wie Kranke. Doch dafür gibt es keine Rechtfertigung*". Tja. Allerdings hat man auch hier wieder – wie so oft und ständig – schon die ersten ein/zwei nächsten Gedanken nicht mehr gedacht, die sich eigentlich nicht nur unvermeidlich aufdrängen, sondern schon bei einem kurzen Blick in die Welt da draußen offen(-)sichtlich wären. Etwa am Beispiel *Lia Thomas*, einem männlichen Schwimmer in den USA, der in seinem Sport völlig chancenlos allen anderen hinterher schwamm, sich dann kurzerhand zur Frau erklärte, und nun im Frauenschwimmen auf erstaunliche Weise jeden Wettkampf hochüberlegen gewinnt. Mittlerweile jedoch häuften sich trotz aller zeitgeistig regenbogenbunten „*Vielfalt*" die Proteste[114]. Und selbst die ehemalige Weltklasse-Tennisspielerin Martina Navratilova, die

113'tagesschau.de' 30.06.2022 „Neues Selbstbestimmungsgesetz: Geschlechtseintrag künftig leichter zu ändern"

114'Die Welt' 21.03.2022 „Eine Transgender-Starterin spaltet die Schwimm-Welt"

sich schon im Jahr 1980 (also: noch zu erheblich anderen Zeiten) als lesbisch bekannte, meinte: „*Es geht nicht um sie persönlich. Es geht darum, dass sie als Mann als 200., 300., 400. ins Ziel kam. Jetzt wird sie Erste. Die Regeln müssen geändert werden. Das ist kein fairer Kampf*". Daraufhin änderte der Weltschwimmverband '*FINA*' zwar die Regeln für die Startbedingungen von „*Transgendern*", doch damit wurde seitens der „*queer*"-Gemeinde erst recht eine „transphobe Diskriminierung" angeprangert. Im April 2022 wiederum wurde der britischen Radsportlerin *Emily Bridges*, die ein paar Jahre vorher noch *Zach* hieß und ein Mann war, vom Radsport-Weltverband *UCI* der Start bei den britischen Frauen-Bahnrad-Meisterschaften untersagt[115]. Dazu meinte der UCI-Präsident David Lappartient gegenüber der *BBC*: „*Wir erkennen das Recht aller Menschen an, diesen Übergang zu vollziehen. Aber ich habe Sorge, dass Bridges' Teilnahme an Frauen-Wettbewerben Einfluss auf die Fairness des Wettkampfs hat*". Zwischenzeitlich wurde über *Laurel Hubbard* berichtet: eine Gewichtheberin, die als früherer Mann in diesem Sport nicht sonderlich erfolgreich war, die Karriere beendete, und nach 15(!) Jahren Pause im Jahr 2021 als gewichthebende Frau WM-Zweite wurde. Ähnlich auch der Fall der südafrikanischen Sprinterin Caster Semenya, die als Mann geboren wurde, und als Frau zweifache Olympiasiegerin im 800-Meter-Lauf wurde. Das zeigt zumindest, dass bereits im Vorlauf des für 2023 geplanten „*Selbstbestimmungsgesetzes*" längst aufgeregte Diskussionen über mögliche Folgen der Folgen im Gang waren. Auf den Sport bezogen mit der Frage, was die proklamierte umfassende Gleichberechtigung denn wohl mit Fairness zu tun hat und umgekehrt. Man könnte auch feststellen, dass man mit Anlauf in die regenbogenbunten Fettnäpfe springt, die man sich selbst vor die Füße gestellt hat. Dabei reichen die Folgen natürlich weit über den Sport hinaus. So gab etwa ein Münchener Fachanwalt für Strafrecht dezent zu bedenken[116]: „*Was sage ich einem Mandanten, der sich zur Frau umgeschrieben hat, und*

115 'Die Welt' 31.03.2022 „Radsport: Weltverband verbietet Trans-Frau Start bei britischen Meisterschaften"

116 'Süddeutsche Zeitung' 22.05.2021 „Debatte um Selbstbestimmungsgesetz: Freiheit, die für alle gilt"

seine sechs Jahre Haftstrafe wegen Vergewaltigung jetzt im Frauengefängnis absitzen will?". So hoch muss man die Problematik jedoch gar nicht hängen, es genügt bereits, sich praktischen Fragen des Alltags zu widmen: Wenn sich nun ein Mann völlig problemlos rein auf dem Papier (also: schwarz auf weiß) zur Frau umschreiben lassen kann, hat er ungehindert freien Zugang zu jeder Frauen-Toilette, zu Frauen-Duschräumen und -umkleideräumen, etc, kann sich also als Mann inmitten duschender Frauen aufhalten, ohne dass ihm das untersagt werden dürfte. Zumindest die Feministinnen unter den Frauen, die schließlich Gleichberechtigung für alle Geschlechter fordern, müssten das nun eigentlich bejubeln. Männliche Voyeure wiederum, die sich nach Ablauf eines Jahres schließlich wieder als Mann umschreiben lassen können, dürften mindestens ein Jahr lang eine größere Freude an ihrem Hobby haben als je zuvor. Immerhin haben dann auch Teenager deutlich bessere Möglichkeiten als früher, sich in ihrer Pubertät ganz variabel sexuell zu orientieren, nämlich sogar lebensecht in der Praxis, indem sie ihr Geschlecht einfach ein paar Mal probeweise durchwechseln. Ich meine: Auch als „alter, weißer Mann" kann man schließlich auch das Positive in diesem Zeitgeist sehen.
Im Juni 2022 wiederum verklagte eine Person, die sich für geschlechtsneutral hält, die *Deutsche Bahn AG*, weil in der Prozedur des Fahrscheinkaufes doch tatsächlich nur die Optionen „Herr" und „Frau" zur Auswahl standen. Das empfand diese Person nicht nur als etwas schade, sondern – natürlich: völlig zurecht – als inakzeptable Diskriminierung. Oder auf Denglisch: Die Person wurde „*misgendert*". Das sah auch eine Richterin am Oberlandesgericht Frankfurt am Main so und verurteilte die *Deutsche Bahn*, bis Ende 2022 solch „diskriminierende Anreden" entweder vollständig wegzulassen oder weitere alternative Anreden zur Verfügung zu stellen; bei Zuwiderhandlung würde ein Ordnungsgeld in Höhe von 250.000 Euro fällig. Dieser klagenden Person, die übrigens bitte als „em" angesprochen werden möchte, wurden allerdings dann doch nur 1.000 Euro Schadenersatz richterlich zugesprochen, statt der eingeklagten 5.000 Euro. Jedenfalls kann man sich sicher sein: nach diesem Gerichtsurteil werden andere Konzerne, Unternehmen und Behörden folgen, gezwungenermaßen freiwillig, bevor sie auch noch verklagt werden.

Damit hat dieses Urteil ganz nebenbei mitbewirkt. dass wir in ein paar Jahren in einer Welt leben werden, in der nicht nur diejenigen neutralisiert wurden, die das toll finden, sondern wir alle, auch der Rest von 99% der Bevölkerung, ob wir das wollen oder nicht. So hat beispielsweise ein Mitarbeiter von *Volkswagen* die zum VW-Konzern gehörende Tochter *Audi* im Juni 2022 verklagt, weil in einem Leitfaden „geschlechtersensible Sprache" vorgegeben wurde, um sie dadurch „*in der internen und externen Audi-Kommunikation allgegenwärtig zu machen*". Der Kläger führte in der Gerichtsverhandlung beispielhaft eine Arbeitsanweisung an, in der es u.a. hieß „*Der_die BSM-Expert_in ist qualifizierte_r Fachexpert_in*". Seine Klage am Landgericht Ingolstadt wurde allerdings abgewiesen: Zum einen müsse der Kläger den vorgegeben Leitfaden nicht selbst aktiv verwenden; und sich „nur passiv gestört zu fühlen", reiche nicht aus: Es gäbe für den Kläger „kein Recht darauf, in Ruhe gelassen zu werden". Dagegen reicht es völlig aus, wenn sich eine „nicht-binäre Person" passiv gestört fühlt, weil Fahrscheine der Bahn nur auf „Herr" oder „Frau" ausgestellt werden. Also alles auf dem besten Weg der Normalisierung, siehe oben, und wenn es sein muss, „im Namen des Volkes", per begleitend medialer Zwangspädagogik. Andererseits bietet auch das natürlich ungeahnte Möglichkeiten. Ich persönlich möchte bitte in Zukunft – gleichfalls geschlechtsneutral – als „Eure Majestät" angesprochen werden. Das lässt sich sogar recht bequem beibehalten, falls ich demnächst mein Geschlecht jährlich durchwechseln sollte. Wobei es auch nicht eines gewissen Witzes entbehrt, dass „Eure Majestät" als kleine Ironie amüsierte Lacher provoziert – während „em" doch tatsächlich äußerst ernst genommen werden muss, weil sich ansonsten die zwei oder drei Personen innerhalb Deutschlands diskriminiert fühlen, die das bitte gern so hätten. Ich bin mir ziemlich sicher, dass mehrere Stellen, vor allem Behörden, es vehement ablehnen würden, mich als „Eure Majestät" anzusprechen, während „em" natürlich selbstverständlich völlig problemlos möglich ist; im Sinne unserer regenbogenbunten „*Vielfalt*", versteht sich, für eine bessere Welt für uns alle, notfalls auch gegen den mehrheitlichen Willen. Stellt sich nur noch die Frage, wie weit das noch gehen soll und wohin man diesen Wahn noch abdriften lassen will. So betrachtet ist das Ganze immerhin durchaus spannend.

Spätestens, seit im September 2020[117] die '*Katholische Studierende Jugend*' (KSJ) tatsächlich *Gott* persönlich einer gegenderten Korrektur unterzogen hat: Mit der Begründung, man wolle weg von dem Bild des „*strafenden alten weißen Mannes mit Bart, hin zu einer Gottes*vielfalt*" (natürlich mit einem Sternchen), und würde jetzt „Gott*" schreiben (natürlich mit Sternchen). Denn schließlich habe man doch zumindest Gott (also: Gott*) „*vorurteilsfrei wahrzunehmen, weil* er *keinem Geschlecht oder menschlichen anderen Kategorien zugeordnet werden kann*". Zweifellos: Er(**!**) ist ganz sicherlich geschlechtsneutral. Die Theologin Agnes Wuckelt begrüßte diese Idee, weil sich „*der Genderstern eignet, um sich über das Gottesbild Gedanken zu machen*", was ohne dieses Sternchen bisher wohl stark erschwert oder ganz verhindert wurde. Im April 2022 folgte die '*Katholische Junge Gemeinde*' (KJG) dieser Idee, allerdings mit der angekündigt zukünftigen Schreibweise „Gott+", also mit einem Pluszeichen statt Sternchen. Wie bereits weiter oben festgestellt: In dieser ganzen zeitgeistigen „*Vielfalt*" fällt es mitunter schwer, sich einig zu werden. Was der Papst dazu sagt, und ob das mit Gott, Gott* oder Gott+ so abgesprochen ist, wurde allerdings nicht bekannt.

Positiv gesehen ist es enorm spannend, was wir wohl sonst noch zu erwarten haben, in diesem Zeitgeist, von dieser „*Generation Z*", die dankenswerter Weise sämtliche Fehler ausbügelt, die innerhalb der letzten zwei Millionen Jahre Menschheitsgeschichte bis hin zu meiner Generation gemacht wurden. Wie steht es beispielsweise um unsere Kinder, die zwar spätestens ab dem Kindergarten schreiben lernen, allerdings immer noch eklatant fehlerhaft, ganz ohne Sternchen, Doppelpunkte, Unterstriche und sonstig gendergerechte bzw. „gender-integrative" Ausdrucksweise(?) – wenn etwa in Aufsätzen wie „Mein schönstes Ferienerlebnis" Kinder noch immer schreiben, was sie mit Mama und Papa erlebt haben, statt korrekterweise mit ihrem „austragenden"

117 'Der Tagesspiegel' 15.09.2020 „Katholische Jugend gendert das Wort „Gott"" - 'BR24' Bayerischer Rundfunk 05.04.2022 „'Gott+': Junge Katholiken und Katholikinnen gendern Gott"

und ihrem „nicht-gebärenden Elternteil“. Das können Kinder doch wohl nicht früh genug lernen, noch rechtzeitig bevor sie das als Beschulte von den Lehrenden korrigiert bekommen.
Und was haben wir wohl für den Bereich der Kunst, Lyrik und Literatur noch zu erwarten? Wird der Kino-Kultfilm „*E.T. - Der Außerirdische*“ wohl jetzt vorsorglich pädagogisch mit einer sog. „Trigger-Warnung“ versehen: „Dieser Film stammt aus dem Jahr 1982 und damit aus einer Zeit, in der man noch intellektuell rückständig und nicht so weit entwickelt war. Daher wird 'E.T.' als '*Der*' Außerirdische bezeichnet, obwohl dessen Geschlechtsidentität weder während des Films geklärt wird, noch zu erkennen ist, dass es sich um einen eindeutig ausschließlich männlichen 'cis'-Außerirdischen handelt. Vielmehr scheint 'E.T.' ein eindeutig nicht-binäres Wesen zu sein und repräsentiert damit eine fortschrittliche Alien-Zivilisation der Vielfalt und Toleranz.“ Das wäre fast ein Fall für das „*Wahrheitsministerium*“ in Orwells „*1984*“. Etwa so, wie zukünftige genderneutrale und/oder „gender-integrative“ Romane, die womöglich folgendermaßen beginnen werden: „Es war eine dunkle Nacht, in einer einsamen Gegend, in der Hausbesitzende die Vorgärten offenbar von Gärtnernden fachkundig pflegen ließen. In den noch immer regennassen Straßen waren weder zu-Fuß-gehende noch Radfahrende unterwegs, nicht einmal gassigehende Haustierbesitzende. Auf dem Asphalt schimmerte nur der reflektierende Lichtschein aus den Fenstern der Anwohnenden. Manches flackernde Restlicht verriet, dass Fernsehende ihren Arbeitstag ausklingen ließen. Bis zum frühen Morgen, wenn die ersten Beschulten entweder von ihrem gebärenden oder nicht-austragenden Elternteil zur Lehranstalt gefahren wurden, und erste Zeitungaustragende kamen, machte sich Kevin-Chantal auf den Weg zu Emma-Valentin.“

SONSTIGE WELTUNTERGÄNGE

„Seit dem es Experten für alles mögliche gibt,
kann man auch alles mögliche falsch machen"
(Cerny)

Die bisherigen Kapitel sind beispielhaft für den Zeitgeist und die Generation zu Beginn der 2020er Jahre. Aber auch: nur das. Daneben und parallel dazu werden noch einige weitere Probleme, Missstände und Krisen thematisiert, die allesamt, jedes für sich, in den sicheren Weltuntergang führen. Während ältere Generationen zwischendurch schon einmal den Eindruck haben, dass davon weitaus mehr *drama*tisiert als *thema*tisiert wird, können wir uns immerhin darauf verlassen, dass diese „*Generation Z*" das alles sehr viel ernster und nicht so einfach hinnimmt. Das ist ungemein beruhigend. Denn wie wir bis hierhin mehrfach festgestellt haben, ist man in diesem Zeitgeist und dieser Generation mit dem absoluten, vollkommenen und endgültigen Wissen gesegnet, was in den letzten knapp zwei Millionen Jahren so alles schief gelaufen ist, falsch gemacht wurde, und wie es richtiger wäre. Womit man natürlich gleichzeitig zu einhundert Prozent ausschließen kann, dass man sich ganz oder teilweise selbst auf dem Holzweg befinden könnte. So kann sich die ältere Generation, die schließlich der Mitschuld an allem angeklagt ist, nun in aller Ruhe zurücklehnen, während die „*Generation Z*" sämtliche Missstände ausbügelt, die sich bis heute angehäuft haben, indem sie Bewegungen und „Communities" gründet, und mit radikalem Aktivismus bunte Pappplakate in die Luft hält, eingängige Parolen ruft, und Forderungen stellt. Das alles in beneidenswerter regenbogenbunter „*Vielfalt*", Offenheit und Toleranz. Es sei denn natürlich, man sieht das alles irgendwie anders, etwas kritischer und weniger apokalyptisch, da ist es mit der Offenheit und Toleranz auf der Stelle vorbei, weil eine *Meinungs*vielfalt damit nicht gemeint ist. Das steht schließlich der Weltrettung nur im Weg, weil man eben leider nicht mehr die Zeit hat, so kurz vor Zwölf, sich um etwaige Details zu kümmern. In diesem Buch hatten wir bis hierhin einiges davon angesprochen.

Doch, wie schon anfangs gesagt, gibt es in diesem Zeitgeist durchaus noch mehr Angehäuftes zu retten. So ist es – immerhin – heute keinerlei und nicht das geringste Problem, aus allem ein Problem zu machen.
So haben wir es leider – auch: nur beispielsweise – dazu noch mit Plastik und Mikroplastik zu tun. Also das Plastik, das inzwischen für alle erdenklich möglichen Produkte verwendet wird, die früher noch mit Blech oder Holz hergestellt wurden, und durch Plastik um einiges leichter und transportabler wurden, manche modernen Produkte überhaupt erst ermöglichte, und unserer Wohlstandsgesellschaft die Wegwerfmentalität schenkte. Und nun, in diesem Zeitgeist, erklärt uns diese „*Generation Z*", dass Plastikmüll ein Problem ist, was wir Älteren niemals auch nur geahnt hätten. Da schließlich früher alles besser war, wären uns Alten sicherlich u.v.a. auch die Röhrenfernseher noch lieber, die zwar in kiloschweren Holzkästen verbaut, aber immerhin bei einem Defekt noch reparabel waren, ebenso die in Blech verbauten Radios. Leider hat sich die hochinnovative Industrie entschlossen, solche Produkte so nicht mehr herzustellen, und uns nicht gefragt, ob wir das eigentlich haben wollen – ungefähr so, wie Konzerne momentan hochaktiv daran arbeiten, uns selbstfahrende Autos und Hausroboter als Non-plus-ultra zu verkaufen, und als quasi ohnehin unvermeidliche Zukunft, ebenso niemand danach gefragt wird, und es ebenso keinerlei Bedenkenträger und/oder gar Aktivisten und Bewegungen gibt, die das verhindern wollten. So wurde schon uns Alten die Zerstörung des Planeten durch Plastik quasi aufgedrängt und aufgezwungen, wie u.v.a. etwa auch das Schuhwerk, das noch bis in die 1980er Jahre vornehmlich aus Lederschuhen bestand, sowohl für Kinder als auch für Erwachsene, bevor man sportliche Plastikschuhe normalisierte. Womöglich deshalb, weil Schuhe aus Leder eine sehr viel längere Lebensdauer haben, und sich dagegen Sportschuhe deutlich öfter in mehr Variationen verkaufen lassen. Dahin können wir jedoch auch nicht wieder zurück, weil Leder nun einmal Leder ist, und mit dem Ableben von Tieren verbunden ist. Es ist knifflig. So kann man nun u.v.a. auch die Vermüllung der weltweiten Ozeane mit Plastik anprangern, was nicht nur auf Kosten vormals wunderschöner Sandstrände und Korallenriffe geht, sondern eben auch wieder Meerestiere

tötet, die Plastik herunterschlucken. Da rächt es sich, dass wir, „die Alten“, ganz offensichtlich unseren ganzen Plastikmüll über Wochen und Monate gesammelt, in Plastiksäcke verpackt, ihn ständig bis nach Portugal gefahren haben, um ihn kurzerhand dort im Atlantik zu entsorgen. Anders ist es schließlich kaum erklärbar, wie man uns in Deutschland für vermüllte Ozeane mitverantwortlich macht. Dem gegenüber hat die Industrie sich eine prima Idee einfallen lassen, um sich des Plastikmülls zu entledigen, der von zurückgereichten Geräten stammt. Oder auch, um zu verhindern, dass eine Rücknahme ausgelatschter Sportschuhe verpflichtend werden würde. Denn schließlich: Das fachgerechte Entsorgen von Plastik ist aufwendig und teuer und möchte sich die Industrie ersparen. Die sehr einfache Lösung für dieses Problem ist: Afrika! So ist bestens bekannt, dass deutscher Elektroschrott in Containern nach Afrika verschifft wird, und Kinder die Müllberge in Brand setzen, um die im geschmolzenen und hochgefährlich dampfenden Restmüll übrig bleibenden Kupferdrähte verkaufen zu können. Für Sportschuhe hat man wiederum die Idee entwickelt, sie genauso wie Altkleidersammlungen containerweise nach Afrika zu verschiffen, weil in unserem Klischéebild die armen Afrikaner natürlich ansonsten keine Schuhe haben und barfuß laufen müssen. So kann man uns in diesem Zeitgeist der umfassenden Weltrettung eine Idee, die lediglich ein billiges Entsorgen darstellt, problemlos als „Gutes Werk“ und als Hilfe für Hilfebedürftige verkaufen. Dass das beides allerdings nicht so dermaßen lauthals angeprangert wird, könnte eventuell daran liegen, dass sowohl Elektrogeräte wie auch Sportschuhe zum Lebensstandard der „*Generation Z*“ gehören, und sich damit eine gewisse eigene Mitschuld an gewissen Problemen und Missständen eingestehen müsste, und dafür nicht nur „die Alten“ verantwortlich machen kann.

Apropos Sportschuhe: Ich kann mich noch ziemlich gut erinnern, als in einer TV-Reportage ein Forscherpärchen erstmals erklärte, wie enorm gefährlich die völlig unterschätzte Gefahr durch Mikroplastik ist! Die Umwelttechniker Professorin Jutta Kerpen und Felix Weber von der *Hochschule RheinMain* in Rüsselsheim erforschen seit gerade einmal zehn Jahren Mikroplastikpartikel in unserer Umwelt und im Lebensalltag. Endlich. Man mache sich bewusst, dass wir vorher gar nichts davon wussten, und dem entsprechend auch dieses Problem gar nicht hatten. Jetzt haben wir es. Wie in vielen anderen Bereichen auch, wenn sich Wissenschaftler auf etwas stürzen, was sie – für sich – als Problem entdeckt haben. Zumal die deklarierte immense Gefahr irgendeines solchen Forschungsbereiches auch dessen Finanzierung sicherstellt, während Forscher andernfalls gefragt werden würden, warum man sie finanzieren sollte. Beim Mikroplastik stand, wie bei allem anderen, zunächst erst einmal *die Idee* am Anfang des Ganzen. Hierbei die Idee, dass mikroskopisch kleine Plastikpartikelchen eine bestimmte, potenziell gefährliche Auswirkung haben könnten. Etwa beim Lutschen an Plastik-Trinkhalmen oder auch durch Einwegbesteck, oder auch durch Absonderung feinster solcher Partikel aus Plastikverpackungen, die sich auf darin verpackte Lebensmittel übertragen, oder auch durch den Abrieb der Sohlen von Sportschuhen, der sich in der Luft verteilt, oder, oder, oder.

Recht ähnlich ist das mit der extremen Gefahr durch Feinstaub, lediglich mit den beiden Unterschieden, dass Feinstaub bereits im Jahr 1987 durch die US-amerikanische Umweltschutzbehörde *EPAden* im Rahmen ihres *„National Air Quality-Standard for Particulate Matter*" zur Gefahr erklärt wurde, sowie dass Staub in jeder, auch sehr feiner, Form wohl schon in der planetaren Luft vorhanden war, bevor die Evolution den ersten Urmenschen hervorbrachte. Nichtsdestotrotz hat man Gefahren, die uns von Wissenschaftlern erklärt werden, natürlich überaus ernst zu nehmen, gerade wenn es doch um Natur und Umwelt und unser aller Gesundheit geht, womöglich letztlich sogar um Leben oder Tod und den Fortbestand der Erde insgesamt. Immerhin, wie es heißt, sterben allein in Los Angeles jedes Jahr 700 Menschen aufgrund des Feinstaubes, der durch lapidare Baustellen freigesetzt wird, und sich so in der Atemluft unausweichlich verteilt. Nicht bekannt ist allerdings, ob man daher nun Baustellen verbieten oder überdimensionale Ventilatoren aufstellen will, die den Feinstaub über besiedeltes Gebiet hinweg verteilen. Es ist knifflig. Ebenso übrigens in Fragen von Umwelt- und Klimaschutz, was insbesondere von Aktivisten gern für identisch gehalten wird: „Wer die Umwelt schützt, der schützt damit auch das Klima". So hat sich gezeigt, dass die enormen

Bemühungen in Sachen Luftverbesserung durch Luftreinhaltung seit den 1980er Jahren weltweit äußerst erfolgreich waren – allerdings dummerweise mit dem Nebeneffekt, dass verschmutzte Luft früher einen großen Teil der Sonneneinstrahlung zurück in den Weltraum reflektierte, die nun bei unserer deutlich saubereren Luft ungehindert bis auf den Erdboden durchdringt, und so den Planeten zusätzlich aufheizt. Die logische Lösung wäre daher also, auf den Umweltschutz zu verzichten, die Luft wieder zu verschmutzen, um das globale Klima zu retten. Wie gesagt: Es ist knifflig. Wohingegen man bei uns in Deutschland auf die Idee kam, das traditionelle Abbrennen von Feuerwerk an Silvester zu verbieten; wo man doch jetzt in diesem Zeitgeist und dieser Generation weiß, dass der Lärm der sog. „Böllerei" nicht nur die Tierwelt aufschreckt, sondern der dabei freigesetzte Feinstaub potenziell tödlich ist. Die Kommunen, Städte und Gemeinden hatten das Silvesterböllern bereits im ersten Jahr der „Corona"-Pandemie untersagt, weil jede größere Ansammlung von Menschen hochgefährlich war. Und man fand heraus, wie viel Geld das spart, wenn am Neujahrsmorgen die Straßen nicht gereinigt werden müssen, weshalb die Kommunalpolitik ein grundsätzliches „Böllerverbot" wohl eher befürwortet als wegen vorgeblichen Tier-, Umwelt- und Klimaschutzes, und können Aktivisten auf deren Unterstützung zählen. Bei dieser Gelegenheit sollte man vielleicht auch ein Verbot von Volksfesten in Erwägung ziehen, wo schließlich nur aus niederen Beweggründen des Spaßes, der Freude und Belustigung durch den Aufbau und Betrieb von Fahrgeschäften jede Menge hochgefährlichen Feinstaubs aufgewirbelt wird; dazu ein Umgebungslärm der nicht nur jedes Feuerwerk locker übertrifft, sondern das, im Gegensatz zu einer zehnminütigen Böllerei, auch noch tage- und wochenlang. Das noch ganz abgesehen davon, dass Schausteller mit ihren dieselbetriebenen Lkw und ihren Wohnmobilen völlig sinnlos kreuz und quer durch die Republik fahren, von einem Volksfest zum anderen. Man sollte das verbieten. Oder zumindest erst einmal: zeitgeistig anprangern.

Apropos Ersparnisse: Kommunen, Städte und Gemeinden lassen inzwischen gern auch Grünflächen und Grünstreifen in natürlicher Ruhe und Wiesen kniehoch wachsen, statt sie regelmäßig trimmen und mähen zu lassen. Das

spart eine ganze Menge Geld, wird jedoch anders verargumentiert, nämlich als Beitrag zur Weltrettung. Wie wir schießlich wissen, in diesem Zeitgeist und dieser Generation, sterben (u.v.a.) die Insekten und die Bienen und lässt zu deren Schutz die Wiesen wachsen und Blümchen blühen; nicht etwa, weil es bares Geld sparen würde. Siehe oben: Mit dem Argument, den Planeten retten zu wollen, die Tiere, die Natur und Umwelt schützen zu wollen, nicht zuletzt auch unser aller Gesundheit, lässt sich in diesem Zeitgeist so ziemlich alles begründen, verkaufen und durchsetzen. Ich bitte das, wie alles andere in diesem Buch, *gesellschafts*kritisch zu verstehen: In diesem Zeitgeist und in dieser „*Generation Z*" hat sich (oder: wurde) auch die Heuchelei mittlerweile als triviale Normalität etabliert, dass man offenbar kaum noch in der Lage ist, sie als solche zu erkennen – und dadurch ziemlich problemlos an der Nase herumgeführt werden kann.
So haben wir es – vor allem Dank wissenschaftlicher Gefahrenmeldungen – heute mit allerlei Sterben zu tun, für jeden ist etwas dabei: Insektensterben, Bienensterben, Waldsterben und Artensterben. Mindestens. Es ist dramatisch. Obwohl ich bereits erwähnt hatte, dass es das *Waldsterben* auch in meiner Jugend in den 1980er Jahren bereits gab, damals allerdings auf die schlimme Luftverschmutzung zurückgeführt, heute natürlich auf den Klimawandel. Die Beobachtungen hängen wohl auch irgendwie davon ab, wer was genau mit welchem Blick beobachtet und was nicht. Hochinteressant übrigens auch das *Artensterben*, bei dem Otto Normalbürger spontan der Schreck in alle Glieder fährt, so dramatisch, wie das klingt: „Die Tierarten sterben aus!". Wenn man sich jedoch (auch) hier ein bisschen kundiger machen würde, in unserem „Zeitalter der totalen Information, des Wissens und der Bildung", würde man erfahren, dass auch diese Dramatisierung eher waghalsig als begründet ist. So lässt sich kurz und knapp feststellen: Wie viele Tierarten es überhaupt und insgesamt auf unserem Plnaeten gibt, ist leider völlig unbekannt und weiß man gar nicht. Naturwissenschaftler schätzen und peilen über den Daumen, je nach Fachbereich, es könnte zwischen 5 und 100 Millionen Tierarten geben. Wobei dieser recht große Schwankungsgrad womöglich die wissenschaftliche Ahnungslosigkeit widerspiegelt ...die jedoch natürlich nicht daran hindert, ein

dramatisches Artensterben an die Wand zu malen. Wenn es etwa heißt, „*ein Viertel der Säugetierarten, jede achte Vogelart, dreißig Prozent der Haie und Rochen, sowie vierzig Prozent der Amphibienarten sind vom Aussterben bedroht*“, wie es der *World Wildlife Found* (WWF) erklärt: wie wirken diese Angaben auf Sie, wenn Sie nun wissen, dass niemand die geringste Ahnung hat, wie viele Tierarten es eigentlich insgesamt gibt? Solche Angaben könnte man daher mindestens mutig nennen. Dass hier eine gewisse Dramatisierung mit unüberprüfbaren Zahlen stattfindet, um eingeschüchterte Menschen zum Spenden zu animieren, liegt zwar glasklar auf der Hand, möchte man jedoch natürlich lieber nicht wahrhaben, wo es doch um die Weltrettung geht, und (u.a.) der *WWF* bekannterweise nur Gutes tut. Etwa so ähnlich, wie auch der Klimaforscher Olsen mit seiner glatten Falschmeldung über eine dramatische Eisschmelze in Grönland doch nur unser „*Bewusstsein für den arktischen Klimawandel steigern*“ wollte. Und so ähnlich, wie ein Journalist und TV-Moderator, Dirk Steffens, uns alle vor der Unwahrheit beschützt, indem er zugesteht, dass uns Journalisten keineswegs neutral informieren, sondern mit pädagogischen Absichten gezielt Informationen vorenthalten. Also etwa so ähnlich, wie im Falle der Fernsehreihe „*Respekt! Demokratische Grundwerte für alle*“ auf dem deklarierten *Bildungs*(!)sender '*ARD alpha*' gezeigt wurde, wie eine Gruppe Jugendlicher von einem Experten darauf trainiert, getrimmt und dressiert wird, sich gegen „Klimaleugner“ zu „wappnen“ (man beachte: nicht etwa gegen etwaige Argumente). Oder auch so ähnlich, wie die vom öffentlich-rechtlichen *Bayerischen Rundfunk* organisierte und ausgestrahlte Podiumsdiskussion „*Diversity Talk 2022 - Gendern: Modeerscheinung oder Sprach(r)evolution?*“, in der (immerhin: erfolglos) versucht wurde, Schülern per Zwangspädagogik das „Gendern“ schmackhaft zu machen. Oder auch so ähnlich, wie der *Ravensburger Verlag* inzwischen „Winnetou“-Bücher aus seinem Verlagsprogramm gestrichen hat, weil in den Werken von Karl May „*fremdenfeindliche Stereotype wiedergegeben werden, die ihren Ursprung im Kolonialismus haben*“[118]. Um erneut nur ein paar Beispiele zu nennen, in

118 'Die Zeit' 22.08.2022 „Ravensburger stoppt Auslieferung von 'Winnetou'-Büchern“

denen man eine recht bedenkliche Gesamtentwicklung erkennen könnte. Manch einen erinnert das Ganze fast an George Orwells '*1984*', worin es u.a. heißt „*Jede Aufzeichnung wurde vernichtet oder verfälscht, jedes Buch überholt, jedes Bild übermalt, jedes Denkmal, jede Straße und jedes Gebäude umbenannt, jedes Datum geändert. Und dieses Verfahren geht von Tag zu Tag und von Minute zu Minute weiter*". Dazu passt einwandfrei, wenn jetzt auch die erste Universität (im britischen Northampton) Orwells '*1984*' aus der Bibliothek genommen hat, und Studenten doch tatsächlich davor warnt: Der Inhalt würde „*schwierige Themen*" ansprechen, die u.a. „*beleidigend und verstörend wirken können*" ...und als Zensur nun einmal ziemlich genau dem entspricht, was in '*1984*' thematisiert wird: Man sorgt zunächst dafür, dass junge Menschen mit solch vermeintlich „schwierigen Themen" erst gar nicht mehr in Kontakt kommen (wollen); wodurch ihnen zwangsläufig etwas fehlt, um etwas kritischer beurteilen zu können. Dazu passend wiederum ist, wenn man in britischen Schulen analoge durch digitale Uhren ersetzt hat, um das Niveau auf subtile Weise immer weiter abzuflachen, indem man das Defizit zum Maßstab macht. So könnte man fast auf den Gedanken kommen, die seit etlichen Jahren beklagte zunehmende Bildungsnot wird lediglich zur Show beklagt, und ist in Wirklichkeit genau so gewollt, wie der parallele Zeitgeist, man befinde sich im absoluten, vollkommenen und endgültigen Wissen über richtig und falsch, wahr und unwahr. Dazu wiederum passt die inzwischen extreme Wissenschaftsgläubigkeit an der Grenze zur -Hörigkeit, die mitsamt apokalyptischer Bedrohungen und Weltrettungsfanatismus nahezu religiöse Züge angenommen hat: Auf zunehmend intellektuell abgeflachtem Niveau deutet man nur noch auf „die Wissenschaft", auf das, „was Wissenschaftler sagen", und grölt „Hört auf die Wissenschaft!", gedanken- und bedenkenlos, unfähig zu kritischem Hinterfragen, und sich genau dadurch auch noch im absoluten, endgültigen Wissens wähnend. Es ist tragisch.

Vielmehr bezeichnend ist es, wenn – dem Zeitgeist auf den Leim gehend – eine kritische Haltung gegenüber Wissenschaft ganz generell und gegenüber einzelnen Forschern und Wissenschaftlern als „Wissenschaftsleugnung" abqualifiziert wird, um sich bloß nicht näher damit beschäftigen zu müssen, und seine eigene Hörigkeit zu hinterfragen. So kommt es vor, dass auf eine kritische Anmerkung (beispielsweise) zur Klimaforschung rhetorisch gefragt wird, ob man selbst vielleicht Klimaforscher sei. Falls nicht, könne man das, was Klimaforscher sagen, überhaupt nicht beurteilen und hätte sich gefälligst zurückzuhalten. Ein solch gedankenloser Kurzschluss ist natürlich ein echter Freibrief, mit dem Deuten auf „die Wissenschaft" jeden Unfug verbreiten zu können. Zumal das von Menschen kommt, die selbstverständlich gleichfalls keine Klimaforscher sind, und damit elegant über ihre eigene Argumentation stolpern. Diese Menschen würden wohl auch erwarten, dass man Theologie studiert haben muss, um Atheist sein zu dürfen. Und das, wie gesagt, nur beispielsweise. Es hat sich in jedem erdenklichen Themenbereich so etabliert, den eigenen persönlichen Glauben an das, „was Wissenschaftler sagen", für unbezweifelbares Wissen zu halten.

So etwas bildet die dümmlich-naive Grundlage dafür, dass etwa ein Professor *Harald Lesch*, seines Zeichens *Astrophysiker*, völlig ungehindert über den Klimawandel plaudern darf, in Vorträgen dafür beklatscht und in Talkshows eingeladen wird. In einer davon, in '*Markus Lanz*'[119] im öffentlich-rechtlichen *ZDF* erklärte Lesch die immense Dringlichkeit, das Weltklima zu retten: „*Es sollten einfach alle mal die Schnauze halten und uns machen lassen*". Dabei blieb leider offen, wen er eigentlich mit „uns" meinte: Doch nicht etwa „uns Astrophysiker"? Was sicherlich die Frage aufwerfen könnte, wie sonderlich wohl man sich dabei fühlen würde, Astrophysiker den Job von Politikern machen zu lassen, und uns von Astrophysikern sagen zu lassen, was wir zu tun und zu lassen haben. Wie üblich, wird diese drohende Frage geschickt vermieden, indem man multikompetente Experten wie Harald Lesch eben nicht als Astrophysiker sprechen lässt, sondern als „Wissenschaftsjournalist"; was wohl den Eindruck liefern soll, dieser Mann liest und schreibt ganz viel über wissenschaftliche Themen. Und nicht zuletzt dadurch, dass Lesch als jemand vorgestellt wurde, „*der schon sein halbes Leben auf der Suche nach der Wahrheit ist, nach dem, was wirklich dahinter, darunter und darüber ist,*

119 ZDF 'Markus Lanz' 29.09.2016, Thema „Energiewende"

und der sich auch nicht scheut, das auch so deutlich zu formulieren, dass es sich ein bisschen anfühlt, wie die Gardinenpredigt früher zuhause bei Mama"; was bedeuten soll: Der Mann ist Wissenschaftler! Und als solcher natürlich auf der Suche nach der Wahrheit, wie alle Wissenschaftler. Wenn also jemand etwas über die Wahrheit weiß und uns darüber mitteilen kann und darf, dann ein Wissenschaftler, also ein Mann wie Harald Lesch. Mit solch subtil nahegelegtem Kurzschluss kann man Menschen offensichtlich problemlos an der Nase herumführen. Unter diesem Eindruck stellen sich so auch nicht die nächsten Fragen, die ansonsten nahe liegen würden. Wie etwa, ob wir denn nun unsere Demokratie einstampfen und das Kanzleramt räumen und stattdessen mit einem Gremium von Wissenschaftlern besetzen sollen, weil Wissenschaftler (und: *nur* Wissenschaftler) schließlich in Kenntnis der unbezweifelbaren Wahrheit sind – womöglich Ernährungs-, Erziehungs- und Sportwissenschaftler inklusive. Immerhin hätten dann diese völlig unnötigen, langwierigen Diskussionen ein Ende, die nur an der Weltrettung hindern. So ungefähr, wie im Falle des spanischen Stammzellenforschers *Juan Carlos Izpisua Belmonte*, der mit einem japanischen Forscherteam im April 2021 erstmals ein „Mischwesen aus Mensch und Affe"[120] erschuf, eine sogenannte „Chimäre", und damit „eine ethische Grenze überschritten" habe, wie es in den Medien hieß. Jedoch: Was soll's. Das ist eben Wissenschaft. Und wenn es nach Harald Lesch geht, und denen, die ihn beklatschen, dann sollten wir alle mal die Schnauze halten und sie machen lassen, die Wissenschaftler. Im Dienste der Menschheit und der Weltrettung natürlich. Und wer das kritisiert, der ist ein „Wissenschaftsleugner". Allerdings machen sogar die Gläubigen und Hörigen zwischendurch den einen oder anderen Unterschied, wenn es um Wissenschaft geht: nämlich dann, wenn aus der Wissenschaft etwas verlautet, das ihrer sonstigen Überzeugung widerspricht. Da zeigt man sich plötzlich erheblich flexibel und bedient sich prompt des Kriteriums, was „*angesehene und seriöse* Wissenschaftler" sagen, woraus folgt, dass anderslautende

120 Süddeutsche Zeitung 15.04.2021 „Stammzellforschung: Mischwesen aus Affe und Mensch gezüchtet"

Erkenntnisse natürlich nur von unbedeutend unseriösen Wissenschaftlern stammen können – als ob das irgendein Laie beurteilen könnte. Doch selbst das hinkt argumentativ in der Kenntnis, dass der hochangesehene Physiker *Cumrun Vafa*, auch noch an der hochangesehenen *Harvard University*, im Jahr 2018 die Theorie aufstellte, dass unser Universum womöglich gar nicht existiert[121]! Und wenn das schließlich ein hochangesehener Wissenschaftler sagt, dann ist da auch was dran, ganz zweifellos. Wie es heißt, hat das „*die Fachwelt erschüttert*", weshalb Physiker keineswegs köstlich amüsiert fragen würden, in welchem Rausch Cumrun Vafa wohl auf diese Idee gekommen ist, sondern es ist „*eine heftige Debatte darüber entbrannt, was das bedeuten könnte*", und ob und wie es tatsächlich „*möglich ist, dass es die Welt, in der wir leben, gar nicht geben kann*". Immerhin hätten sich damit zahlreiche Probleme, unter anderem der Klimawandel, prompt erledigt – und das auch noch: höchstwissenschaftlich! Oder mit diesem Zeitgeist kurz gesagt: „Hört auf die Wissenschaft!".

Diese (bis hierhin schon mehrfach angesprochene) Widersprüchlichkeit und Zwiespältigkeit in der Zeitgeistmentalität zu Beginn der 2020er Jahre zeigte sich insbesondere in der „Corona"-Pandemie, insbesondere in der Rolle der Wissenschaft und Wissenschaftler – eine Unterscheidung, die dem Laien in der Regel nicht in den Sinn kommt, jedoch wesentlich ist. Oder um es mit Bart Kosko zu sagen: „*Man sollte Wissenschaftler nicht mit Wissenschaft verwechseln*". So hat Otto Normalbürger ein ziemlich simples Klischéebild im Kopf, was Wissenschaft ist, und was Wissenschaftler eigentlich machen. Dazu gehört die Annahme, Wissenschaft zeichne sich gerade dadurch aus, im Gegensatz zu bloßen Vermutungen und Spekulationen ausschließlich Fakten und Tatsachen zu folgen, und Nachweise und Beweise zu liefern, das Ganze absolut neutral, rein objektiv und (daher) über jeden Zweifel erhaben, und selbstverständlich zur Wahrheitsfindung, zum Wohle der Menschheit. Mit diesem Klischée im Kopf richtet sich ein Großteil der Otto Normalbürger nach dem, was „die Wissenschaft" bzw. „Wissenschaftler sagen" – äußerst

121 'Der Spiegel' 31.08.2018 „Ist es möglich, dass es unser Universum gar nicht gibt?"

gern auch, um sich dadurch vermeintlich selbst im Recht zu wähnen, gerade gegenüber Menschen anderer Meinung. In der Wissenschaftsgläubigkeit und -hörigkeit geht es also oft nur um simple Rechthaberei. Das wiederum konnte in der Zeit der „Corona"-Pandemie zu einer echten Herausforderung werden. Als sich dieses noch völlig unbekannte, aber enorm bedrohliche Virus Ende 2019 zunächst in China ausbreitete, stellte man sich hierzulande die Frage, ob auch wir in Europa und Deutschland damit zu rechnen hätten. Ende Januar 2020 wurde dazu der damals gleichfalls noch unbekannte Professor *Christian Drosten*, seines Zeichens Chefvirologe an der Berliner *Charité*, befragt. Und meinte in einem Interview im abendlichen *ZDF 'heute journal'*[122]: *„Wir haben hier ein typisches Phänomen am Beginn so einer Epidemie, dass die Schwere überschätzt wird wegen eines statistischen Irrtums*". Am selben Abend war Christian Drosten in der RBB-Talkshow '*Thadeusz*' zu sehen, und meinte auf das Tragen von Schutzmasken angesprochen: *„Damit hält man das nicht auf*". Und auch noch Anfang März 2020 – gerade einmal zwei Wochen vor dem ersten „Lockdown" – erklärte Drosten auf einer Bundespressekonferenz, bei „Corona" handele es sich lediglich um *„eine milde Erkältung*", weshalb der damalige Gesundheitsminister Jens Spahn nachdrücklich betonte *„Es gibt keinen Grund zur Panik*". Das, was folgte, und zwar nur gerade einmal zwei Wochen später, dürfte noch bestens bekannt sein. Das erste Bemerkenswerte in diesem speziellen Fall eines Wissenschaftlers war und ist, dass Christian Drosten bis zur ersten politischen Radikalmaßnahme eines „Lockdown" offenkundig völlig daneben lag – anschließend jedoch: nie wieder! Es war einzig und allein Christian Drosten, auf dessen Aussagen und Prognosen man sich stützte, weil er als der einzige kompetente Experte dargestellt und durch die Talkshows gereicht wurde – während ein paar andere Virologen, die andere Meinungen vertraten, also Drosten widersprachen und die politischen Maßnahmen kritisierten, als ahnungslos hingestellt wurden. Ganz unabhängig von diesem speziellen viralen Thema und diesem speziellen Virologen lässt sich daraus gesellschaftskritisch erkennen: Alle diejenigen, die gern auf „die

---

122 ZDF 'heute journal' 29.01.2020 – RBB 'Thadeusz' 29.01.2020 – Bundespressekonferenz 02.03.2020

Wissenschaft" deuten und auf das, „was Wissenschaftler sagen", passen ihre Meinungen sehr flexibel an. Wenn Drosten zunächst meinte, „Corona" sei als Gefahr überschätzt und lediglich eine harmlose Erkältung, und wer sich in seiner Wissenschaftsgläubigkeit darauf stützte, musste seine Meinung dann ab Mitte März um einhundertachtzig Grad drehen, und das glatte Gegenteil glauben, weil Drosten das schließllich so vorführte. Wobei ,man sich sowohl mit der einen Meinung, als auch mit der genau umgekehrten auf der richtigen und wissenden Seite wähnte, das Deuten auf das, was Christian Drosten – jeweils – sagte, genügte. Und als Rechtfertigung für seinen puren, nackten Glauben verwies man darauf, dass Wissenschaft nun einmal Forschung ist, und jede Forschung ständig neue Erkenntnisse liefern würde, die vorherige Erkenntnisse und altes durch neues Wissen ersetzt. Stellt sich nur die Frage, warum man genauso ständig auf das jeweils aktuelle Wissen pocht und es als die absolute unbezweifelbare Wahrheit betrachtet, weshalb man Menschen mit anderen Meinungen getrost abqualifizieren dürfe – wenn man doch weiß, dass man womöglich in ein paar Wochen und Monaten andere Erkenntnisse haben könnte und ggf. seine eigene Meinung komplett ändern müsste. Genau das nämlich war sowohl medial als auch sozial-medial zu erleben: Experten, die anderer Meinung als Drosten waren, fanden in den Medien schlicht und einfach nicht mehr statt; ganz wie der Moderator Dirk Steffen (siehe oben) meinte *„Es ist falsch Verblendeten das Wort zu erteilen*" und *„Die Wahrheit liegt, verdammt noch mal, nicht in der Mitte. Wenn von zwei Aussagen eine völliger Unsinn ist, darf der Journalist den Unsinn nicht genauso zu Wort kommen lassen, wie die Wahrheit*". So könnte man im Nachhinein fragen, ob Drosten denn nun im Januar 2020 die Wahrheit sagte, oder ab Mitte März, und jeweils umgekehrt nur Unsinn von sich gab. Ein TV-Moderator wie Dirk Steffen hätte das wohl – jeweils – erkannt und uns alle vor dem – jeweiligen – Unsinn bewahrt und beschützt und uns nur die – jeweilige – Wahrheit mitgeteilt. Aber ganz sicher doch. Und so lief es eher, wie Harald Lesch laut forderte *„Es sollten einfach alle mal die Schnauze halten, und uns machen lassen*": Man richtete sich nach dem, was Christian Drosten – jeweils – sagte, von der Überschätzung der Gefahr durch einen statistischen Irrtum über die harmlose Erkältung bis zur dann doch akuten Lebensbedrohung für uns alle, innerhalb weniger Tage, dazu mitsamt den *politischen* Maßnahmen, die der *Mediziner* für zwingend notwendig erklärte. Zumal apropos Statistik: Es ist in den gesamten zwei Jahren akuter „Corona"-Pandemie kaum jemandem aufgefallen, doch spätestens seit April 2020, also etwa einen Monat nach dem ersten „Lockdown", ging es a priori überhaupt nicht mehr um dieses Virus, weder in Diskussionen noch in den Beschlüssen politischer Maßnahmen. Sondern das, worum es a priori tatsächlich ging, das waren: Statistiken! Also: Zahlen, Daten, Formeln und Durchschnittswerte. So waren es zu Beginn der Pandemie die sogenannten „*Fallzahlen*", die als entscheidendes Kriterium für die drohende oder existente Gefahrenlage galten: Also: wie viele „Fälle" von Menschen es gab, die mit dem „Corona"-Virus infiziert waren, obwohl eine Infektion keineswegs zwangsläufig auch eine Erkrankung mit sich brachte: manche Infizierte waren völlig symptomfrei, galten allerdings als potenziell gemeingefährlich, falls sie andere anstecken würden; obwohl wiederum nicht einmal wirklich klar war, auf welche Weise das passiert – zumal wiederum die für die „Fallzahlen" gezählten „Fälle" natürlich direkt davon abhingen, ob Menschen überhaupt auf eine Infektion getestet worden waren. Mit der Ausweitung der Tests schossen damit auch die „Fallzahlen" nach oben, und wie uns der damalige Gesundheitsminister Jens Spahn auf- und erklärte: „*Wenn also insgesamt das Infektionsgeschehen weiter runter geht, und sie gleichzeitig das Testen auf Millionen ausweiten, dann haben sie auf einmal viel mehr Falsch-Positive als tatsächlich Positive*". Hauptsache, man behält den Durchblick. So wurde ab April 2020 ein neues Kriterium installiert, das als entscheidend für die virale Gefahrenlage erklärt wurde: Der „*R-Wert*" als Kürzel für „Reproduktionsfaktor", der Auskunft darüber geben sollte, wie viele Mitmenschen ein Infizierter rein durchschnittlich ansteckt. Dieser Wert schwankte zunächst um circa 1,5 herum, was bedeuten sollte, ein Infizierter steckt in seiner Umgebung einen und einen halben andere Menschen an, rein durchschnittlich. Und es hieß begleitend, wenn dieser Wert auf „unter Eins" fallen würde, wäre das Gröbste überstanden. Als es dann so weit war, dieser „R-Wert" ungefähr ab Mai auf ungefähr 0,8 zurückging, wurde erneut wieder ein neues Hauptkriterium für die Gefahrenlage ausgerufen: Der sogenannte „Inzidenzwert“: Ein Wert, der angeben sollte, wie viele Infizierte sich unter 100.000 Einwohnern befinden. Anhand dieses Wertes wiederum wurden die jeweils zu ergreifenden Maßnahmen ausgerichtet, die zuletzt bei jeweils 35 und 50 Infizierten pro 100.000 Einwohner lagen. Diese Regelung produzierte gleich mehrere Fragen. Eine davon, nämlich warum ausgerechnet 35 und 50 zu Maßnahmenschwellen erklärt wurden, beantwortete kurz und knapp der damalige Gesundheitsminister auf einer Bundespressekonferenz im Februar 2021: *„Da sind 35 und 50 eben zwei Stufen. Und die stehen im Gesetz. Die kommen nicht von irgendwo, sondern die stehen im Gesetz*“. Na, dann. Falls Sie sich jemals gefragt haben sollten, warum eigentlich schwarz-rot-gold die Farben unserer Nationalflagge sind: das steht eben so im Gesetz! Eine andere Frage galt der Ermittlung von Infizierten pro 100.000 Einwohner, und warum nicht etwa pro 50.000 oder pro 250.000. Das jedoch war offenbar nicht ganz so einfach zu klären und erforderte schon investigativen Journalismus eines '*Spiegel*'-Mitarbeiters: Der gesamte „Inzidenzwert“ hatte demnach *keinerlei medizinische* Grundlage, sondern eine *rein politische* und willkürliche und wurde im Kanzleramt freihändig zusammengebastelt. Man ließ ermitteln, wie viele Gesundheitsämter es (natürlich: durchschnittlich) pro Stadt, Kommune und Landkreis es in Deutschland gibt, und für wie viele Bürger diese ganzen Gesundheitsämter (natürlich: durchschnittlich) jeweils zuständig sind, sowie wie viele Mitarbeiter pro Gesundheitsamt (natürlich: durchschnittlich) dafür abgestellt werden können, infizierten Personen hinterher zu telefonieren. Bei dieser ganzen Durchschnittsrechnerei kam man irgendwann darauf, die Zahl der infizierten Menschen pro 100.000 Einwohner als Anhaltspunkt und als entscheidendes Kriterium heranzuziehen. Die Aussagekraft dieser Werte, des „R-Wertes“ und des „Inzidenzwertes“, ließ sich zwar erheblich anzweifeln, doch das tat natürlich niemand Verantwortliches. Man hatte schließlich sonst rein gar nichts, womit man die tatsächliche Gefahrenlage hätte beurteilen können. Man könnte auch sagen: Keine Aussagekraft ist immer noch besser als sonst nichts anderes. Es galt schließlich nicht etwa, Leben zu retten, wie verbreitet gemeint wurde, sondern es galt, Politik zu machen. So wurde durch

die gesamte Pandemie hindurch nachdrücklich betont, es müsse vermieden werden, dass *„das Gesundheitssystem überlastet“* wird – und dass das wohl drohte, weil das Gesundheitssystem durch jahrzehntelange Sparmaßnahmen völlig marode war, das war nun einmal ein politisches Problem und direkte Folge gesundheitspolitischen Versagens. Interessanterweise wurden jedoch angesichts des potenziell drohenden Kollaps des Gesundheitssystems im Jahr 2020 dennoch genau 21 Kliniken bundesweit geschlossen[123], was auch nicht gerade leicht erklärbar sein dürfte. Es konnte in dieser Zeit durchaus etwas seltsam anmuten, mit welch scheinbarer kurzsichtiger Überforderung u.a. die Wirtschaft vor die Wand gefahren wurde, insbesondere der gesamte Sektor der Unterhaltung, Kultur, Gastronomie und Veranstaltungen, dazu finanzielle „Rettungspakete“ in Milliardenhöhe beschlossen wurden, um das Schlimmste zu verhindern, doch das Gesundheitssystem immer noch leer ausging, sogar Kliniken geschlossen wurden. Zudem dazu der Kollaps an die Wand gemalt wurde, nicht etwa, weil es an Intensivstationen für Schwererkrankte mangeln würde, sondern an Krankenpflegepersonal; man sich jedoch fragen konnte, woher dieser Mangel rührt, wo doch eine ganze Menge Personal aus den 21 geschlossenen Kliniken vorhanden war.
Über medizinische und pharmazeutische Fragwürdigkeiten (Stichworte *„Big Pharma“*, *„Disease Mongering“* u.ä.) wurden allerdings schon mehrere TV-Dokumentationen gedreht. In einer davon aus dem Jahr 2002 hieß es unter anderem[124]: *„Tests sind kein schlechtes Geschäft; und viele Institute sind daran beteiligt. Niemand hat Interesse, bei BSE Entwarnung zu geben. Von der Furcht vor dem Risiko muss schließlich auch die Wissenschaft leben“*. So hatten sicherlich auch im Laufe der „Corona“-Pandemie einige Stellen nur wenig Interesse, Entwarnung zu geben: Welch immense Rolle „Corona“-Tests im Laufe der Pandemie spielten, wie viele Milliarden Euro allein in die Finanzierung dieser Tests geflossen sind, kann sich wohl noch jeder lebhaft

123 'medinfoweb.de' 25.01.2021 „21 Kliniken wurden im Corona-Jahr 2020 geschlossen“

124'Das Erste' 2002 „Die Angst-Industrie. Warum wir Risiken maßlos überschätzen“

erinnern. Dazu passend die damalige „Maskenpflicht“, also das Tragen von Schutzmasken, was Prof. Christian Drosten noch zu Beginn der Pandemie als quasi nutzlos und verzichtbar erklärte, siehe oben[122]: Wie sich im Jahr 2021 herausstellte[125], waren insgesamt 40 Bundestagsabgeordnete in sogenannte „Maskendeals“ verstrickt, in denen insgesamt über 11 Millionen Euro an Provisionen von Unternehmen an Politiker gezahlt wurden – etwa so, wie einige Stellen großes Interesse daran hatten, dass „Corona“-Tests ausgeweitet und möglichst lange beibehalten wurden, so war offenbar wohl auch die Maskenpflicht ein ziemlich lukratives Geschäft und dürften auch hier einige Stellen Interesse daran gehabt haben, dass die Maskenplicht möglichst lange beibehalten wird. Dass alles steht faktisch völlig außer Frage. Doch wer all das und anderes zu diesem Zeitpunkt ansprach, wurde mit jeder sachlichen Kritik doch prompt in die Ecke von rechtsradikalen und/oder esoterischen „Corona-Leugnern“ gestellt, wie man das zuvor und immer noch mit den Kritikern an der gängigen Theorie eines menschengemachten Klimawandels praktiziert. Ich verlasse mich an dieser Stelle auf den Intellekt des geneigten Lesers, inzwischen erkannt zu haben, dass es mir (auch hier betrefflich „Corona“) um die *gesellschaftskritischen* Aspekte dieser Angelegenheit geht. Hier insbesondere den zugrunde liegenden Glauben an „die Wissenschaft“ und an alles das, „was Wissenschaftler sagen“, gedanken- und bedenkenlos folgend. So hatte ich soeben erklärt, wie das Ganze auf der Grundlage bloßer Zahlen, Daten und Statistiken beurteilt und bewertet wurde, sowohl auf Seiten der Politik als auch auf Seiten des Otto Normalbürgers. Und das – ähnlich zur gängigen Klimawandeltheorie – obwohl man sich ansonsten so gern über Statistiken lustig macht („Traue keiner Statistik, die du nicht selbst gefälscht hast“ usw): vor allem in diesen beiden Fällen des Klimawandels und der viralen Pandemie setzt(e) man sie eins-zu-eins mit der Realität und „der Wahrheit“ gleich. Einer der etlichen durchaus reizvollen Widersprüche des aktuellen Zeitgeistes, die eigentlich offen(-)sichtlich sind.

125'tagesschau.de' 17.06.2021 „40 Abgeordnete vermittelten bei Maskenbeschaffung“

Doch zurück zum Grundsätzlichen über Wissenschaft und Wissenschaftler, wo sich der enorme Großteil der Otto Normalbürger nicht einmal auch nur einen zweiten Gedanken macht. Etwa darüber, wenn uns ein Journalist und TV-Moderator erklären will, was Unsinn und was die Wahrheit ist, und uns nicht nur dem entsprechend einseitig informiert, sondern das auch noch für richtig erklärt. Oder wenn scheinbar multikompetente Astrophysiker erklären wollen, was wir bitteschön zu tun und zu lassen haben, und Virologen (also: Mediziner) politische Maßnahmen fordern. Oder wie ich kürzlich auf dem deklarierten *Bildungs*sender *ARD 'alpha'* in der Sendereihe '*Campus*' erleben durfte, wie eine junge Frau, Dr. Ing. Silvia Budday, das anwesende Publikum zu einem Kurzvortrag begrüßte: *„Ich bin Maschinenbauingeneurin, möchte ihnen heute aber etwas über unser Gehirn erzählen. Da werden die meisten von ihnen wahrscheinlich erst einmal stutzen*“. Das hängt davon ab. Nämlich vom Bildungsgrad des Publikums. Der Großteil der Bevölkerung dürfte bei diesem Satz wohl nichts zum Stutzen finden: Wo man Astrophysiker für deren Ausführungen zu allem Möglichen beklatscht, das mit Astrophysik so rein gar nichts zu tun hat, da kann natürlich eine Maschinenbauingenieurin auch problemlos über „unser Gehirn“ referieren. Ungefähr so, wie jahrelang in den sog. „Dritten Programmen“ die Sendung *„Geist und Gehirn*“ lief, vom Moderator, Herrn Prof. Dr. Dr. Manfred Spitzer, seines Zeichens Psychiater, grundsätzlich begonnen mit den Worten *„Lieber Zuschauer: Es geht um ihr Gehirn*“. Für Otto Normalbürger ist auch das kein Grund zum Stutzen, weil natürlich ein Psychiater auch über das Gehirn Bescheid weiß, klare Sache. Dabei hat die Psyche erst einmal so rein gar nichts mit dem Gehirn zu tun, und ist das eher so, als würde ein Stauforscher Vorträge über Motoren und Getriebe halten. So kann man den Großteil der Menschen problemlos an der Nase herum führen, weil schon der zweite Gedanke nicht mehr gedacht wird, selbst in völlig abstrusen Zusammenhängen, wenn etwa der Kinderarzt und Moderator Eckart von Hirschhausen über den Klimawandel plaudern darf, weil schließlich *„unsere Erde Fieber hat*“, wie es hieß. So war es für Otto Normalbürger auch kein Grund zum Stutzen, als im Verlauf der „Corona“-Pandemie ein *Physiker*, Herr Prof. Dr. *Dirk Brockmann*, als neuer Experte auftauchte, und (sich) niemand fragte, was ein Physiker eigentlich mit Viren zu tun haben könnte und warum man ihm überhaupt zuhören sollte. Nebenbei angemerkt besteht die Auflösung darin, dass Brockmann als Physiker mit der Entwicklung von Computer-Simulationen und -Modellen zu hat, und man glaubte – auch hier: genauso wie im Falle des Klimawandels – dadurch etwas prognostizieren zu können, indem man nackte Zahlen, Daten und Statistiken durch Computermodelle jagt: Was beim Klimawandel funktioniert, das wird wohl auch bei der Aus- und Verbreitung eines Virus funktionieren. Und dem Otto Normalbürger kann man das offenbar tatsächlich glaubhaft erzählen, weil das alles schließlich irgendwie Wissenschaft ist, und wir als Laien doch einfach nur „die Schnauze halten" sollen.

Vielmehr jedoch verhält es sich dabei ungefähr so, wie im Jahr 2002, damals noch zur Bedrohungslage durch „*BSE*", von Prof. *Sucharit Bhakdi*, einem Mikrobiologen an der *Universität Mainz* erklärt wurde[124]: „*Tatsache ist, dass die Wissenschaftler heute abhängig geworden sind. Sie sind gezwungen, das zu machen, was 'in' ist, was die Politik, die Bevölkerung erwarten. Wenn er das nicht macht, dann hat er weniger Geld*", also: Forschungsgelder. Man ist sich nicht einmal im Geringsten bewusst, dass letztlich auch Wissenschaftler „auch nur Menschen sind", die ihre eigenen, persönlichen Interessen haben, und ihre eigenen, persönlichen Motive verfolgen, und keineswegs aus reinem Idealismus zum Wohle der Menschheit und auf der Suche der Wahrheit ihre Forschungen betreiben würden, völlig neutral, unabhängig, unbeeinflusst und absolut objektiv. Das ist lediglich Teil des Klischéebildes in den Köpfen der Otto Normalbürger, mit dem jede Menge Schindluder betrieben werden kann und wird. So meinte der US-amerikanische Mathematiker Prof. *Bart Kosko:* „*Wissenschaftskarrieren hängen – wie politische Karrieren – ebenso sehr von Taktiken, Selbstdarstellung und Winkelzügen ab, wie von der Forschung. Am schwersten fiel mir, einzusehen, dass der modernen Wissenschaft eine wahrhaft neue Idee nicht willkommen ist*", was also u.a. bedeutet: auch als Wissenschaftler sollte man den Mainstream besser nicht in Frage stellen. Wer das weiß, der hat für Scheinargumente wie zum Beispiel „Die große Mehrheit der Wissenschaftler ist sich einig, dass..." nur ein müdes Lächeln übrig – wer das nicht weiß und nur das Klischéebild im Kopf hat, fällt darauf herein. Und Kosko weiter: *„Wenn alles gut läuft, erwerben sich Wissenschaftler hohe Anerkennung […] nehmen dafür Gehälter an, Berufsbezeichnungen, einen kräftigen Händedruck nach einer gelungenen Rede, Beraterhonorare, Plätze in einem Verwaltungsrat, vor allem aber entwickeln sie: Stolz!*“. Das sind sicherlich völlig verständliche, äußerst menschliche Aspekte, die jedoch von Medien generell und so auch vom Großteil der Otto Normalbürger nicht nur gedanklich vernachlässigt, sondern in aller Regel verdrängt und vehement geleugnet werden, wenn es um Wissenschaft allgemein und Wissenschaftler im Speziellen geht. Eher im Gegenteil wird derjenige, der das kritisch mit zu bedenken gibt, gern als „Wissenschaftsleugner“ abqualifiziert. Dabei dürfte auch jedem Laien einleuchten, dass eine mediale Karriere, wie die eines Prof. Christian Drosten im Laufe der „Corona“-Pandemie, vom völlig unbekannten Virologen an einer Berliner Klinik, hin zu einem Regierungsberater und dauergefragten Talkshowgast, durch seine Expertisen mitbestimmend über politische Entscheidungen und Schicksale von Milliobnen Menschen, sowie zum zweifachen Preisträger des '*Grimme Online Award*', der bedeutendsten Auszeichnung für Online-Publizistik, an jeder Straßenecke erkannt und nach Autogrammen gefragt, wohl kaum spurlos an einem Menschen vorbeigehen kann. Erst recht nicht, wenn eine solche Phase endet, und man sich prompt zurück in der medialen und öffentlichen Bedeutungslosigkeit wiederfindet. Alles das ist: *menschlich*! Und so ist auch der gesamte Wissenschaftsbetrieb selbstverständlich durchzogen von Geltungsdrang, Neid und Missgunst, von Karrieredenken, Gruppendruck und „Ja-Sagerei“.

Wenn man sich nun dazu noch bewusst macht, dass es *„noch nie so viele Wissenschaftler gab, wie heute*“, wie es heißt, dann erklärt sich daraus auch, warum wir heute auch scheinbar so viele Missstände und Probleme haben, wie nie zuvor. Nicht etwa, weil diese wahre Unmenge von Wissenschaftlern eine ebensolche Unmenge neuer Entdeckungen und Erkenntnisse liefern würde, sondern weil es eine zu früher vergleichsweise Unmenge ist, die – in einem ebensolchen Umfeld einer Unmenge von Medien – Aufmerksamkeit und Beachtung haben will, für den eigenen Geltungsdrang und/oder für ihre

Forschungen. Und das funktioniert natürlich am besten, indem man etwas präsentiert, das Aufsehen erregt, und optimalerweise als immense Gefahr und Bedrohung deklariert werden kann: Das weckt das Interesse von Journalisten und der Öffentlichkeit und sichert Forschungsgelder vom Staat. Zumal der Professor für Kulturvermittlung, *Bazon Brock*, darauf hinweist: „*Das Wesen der Wissenschaft besteht nicht aus dem Lösen von Problemen, sondern aus der Problematisierung an sich*". Anders gesagt: Probleme zu suchen und zu finden, die vorher noch keine waren, um sich sodann darum zu kümmern; im Gegensatz zu dem, was Otto Normalbüger mit dem Begriff „Wissenschaft" verbindet. Übrigens auch: Journalisten. Hier verlässt sich der Laie eben auch gern darauf, dass wissenschaftliche Veröffentlichungen von Journalisten nur aufgegriffen und verbreitet werden, wenn sie absolut korrekt sind, und dass auch nur Wissenschaftler befragt und zitiert werden, die tatsächlich wissen, wovon sie reden. Also etwa so, wie der Journalist und TV-Moderator *Dirk Steffen* meinte[58] „*Die Wahrheit liegt, verdammt noch mal, nicht in der Mitte. Wenn von zwei Aussagen eine völliger Unsinn ist, darf der Journalist den Unsinn nicht genauso zu Wort kommen lassen, wie die Wahrheit*". Leider jedoch sind auch Journalisten in der Regel nun einmal Journalisten und keine Wissenschaftler, sondern ebensolche wissenschaftliche Laien wie jeder Otto Normalbürger, die selbst gar nicht beurteilen können, was wissenschaftlich fundiert ist oder eher weniger oder völliger Unsinn – von „Wahrheit" ganz zu schweigen, die allerdings auch kein einziger seriöser Wissenschaftler für sich in Anspruch nimmt zu kennen. Ich habe das hier zum Thema Wissenschaft angerissen, um zu verdeutlichen, dass die blinde Wissenschaftsgläubigkeit und -hörigkeit dieses Zeitgeistes in eine sehr bedenkliche Richtung geht, die fast schon an freiwilliger Selbstentmündigung grenzt. Was Wissenschaft entgegen allen noch so verbreiteten und etablierten Glaubens tatsächlich ist, was sie tatsächlich leisten kann und was nicht, mitsamt zahlreicher Fallstricke und Stolperfallen, das finden Sie in meinem Buch „*Wir denken immer nur die Hälfte* - Das Prinzip [WIRKUNG!]".

So jedenfalls erklärt sich einiges, was das sensible Zusammenspiel von u.a. Wissenschaft, Medien, Gesellschaft und Politik betrifft, dass und warum wir heute scheinbar Unmengen von äußerst großen Missständen, Problemen, Gefahren und Bedrohungen haben, nicht nur bis hin zum Feinstaub und zum Mikroplastik. Und es erklärt auch, dass durch sogenannte *systemische* (also nicht etwa: systematische) Gegen- und Wechselwirkungen in allen diesen Bereichen einige Themen hochkochen, die meisten für vielleicht gerade einmal zwei Wochen, und dann wieder verschwinden als hätte es sie nie gegeben, während andere Themen in medialen Schubladen zwischengelagert und immer wieder gern herausgeholt werden, wenn es ansonsten nichts zu berichten gibt, und wiederum andere Themen, die es trotz ihrer tatsächlichen Wichtigkeit kaum über Randmeldungen hinaus schaffen. Das merke ich nicht etwa an, um irgendein Thema, einen Missstand oder ein Problem abzuwerten, sondern um anzuregen, das Ganze nicht *über*zubewerten, als ob wir kurz vor dem Weltuntergang stünden. Ansonsten siehe den Titel dieses Buches: „*Es wird noch früh genug zu spät*".

Allerdings haben wir damit gerade einen Aspekt angesprochen, der hier noch einmal grob angerissen werden sollte: Medien und Journalismus. Wie ich im Kapitel über den Klimawandel bereits hingewiesen hatte, leben wir in diesem Zeitgeist in einem übermedialisierten Umfeld. Angesichts dessen, dass man bereits Anfang der 1990er Jahre eine „*Informations- und Reizüberflutung*" feststellte, zunächst ausgelöst und forciert durch den („Heim"-)Computer und das Privatfernsehen (das Internet spielte damals noch keinerlei Rolle), könnte man sich fragen, womit wir es denn dann wohl heute zu tun haben. Doch das macht man nicht. Es hat sich auf eine Weise etabliert und normalisiert, dass es heute fast weltfremd anmutet, davon irgendetwas zu hinterfragen oder gar in Frage zu stellen. Zumal das Ganze inzwischen als „Digitalisierung" in das Kollektivbewusstsein eingepflanzt wurde, als würde es sich dabei um unsere unausweichliche Zukunft handeln. Und das, was dabei passiert, hatte ich als den „gekochten Frosch"-Effekt bereits im ersten Kapitel angesprochen. Man würde sich wünschen, *Neil Postman* würde noch leben, und hätte sein Buch „*Wir amüsieren uns zu Tode*" noch einmal neu auflegen können. So jedoch bleibt es nun uns überlassen, Postmans Erkenntnisse und Anregungen auf den aktuellen Zeitgeist zu übertragen. Offensichtlich darf man dabei nicht auf die üblichen Institutionen hoffen, etwa auf das Schul- und Bildungswesen: Was nämlich den Kindern und Teenagern in den Schulen inzwischen hier und da als „Medienkompetenz" untergejubelt wird, umfasst alles mögliche, das locker verzichtbar ist, jedoch rein gar nichts, was einen kritischen Blick auf das Ganze schulen würde. Das in diesem Zeitgeist geltende Höchstmaß an kritischem Blick beschränkt sich auf zeitgeistig sogenannte „*Fake News*", die erstmals vom ehemaligen US-Präsidenten *Donald Trump* im Rahmen einer seiner Rundumschläge gegen ihn kritisierende Medien thematisierte, jedoch sehr gern selbst glatte Falschmeldungen produzierte. Das begann bereits bei dessen Amtseinführung im Januar 2017 als vom Weißen Haus zwei Fotos veröffentlicht wurden, die im direkten Vergleich nachweisen sollten, dass zu der Amtseinführung Trumps deutlich mehr Zuschauer strömten, als bei der seines Vorgängers Barack Obama im Jahr 2009. Der angewandte Trick lag jedoch im Zeitpunkt der Aufnahmen: Während das Foto der Zuschauermenge im Jahr 2017 kurz vor der öffentlichen Vereidigung Trumps aufgenommen wurde, zeigte das Foto von Obamas Amtseinführung 2009 eine Menge von erst noch zuströmenden Menschen ein paar Stunden vor der Vereidigung. In einem Interview auf diese Trickserei angesprochen, erklärte die damalige Beraterin Trumps, *Kellyanne Conway*, es würde sich dabei keineswegs um „Fake News" handeln, sondern um „*alternative Fakten*". Ein Begriff, der in Deutschland und Österreich zum „Unwort des Jahres" 2017 gekürt wurde. So hatte sich fortan zunächst der Begriff „Fake News" etabliert, wurde daraufhin etwas wachsamer gegenüber Medienmeldungen und wurde in den (vor allem: sozialen) Medien ein sogenannter „Faktencheck" eingeführt, mit dem etwaige Falschmeldungen aufgedeckt werden sollten. In den Folgejahren stürzte man sich dabei vor allem auf Informationen zum Klimawandel und zur „Corona"-Pandemie, natürlich vornehmlich, um „Klimaleugner" und „Coronaleugner" als solche zu enttarnen. Und das ist, wie gesagt, in diesem Zeitgeist schon das Höchste und das Maximum, das an kritischem Denken stattfindet: man *lässt* denken, indem man sich auf das verlässt, was selbsternannte „Faktenchecker" als richtig oder falsch erklären. Und man steht dem gegenüber, als wäre das eine Errungenschaft dieses Zeitgeistes und dieser „*Generation Z*", obwohl (nur beispielsweise) mit solchen fotografischen Gegenüberstellungen von „vorher“ und „nachher“ mindestens in der Werbung schon seit Jahrzehnten getrickst wird, und so etwas wie „alternative Fakten“ auch in der Politik wohl schon immer verwendet wurden; sicherlich nicht erst, seit dem im „*Area 51*“ natürlich keine „Fliegende Untertasse“ abstürzte, sondern ein Wetterballon. In Deutschland wiederum kann sich die ältere Generation sicherlich noch an den Politskandal um Uwe Barschel im Jahr 1987 rund um die Landtagswahl in Schleswig-Holstein erinnern, und sei den jüngeren Generationen ans Herz gelegt, wenn es um kritisches Hinterfragen geht. Was wiederum speziell die Medien anbelangt, gilt dasselbe für die „*Geiselnahme von Gladbeck*“ im Jahr 1988, als sich Journalisten auf der Jagd nach Sensationsmeldungen sogar mit den Geiselnehmern, also Schwerverbrechern, quasi verbündeten, und dadurch mehrere Zugriffsversuche der Polizei sabotierten. Damals wurde selbst für Otto Normalmedienkonsument offen(-)sichtlich, dass in den Medien und im Journalismus vor allem eines zählt: die *Story*! Wer das damals nicht miterlebt (oder aus der älteren Generation mittlerweile verdrängt) hat, sich womöglich auch mit *Neil Postman* noch nicht sonderlich ausführlich beschäftigt hat, der schwebt in ständiger Gefahr, diesem Aspekt, den Medien und Journalisten auf den Leim zu gehen. Und zwar gerade derjenige, der das Klischéebild des neutral berichtenden Journalisten mit neutraler Berichterstattung in neutralen Nachrichtensendungen im Kopf hat. Einer der letzten Fälle fand im Jahr 2021 statt als eine TV-Reporterin im deutschen Ahrtal unterwegs war, um über die Zerstörungen einer dortigen Hochwasserflut zu berichten. Dabei erklärte sie, den Menschen vor Ort höchstpersönlich selbst zu helfen, indem sie mit einer Schaufel hilft, Trümmer und Schlamm zu beseitigen. Dummerweise hatte ein Anwohner mit seinem Smartphone gefilmt, wie sich diese Reporterin vorher selbst mit Schlamm beschmierte, damit es für die Kamera und die Zuschauer so aussieht, als ob. In einem anderen Fall verfassten die Lehrer der Berliner Rütli-Hauptschule einen Offenen Brief, der als „Hilferuf“ durch die Medien ging: „Die Lehrer kapitulieren vor der eskalierenden Gewalt“, hieß es. Von den natürlich prompt strömenden Journalisten waren einige dabei, die die Schüler anheizten, sich für passendes Bild- und Videomaterial ein bisschen aggressiv zu verhalten. Das, was Medien interessiert, ist eben nicht etwa „die Wahrheit“, sondern *die Story.*

Da ich bis hierhin nun schon mehrfach darauf hinwies, dass sich Journalisten zunehmend als Pädagogen verstehen, die uns über Richtig und Falsch zu belehren hätten, sei hier nur noch dazu ergänzend eine andere gedankliche Stolperfalle erwähnt: Der Aspekt der unablässig penetranten *Unterhaltung* – sowie ein paar Nebenaspekte, die direkt damit verbunden sind, ...und gewaltig an dem rütteln, was man TV-Nachrichten und Journalisten gern fahrlässig positiv unterstellt. Man kann nicht oft genug darauf aufmerksam machen, weil das Ganze nun einmal einen erheblichen Einfluss auf unser aller Meinungsbildung hat, auf das, was wir für „richtig“ und „falsch“, für „wahr“ und „unwahr“ halten. Oder um es mit *Niklas Luhmann* (u.a.: „*Die Realität der Massenmedien*“) zu sagen: Alles, was wir über die Welt zu wissen glauben, wissen wir durch die Massenmedien. Während wir etwa gegenüber der Werbung und Werbeversprechen immerhin eine gewisse Grundskepsis hegen, weil wir uns dabei zumindest theoretisch bewusst sind, dass man uns lediglich etwas verkaufen will, ist das in anderen Bereichen, wie etwa Wissenschaften und Journalismus, eben nicht der Fall: in diesen beiden Bereichen geht man fahrlässig freimütig davon aus, grundsätzlich neutral und objektiv informiert zu werden. Gerade die Medien würden demnach reine Fakten und Tatsachen berichten, und Moderatoren von Nachrichten, Talkshows und Formaten, die „Wissen“ vermitteln, würden ganz grundsätzlich nur die Sendungen moderieren, aber uns doch nicht deren eigene Meinung aufdrängen oder uns gar belehren wollen. Von wegen. Dazu sollte man mindestens wissen und sich sehr bewusst machen: Information ist längst zu einer *Ware* geworden. Und Waren haben es nun einmal an sich, dass sie *verkauft* werden müssen. Schon alleine mit dieser Erkenntnis bewegt sich das Ganze auf dem Niveau von Werbung und Werbeversprechen, und sollte man jeglichen Medien gegenüber eine ebensolche Grundskepsis hegen, wie man das bei Werbespots und -Anzeigen im Hinterkopf hat. So hat der Moderator des *ZDF 'heute journal'*, *Klaus Kleber*, bei der Präsentation des nagelneuen multimedialen Nachrichtenstudios im Jahr 2015 angemerkt: „*Es*

wird in diesem neuen Studio noch sehr viel mehr Spaß machen als bisher, die Nachrichten zu verkaufen". Diejenigen, die bis dahin meinten, Nachrichten würden uns schlicht und einfach mitgeteilt, wie sie sind, konnten daraus also lernen, dass man sie uns vielmehr: *verkauft*. Und das ist zumindest aus Sicht der Verkäufer auch äußerst notwendig: Es gibt gerade einmal drei etablierte Nachrichtenagenturen, die alles mögliche an weltweiten Geschehnissen und Ereignissen informationell aufsaugen, aufbereiten und an ihre Kunden, die Medien, verteilen. Obwohl wir heute eine Unmenge an Fernsehsendern und Radiostationen und Nachrichtenportalen haben, so viele, wie niemals jemals zuvor, haben also allesamt dieselben paar Quellen für ihre Informationen – müssen sich aber trotzdem bestmöglich von ihrer Konkurrenz unterscheiden, für Einschaltquoten, Klicks, Likes, usw. Und das einzige Mittel, um das zu erreichen, ist nun einmal die Art und Weise der Präsentation: Die Frage, wie man uns am besten verkauft, was alle anderen auch verkaufen. Das ist damit genau das, was man auch ansonsten aus Wirtschaft und Marketing bestens kennt, und keinen Deut anders, und gilt deshalb mindestens ebenso wachsam betrachtet, bewertet und beurteilt zu werden. Das wäre: *Medienkompetenz*.
Eben deshalb wäre es auch vorteilhaft, über die sog. *'AIDA'-Regel* bescheid zu wissen, nach der sich Werbung und Verkauf richten: „Attention, Interest, Desire, Action", auf deutsch „Aufmerksamkeit, Interesse / Wunsch (wecken), Aktion". Das bedeutet: Der Aufmerksamkeitswert einer Nachricht steht über allem. Damit auch: die Dramatisierung. Es gilt: je dramatischer desto besser; ob erschreckend, beängstigend, aufwühlend, empörend, optimalerweise alles das zusammen, nur bloß eines nicht: uninteressant. Falls die Nachrichten das einmal nicht hergeben, *macht* man sie eben interessant. Unter anderem durch neue Fernsehstudios, wie sie sich die öffentlich-rechtlichen ARD und ZDF in den Jahren 2014 bzw. 2015 für rund 23 Millionen bzw. 30 Millionen Euro zulegten, mit der Begründung: „Nachrichten müssen heute auch unterhaltsam präsentiert werden". Kurz gesagt: Früher wurden uns Nachrichten lediglich nur mitgeteilt, in diesem Zeitgeist werden sie uns *„präsentiert"* und dienen zur Unterhaltung! Auch das ist, was offenkundig einige Gemüter in diesem Zeitgeist und dieser *„Generation Z"* entweder grob fahrlässig unterschätzen

oder (wohl eher) mangels Bildung (nämlich: Medienkompetenz) gar nicht erst wissen: Auf welch immense Art und Weise dieses heutige mediale Umfeld, unter den Aspekten der totalen Information und auf Unterhaltung getrimmter Nachrichten, die Missstände, Krisen und Probleme unserer Zeit aus niederen Beweggründen dramatisiert. Es wird mit Angst und Schrecken gearbeitet; und das geht Hand in Hand unter anderem mit der Wissenschaft bzw. einzelnen Wissenschaftlern (siehe oben), die aus eigenen Interessen den Stoff dafür liefern. In der Zeit der „Corona"-Pandemie in den Jahren 2020 und 2021 war zu erleben, wie sich das medial gegenseitig hochschaukelt, so dass anfangs sämtliche Medien tatsächlich rund um die Uhr kein anderes Thema mehr hatten, alle gezwungen waren, sich von der Konkurrenz zu unterscheiden, permanent anderes und neues mitteilen mussten, auch wenn es nichts anderes und neues mitzuteilen gab. Medienkompetenz beinhaltet, sich dessen bewusst zu sein, sich einem solchen Informations-Tsunami (man könnte es zeitgeistig englisch auch „Overkill" nennen) entziehen und auf das Wesentliche beschränken zu können. Ansonsten drohen nicht nur Effekte wie das anfangs bereits angesprochene „*bionische Paradoxon*" und *Redundanz*: Im August 2022 wurde die Untersuchung eines Forscherteams in den USA an der *Texas Tech University* veröffentlicht[126], wonach ein „problematischer Nachrichtenkonsum" ernsthafte gesundheitliche Folgen haben kann, sowohl für Psyche als auch körperlich. So wurde messerscharf geschlossen, dass sich der Konsum vieler schlechter Nachrichten auf die Stimmung auswirkt. Umso mehr natürlich, wenn sich Menschen selbst darin hineinsteigern und/oder wie in der „Corona"-Pandemie unausweichlich damit beschossen werden. Also recht ähnlich wie „*Orthorexia Nervosa*", der krankhafte Zwang, sich gesund zu ernähren. Wie bereits anfangs erwähnt: Es ist in diesem Zeitgeist für diese „*Generation Z*" keinerlei Problem, in einer vollproblematisierten Welt zu leben – wenn sicherlich auch die älteren Generationen in dieser Gefahr schweben, steht ihnen zumindest ihre Lebenserfahrung zur Verfügung, um

126 'Health Communication' 23.08.2022 „Caught in a Dangerous World: Problematic News Consumption and Its Relationship to Mental and Physical Ill-Being"

scheinbar Dramatisches und Apokalyptisches anhand früherer Ereignisse und Krisen und medialem Getöse zu relativieren.
Wie fast erstaunlich einfach und leicht sich das Ganze auf verheerende Weise ausnutzen lässt, war bereits im Jahr 1990 zu erleben: Der Irak unter dem damaligen Staatschef Saddam Hussein überfiel das Nachbarland Kuwait. Die USA sahen dadurch vornehmlich ihren Ölnachschub bedroht und wollten mit eigenen Truppen sowohl Kuwait unterstützen, als auch selbst in den Irak einfallen, um Hussein zu stürzen. Dafür allein jedoch hätten die USA wohl kaum die Unterstützung der *Vereinten Nationen* und der Welt bekommen. Es bedurfte eines deutlich besseren Grundes als bloße Wirtschaftsinteressen, um das militärische Eingreifen vor dem Rest der Welt zu rechtfertigen. Dieser Grund wurde in einem Vorkommnis gefunden: Irakische Soldaten sollen in kuwaitischen Krankenhäusern Brutkästen gestohlen haben, um sie in den Irak zu bringen. Dazu holten sie die Säuglinge aus den Inkubatoren und ließen sie auf dem Fliesenboden abgelegt zurück, hilflos zum Sterben verurteilt. Dafür gab es sogar Zeugenaussagen, die das vor der versammelten UNO glaubhaft bestätigten. Diese wohl an Grausamkeit kaum überbietende, verachtenswerte Tat, die natürlich durch die gesamte Weltpresse ging, rechtfertigte dann auch die abstrafende Militäraktion der USA, in den Irak einzufallen. Von diesem Moment an galt: Wehe dem, der den USA niedere Wirtschaftsinteressen unterstellte, wie ein paar unbelehrbare Sonderlinge in Demonstrationen unter dem Motto „Kein Blut für Öl“. Allerdings stellte sich ein paar Jahre später heraus: das alles war frei erfunden. Oder wie man heute sagt: „gefakt“. Die gesamte Story mitsamt Zeugenaussagen eine Erfindung, um den USA als Rechtfertigung für ein militärisches Eingreifen zu dienen. Dahinter steckte die PR-Agentur '*Hill & Knowlton*', die es offenbar fertig brachte, nicht nur sämtliche führenden Politiker der *Vereinten Nationen* hinters Licht zu führen, sondern auch die gesamte Weltpresse[127]. Um das ganz klar zu sagen: Dahinter steckte also keineswegs eine weltweite Verschwörung, sondern da waren PR-Profis am Werk. So könnte man sich fast fragen: Was hat '*Hill & Knowlton*'

127 'ZDFinfo' 16.03.2021 „Die großen Lügen der Geschichte: Propaganda auf der Säuglingsstation“

wohl in den letzten Jahren gemacht? Welchen Stories sind wir seit dem noch auf den medialen Leim von PR-Profis gegangen, die internationale und/oder deutsche Spitzenpolitik inklusive? Zumal: Das Ganze fand im Jahr 1990 statt, also vergleichsweise Lichtjahre entfernt von der heutigen Medienlandschaft. Es ist anzunehmen, dass es heute, im Zeitalter der „Sozialen Medien" noch um ein Vielfaches einfacher sein dürfte, ähnliches zu veranstalten. So gilt der dezente Hinweis auf eine gewisse Grundskepsis und gewisse Wachsamkeit, entgegen von gutgläubiger Naivität für jeden erdenklichen Bereich, jenseits von irgendeinem (naiv unterstellten) „Leugnertum". Wie man sieht, genügt dafür oftmals ein simpler Blick in die jüngere Zeitgeschichte, idealerweise gepaart mit Medienkompetenz. Es wäre insofern äußerst hilfreich, würde man beides in den Schulen vermitteln. Insbesondere vor dem Hintergrund, dass nach der „*Generation Y*", der „positivsten Jugendgeneration, die es je gab", wie es heißt, sich die Folge-„*Generation Z*" in einer Welt voller Missstände, Krisen und Katastrophen aufzuwachsen wähnt: von der „Finanzkrise" 2008 über die „Flüchtlingskrise" 2015 und „Corona-Krise" 2020, bis zur „Ukraine-Krise" Anfang 2022 mit anschließender „Wirtschaftskrise", alles parallel noch begleitet von der „Klimakrise". Das muss Auswirkungen haben. Und das noch ganz abgesehen vom Terrorismus: Immerhin die „*Generation Y*" wird sich noch grob erinnern können, die Jüngeren wohl kaum noch, dass zu Beginn bis Mitte der 2010er Jahre die Bedrohung durch islamistische Terroristen auch hier bei uns in Deutschland allgegenwärtig war. Stichworte wie '*Al Quaida*' oder '*IS*' (wahlweise auch '*ISIS*') dürften die meisten von uns sicherlich längst in die hintersten Ecken der Erinnerung verdrängt haben, weil seit einem Terroranschlag auf den Berliner Weihnachtsmarkt im Jahr 2016 nichts ähnliches mehr passierte. Es scheint, als hätten sich in der Zeit der „Corona"-Pandemie auch Terroristen aus Angst vor dem Virus zur Ruhe gesetzt. Zumindest: vorläufig. Es dürfte keine Frage sein, dass ein Aufkeimen des Terrorismus gleich wieder zum medialen Dauerbrenner werden und die allgemeine Krisenlage wieder anreichern dürfte. Doch auch hier würde der Jugend ein Blick in die Zeitgeschichte helfen, um das Ganze berechtigt zu relativieren, statt sich auf direktem Weg in den Weltuntergang zu wähnen: So ist dem einen oder anderen vielleicht noch grob in Erinnerung, wie im Jahr 2015 ein Terroranschlag auf die Redaktion des französischen Satiremagazins '*Charlie Hebdo*' in Paris zwölf Menschen das Leben kostete. In den „Sozialen Netzwerken" färbten daraufhin zahlreiche Nutzer ob ihrer Betroffenheit ihr Profilbild in das blau-weiß-rot der französischen Tricolore, und posteten die Worte „Je suis Charlie" oder auch „Je suis Paris". Was also damals die Welt bewegte, was als terroristische Bedrohung die Gedanken dominierte und die Menschen in Sorge, Angst und Schrecken versetzte: längst vergessen. In meiner Jugend wiederum, in den 1980er Jahren, hatten wir den sog. '*Kalten Krieg*', in der ständigen Bedrohung eines Atomkrieges, es gab „Smog-Alarm" aufgrund enormer Luftverschmutzung, im verseuchten Rhein schwamm kein einziger Fisch, während das „nebenan" in der DDR in der Region Bitterfeld noch um einiges schlimmer war, es tauchten '*AIDS*' und '*BSE*' als Bedrohung für Leib und Leben auf, die Kernschmelze in Tschernobyl im Jahr 1986 kam noch mit dazu, während wir parallel zu dem Ganzen immerhin ansatzweise schon eine sog. „*Klimakatastrophe*" hatten, doch dazu noch das „*Ozonloch*" als weitaus akutere und präsentere Bedrohung für den gesamten Planeten. Auch damals gab es Menschen, die überzeugt waren, „nicht älter als dreißig zu werden", weil es schließlich genug Auswahl gab, wodurch der sichere Weltuntergang kurz bevor stehen würde. Jedoch: von wegen. Während sich das meiste davon (vornehmlich: medial) glatt erledigt hat, könnte man als Mitglied der älteren Generation den Eindruck haben, es würde sich alles nur im Kreis drehen; und das: vornehmlich medial: Die scheinbar immensen Missstände, Probleme und Krisen dieses Zeitgeistes dürften sich in spätestens zehn/zwanzig Jahren ebenso erledigt haben und werden ebenso sicher durch andere Missstände, Probleme und Krisen ersetzt sein, die ihrerseits enorme Bedrohungen mit sich bringen werden. Oder um es mit einem Zitat aus dem Spielfilm 'Matrix' zu sagen: Es könnte sein, die Spezies Mensch definiert ihre Wirklichkeit aus Kummer und Leid. Und dabei sind u.a. Wissenschaft und Medien natürlich äußerst gern behilflich, mehr denn je, siehe oben.

Und vorläufig abschließend: Etwaige Sorgen und Ängste um die persönliche und/oder globale Zukunft sind durchaus immer verständlich. Es bietet sich jedoch an, sich darüber bewusst zu sein, dass verschiedene Stellen ein großes Interesse daran haben, dass Menschen verängstigt sind. Warum wohl lässt ein Versicherungskonzern alljährlich „*Die größten Ängste der Deutschen*" durch Umfragen ermitteln? Um es mit dem recht bekannten Spruch von Franklin D. Roosevelt zu sagen: „*Das einzige, was wir fürchten müssen, ist die Furcht selbst*". Daneben, in unserem übermedialisierten Zeitalter, die im Bereich der *Public Relations* etablierte Regel: Eine Masse von Menschen lässt sich leichter lenken und manipulieren als Einzelne. Dabei wiederum spielt eine gehörige Rolle, dass es wohl nie so einfach war, wie heute, Menschen aufeinander zu hetzen. Und damit kann man sie... *beschäftigen*. Quasi eine Form von unterhaltsamer Beschäftigung mit dem Nebeneffekt, sich dadurch äußerst bequem über andere Menschen erhöhen zu können, und sich so auch die Selbstbestätigung zu holen, die man im realen Leben nicht bekommt. Auf diese Weise lassen sich die Menschen (generationenunabhängig) problemlos dauerbeschäftigen und: *ablenken*. Dieses Buch soll dazu anregen, u.a. das immer im Hinterkopf zu behalten, ganz gleich, um welche Angelegenheit es geht. Die prägnanten Themen dieses Zeitgeistes zu Beginn der 2020er Jahre hatte ich dazu beispielhaft hierin ausgeführt. Ich habe in meinem Bücherregal einige Werke stehen, die sich mit prekären Zuständen in unserer Welt beschäftigen, einige davon mit dem Tenor „Wie verändere ich die Welt?". Ich rege an, sich zunächst selbst darüber bewusst zu werden, was man eigentlich dafür hält: Was man über „die Welt" denkt und warum. Und ob das größere Problem vielleicht erst einmal darin zu finden sein könnte: Im eigenen Kopf. Es könnte möglich sein, dass es zunächst einmal einer anderen (*eigenen*!) Sichtweise und Denkweise bedarf, *bevor* man sich auf scheinbare Krisen, Missstände und Probleme stürzt, um das Ganze sprichwörtlich „mit anderen Augen zu sehen". Und selbstverständlich empfehle ich dafür gern nebenbei noch einmal mein Buch „*Wir denken immer nur die Hälfte* – Das Prinzip [WIRKUNG!]".

Um nur eines dieser gerade erwähnten Bücher beispielhaft zu nennen: „*Die Eroberung des Glücks. Neue Wege zu einer besseren Lebensgestaltung*" von *Bertrand Russell*. Auch darin finden sich zahlreiche Missstände unserer Welt, mit der Kernfrage, wie man damit am besten umgeht. Es listet auf, wo einige Probleme ihre Ursache haben, was so alles deprimierend wirken kann, dass „die moderne Jugend“ damit anders umgeht als „die Alten“, usw, usw. Das Hochinteressante jedoch ist vor allem: Russell schrieb dieses Buch im Jahr 1930(!). Es gibt nur wenige Textstellen, die darauf schließen lassen: Wenn etwa die nackte Angst vor Langeweile dazu führt, sich permanent unterhalten zu lassen, wofür Menschen „ins Kino gehen“ oder „viele ein Radio besitzen“, das sie einschalten. So könnte dieses Buch problemlos in diesem Zeitgeist geschrieben worden sein, man muss es lediglich auf das Heute übertragen. Auch das kann zur Relativierung unseres apokalyptischen Zeitgeistes dienen. Betrachten Sie dieses Buch hier insofern als Plädoyer für mindestens deutlich weniger Pessimismus, eher noch für durchaus berechtigten Optimismus: Es hängt lediglich davon ab, wie man (selbst!) in die Welt blickt, und wovon und von wem man sich dabei wie stark beeinflussen lässt – oder eben nicht. Ansonsten gilt: Es wird noch früh genug zu spät.

STICHWORTVERZEICHNIS

Literaturempfehlung

Falko A. Cerny

[!]

Wir denken immer nur die Hälfte
Das Prinzip [WIRKUNG!]

Wir leben in einem steinalten, hoffnungslos überholten Denksystem auf dem Stand des 17. Jahrhunderts. Mindestens. Genauer genommen denken wir (wir alle!) sogar auf dem Stand des Mittelalters! Und weil das so ist, denken wir praktisch „immer nur die Hälfte". So sind wir – von Persönlichkeit und dem Privatleben über Partnerschaften und Beziehungen, Familie und Erziehung, Beruf, Karriere und Unternehmertum, bis hin zu Wirtschaft, Politik und Gesellschaft – permanent damit beschäftigt, andauernd unzählige enorme Probleme zu lösen, ...die wir gar nicht haben müssten.

Das Prinzip [WIRKUNG!] erklärt, wie unser Denksystem jenseits üblich-gewöhnlicher Mythen, Gerüchte und Glaubenssätze tatsächlich funktioniert, und wo die gedanklichen Fallstricke lauern. Gleichzeitig stellt es eine alternative Denkweise zur Verfügung, um völlig neue, ansonsten unmögliche Gedanken zu denken: jede Situation, jedes Vorhaben, jedes Problem komplett anders neu zu denken, und dadurch die eigenen Möglichkeiten zu potenzieren – wortwörtlich: *denkbar* einfach!

ISBN 978-3-7460-8931-7

Reizströme für Ihre Synapsen.
Irritationen ohne Gewähr.

www.halloCerny.de
www.extremdenker.de